乌兰察布市公交

乌兰察布市公交公司志

《乌兰察布市公交公司志》编纂委员会　编

方志出版社
Publishing House of Local Records

图书在版编目（CIP）数据

乌兰察布市公交公司志 / 《乌兰察布市公交公司志》编纂委员会编 .—北京 ： 方志出版社， 2022.5
ISBN 978-7-5144-5264-8

Ⅰ . ①乌… Ⅱ . ①乌… Ⅲ . ①公交公司－概况－乌兰察布市 Ⅳ . ① F572.882.63

中国版本图书馆 CIP 数据核字 (2022) 第 176754 号

责任编辑：王娜
责任校对：刘玉霞
责任印制：梅中英
出 版 者：方志出版社
地　　址：北京市朝阳区潘家园东里 9 号（国家方志馆 4 层）
邮　　编：100021
网　　址：http://www.zgfzcb.cn
发　　行：方志出版社图书营销中心（010-67110500）
印　　刷：石家庄市育东印刷厂
开　　本：889 毫米 ×1194 毫米　　1/16
印　　张：16
字　　数：286 千字
版　　次：2022 年 5 月第 1 版
印　　次：2022 年 5 月第 1 次印刷
定　　价：88.00 元

1921 2021

庆祝中国共产党成立100周年

The 100th Anniversary of the Founding of The Communist Party of China

值此中国共产党成立100周年之际，乌兰察布市公交公司组织力量精心编纂了《乌兰察布市公交公司志》，旨在不忘初心、牢记使命，更好地总结历史经验、紧跟新时代节奏，吹响公交企业迈向新时代奋进的号角，并以此书作为庆祝中国共产党成立100周年的献礼作品。

《乌兰察布市公交公司志》

编纂委员会

荣誉主任委员： 朱彦军

主 任 委 员： 崔　德

副主任委员： 李　娟　陈　沫

委　　　员： 田　峰　诺　铭　邓永端　马世兴

特 邀 顾 问： 范如铖

主　　　编： 崔　德

副　主　编： 陈　沫　孙金林

编　　　辑： 孙金林　苏振峰　焦庆印　李永霞　杜文昊　陈　辰

图 片 摄 影： 周晓晶　于　宝　段建宁　田晓峰

《乌兰察布市公交公司志》
提供资料人员及单位

（按提供资料先后顺序排列）

焦启贤　高士杰　赵福槐家属　王　俊　李五娃　马世兴
王玉梅　李培文　赵　德　孙秀贵　邹立新　宋国安
郝利桃　张文书　李秋苓　孙金林　王宏林　赵　文
郭翠萍　李智彦　葛海军　刘晓芳　马世兰　宋国民
高　丽　曹金梅　李　钢　杨　旺　宋　强　肖丽萍
卢志芳　王　成　李继斗　杨世兰　李卷成　林宇英
李　英　陈冬梅　张彩霞　武少东　卢丽娟　席　清
李忠武　郭　亮　徐文艺　李雁永　翟项楠　李红莲
杨有慧　张立和　陈　红　马世祥　高二林　任书恒
刘　强　吴淑娟　杨　恒　丁学功　李燕平　肖淑珍
郭建龙　李　彬　马亚娟　赵海霞

乌兰察布市日报社　乌兰察布市晚报社
乌兰察布市自然资源局档案馆　集宁区档案馆
《集宁市文史资料》　人民网内蒙古频道　中新网
央视新闻客户端　内蒙古新闻网　乌兰察布新闻网
乌兰察布文明网　正北方网

骏马奔腾的乌兰察布

2021 年 1 月 14 日，乌兰察布市公交公司举行新能源纯电动公交车上线仪式　（周晓晶　摄）

2021年1月14日，乌兰察布市公交公司新能源纯电动公交车上线仪式现场　（于宝　摄）

2021年1月14日，乌兰察布市公交公司新能源纯电动公交车上线仪式现场 （于宝 摄）

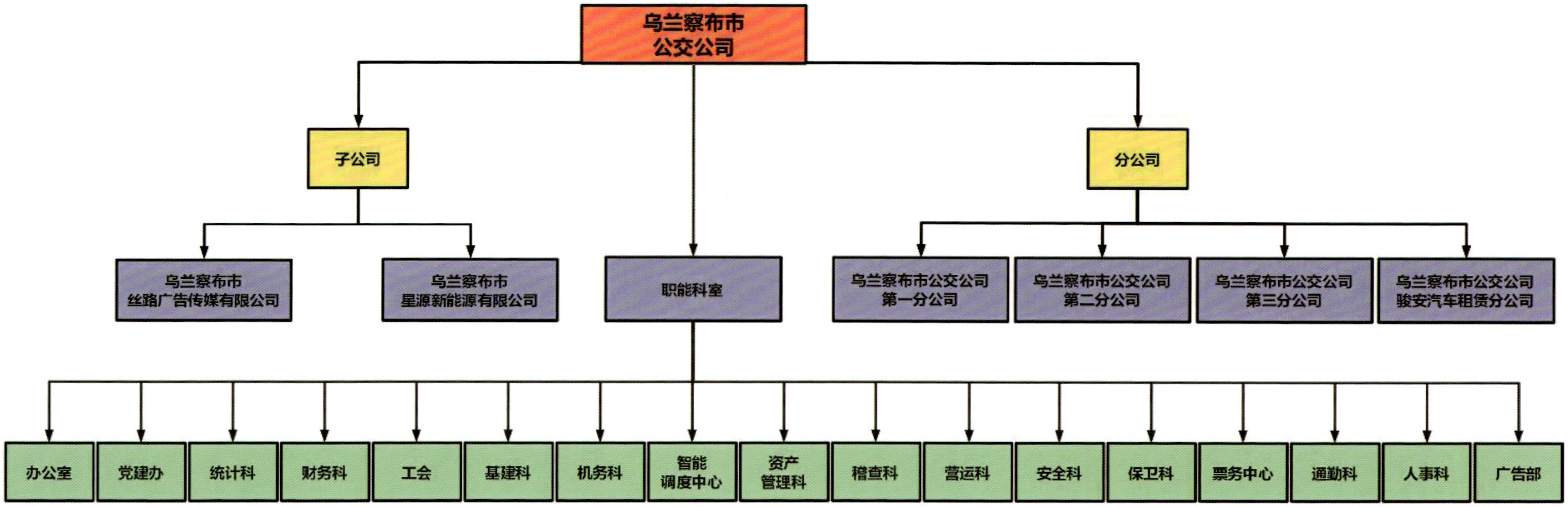
乌兰察布市
公交公司
子公司
职能科室
分公司
乌兰察布市
丝路广告传媒有限公司
乌兰察布市
星源新能源有限公司
乌兰察布市公交公司
第一分公司
乌兰察布市公交公司
第二分公司
乌兰察布市公交公司
第三分公司
乌兰察布市公交公司
骏安汽车租赁分公司
办公室
党建办
统计科
财务科
工会
基建科
机务科
智能
调度中心
资产
管理科
稽查科
营运科
安全科
保卫科
票务中心
通勤科
人事科
广告部

公司组织结构框架图

2021 年 12 月 3 日，中共乌兰察布市公交公司委员会 2021 年第三次（扩大）会议召开　（赵海霞　摄）

党委书记、董事长　崔　德
主持党委、公司全面工作

↓

总经理　李　娟
主持公司全面工作

副总经理　陈　沫	副总经理　田　峰	副总经理　诺　铭	副总经理　邓永瑞
办公室、党建办、票务中心、工会、汽车租赁公司	财务科、统计科、智能调度中心、营运科、机务科、通勤科、二公司	基建科、人事科、资产管理科、三公司	安全科、保卫科、稽查科、广告部、一公司

公司2021年领导班子分工图

2021 年 8 月 30 日，乌兰察布市公交公司第一分公司场站　（田晓峰　摄）

2021 年 8 月 30 日,乌兰察布市公交公司第二分公司场站 (田晓峰 摄)

2021 年 8 月 30 日,乌兰察布市公交公司第三分公司场站 （田晓峰　摄）

序

时光荏苒，岁月如梭。20 世纪 60 年代，乌兰察布市公交公司的前身——集宁市公共汽车管理站诞生了。建站初期，只有 1 条线路、2 辆“四平”牌公交车，起点位于桥西集宁铁路分局工程四处，终点位于桥东乌兰察布盟肉类联合加工厂，共计 13 个站点，运营单程 7.5 公里，职工 13 人。就是凭借着这些简陋的公交车辆、坑洼不平的街道，几代公交人战严寒、斗酷暑，含辛茹苦、默默奉献，为千家万户送去便捷和欢乐，也为集宁的城市建设和工商业发展做出了巨大的贡献。公交车及营运线路成为集宁不可或缺的经济助推器和交通大动脉，铸就了集宁大街上一道亮丽的风景线。

齐舞桨板舟疾行，浪聚船头帆更高。半个多世纪以来，公交人团结一心、众志成城、励精图治、开拓创新、不断建设，乌兰察布市公交公司破茧为蝶，似浴火重生的凤凰，在乌兰察布大地上起舞、翱翔。乌兰察布市公交公司是国有社会公益性企业，主要承担着乌兰察布市中心城区和部分旗县的公共交通客运任务。今天的乌兰察布市公交公司已经拥有 51 条公交线路(市区 32 条、郊区 6 条、旅游专线 1 条、定制公交 7 条、夜班车 5 条)、610 辆营运车辆（其中新能源纯电动公交车 477 辆，轿车、商务车、越野车、中巴车等租赁车辆 133 辆)；17 个职能科室、3 个修理厂，公司现有职工 706 人。线路总长度 764.1 公里，日营运里程 6 万公里，日运送乘客 15 万人次，年营运里程 2190 万公里，年运送乘客 5475 万人次，城市公共交通分担率为 31.85%，万人拥有公交车 15.4 标辆，公司固定资产 8.58 亿元。

新型节能环保车在公司已经全面普及，双层公交车、仿古公交车、旅游观光车、市区游览车、跨旗县公交车应有尽有，极大地满足了广大人民群众的出行需求。

2020年9月，国家主席习近平在第七十五届联合国大会上一般性辩论会上的讲话中指出："中国将提高国家自主贡献力度，采取更加有力的政策和措施，二氧化碳排放力争2030年前达到峰值，努力争取2060年前实现碳中和。"

为了实现习近平总书记提出的"碳达峰、碳中和"的目标，2021年1月，乌兰察布市公交公司477台新能源智能网联纯电动公交车正式投入运营，这标志着乌兰察布市公共交通提前迈入绿色环保出行的新时代，乌兰察布市成为内蒙古自治区首家中心城区全部采用新能源智能网联纯电动公交车的城市，这在全国也是屈指可数的。

不经一番风霜苦，焉得梅花吐清香。在公交公司艰苦奋斗的历程中，就是这些平凡而又勤劳的公交人手挽手、心连心、肩并肩，用心血和汗水为乌兰察布市的公交事业发展和壮大，谱写了一曲曲动人的乐章、唱响了一首首优美的赞歌，他们的事迹朴实无华、可歌可泣；他们的品德名垂史册、可鉴可志。

以史为鉴，可以知兴替；以人为鉴，可以知得失。今天，我们站在飞速发展的公交站台上，回首往事，浮想联翩；审视现在，感慨万千；展望未来，豪情满怀。我们只有不断汲取公交前辈传承的宝贵经验，才能帮助我们明晰思路，扬长避短，少走弯路；我们只有继续发扬老一辈公交人半个多世纪积淀的优良品德、实干精神，才能更加准确地把握公交事业与时俱进的脉搏，科学驾驭公交事业劈波前行的航向，实现可持续高速发展。

乌兰察布市公交公司
党委书记、董事长

2021年7月

凡 例

一、《乌兰察布市公交公司志》以马克思列宁主义、毛泽东思想、邓小平理论、“三个代表”重要思想、科学发展观、习近平新时代中国特色社会主义思想为指导，坚持辩证唯物主义和历史唯物主义的立场、观点和方法，坚持尊重历史、客观公正、真实还原的原则，严格按照乌兰察布市公交公司发展的历史轨迹，力求详尽记述各个时期、关键节点发生的重要事件和做出突出贡献的人物，力争达到思想性、科学性和史料性、真实性的有机统一，是全面记录乌兰察布市公交公司发展全过程的史料性著述。

二、《乌兰察布市公交公司志》采用述、记、志、表、录、图等进行表述。综述、大事记、人物录、采访录、史料辑录均列入编章序列；各编原则上按照编、章、节 3 个层次进行编写。

三、《乌兰察布市公交公司志》由综述、大事记、志编、人物录、采访录、企业文化、史料辑录等 7 个部分组成。“综述”粗线条概述乌兰察布市公交公司发展历程；“大事记”按时间顺序以编年体形式，记述乌兰察布市公交公司从诞生到今天的大事、要事、特事、人物；“公司志各编”是主体，采用“横排竖写”的方式记述乌兰察布市公交公司全部发展过程；“人物录”主要收录在乌兰察布市公交公司发展史上有影响、做出重要贡献、受过表彰的人物；“图片”真实记录乌兰察布市公交公司的历史原貌；“采访录”是专门对乌兰察布市公交公司历任老领导、老职工的专访记录；“史料辑录”收录与乌兰察布市公交公司有关的重要文件、历史资料、文字、图表等资料。

四、《乌兰察布市公交公司志》上限为事物发端，即 1964 年 1 月，下限为 2021 年 12 月。

五、《乌兰察布市公交公司志》记述范围。按照“近详远略”的原则，重点记述公交公司建站以来、改革开放时期的重要事件和重要人物，对年代久远、史料不全的事件和人物，作简要记述。公交公司历史上的政治运动，遵照“宜粗不宜细、宜分不宜合”的原则，不设专章记述，史志中一笔带过。

六、《乌兰察布市公交公司志》中的人物录，主要记录在公交公司发展历程中的历任领导、做出过重要贡献的干部职工、受过集宁市(区)及以上部门表彰的干部职工、担任过集宁市(区)及以上部门的人大、政协、群团组织的代表。

七、《乌兰察布市公交公司志》中的统计数据以集宁区统计局、原集宁市城市建设局、乌兰察布市公交公司的统计数字为准。

八、《乌兰察布市公交公司志》采用现代汉语语体文、记述体。历史性文件的复印件仍旧保留原体。标点符号用法遵循 2012 年施行的《标点符号用法》(GB/T 15834—2011)；数字用法遵循 2011 年施行的《出版物上数字用法》(GB/T 15385—2011)；计量单位名称和符号遵循 1994 年施行的《量和单位》(GB 3100～3102—1993)，农田土地面积沿用“亩”作为计量单位。

九、所用资料，不随文脚注出处。重要引文、老职工采访录及难以入正文的重要内容，采用节后或章后附图的方式解决。

十、记述中尽量使用全称。使用简称时，在每编第一次使用全称后括注简称。《乌兰察布市公交公司志》中“集宁市公共汽车管理站”简称为“汽车站”；“乌兰察布市公交公司”简称为“市公交公司”；“乌兰察布盟”简称为“乌盟”，“察哈尔右翼前旗”简称为“察右前旗”。

十一、《乌兰察布市公交公司志》中所表述的 60 年代、70 年代、80 年代、90 年代均指 20 世纪的年代。

目　录

【第二编】乌兰察布市公交公司人物传略

【第三编】乌兰察布市公交公司企业文化

【第四编】乌兰察布市公交公司新征程、新发展

【第五编】乌兰察布市公交公司史料辑录、福利慰问

综 述

乌兰察布市地处中国北方，内蒙古自治区中部，位于北纬 39° 37′～43° 28′，东经 109° 16′～114° 49′，总面积 54500 平方公里，辖 11 个旗县市区，总人口 269 万人。乌兰察布市东部与河北省接壤，东北部与锡林郭勒盟相邻，南部与山西省相连，西南部与首府呼和浩特毗连，西北部与包头市相接，北部与蒙古国交界，国境线长 100 多公里。“乌兰察布”系蒙古语，译为“红山口”。

乌兰察布市地理位置优越，内蒙古自治区所辖 12 个盟市中，乌兰察布市是距首都北京最近的城市，是内蒙古自治区东进西出的“桥头堡”，北开南联的交汇点，连接东北、华北、西北三大经济圈的交通枢纽，也是中国通往蒙古国、俄罗斯和东欧的重要国际通道。

乌兰察布市集宁区位于内蒙古自治区中西部，阴山山脉灰腾梁南麓，地处北纬 41° 01′，东经 113° 10′，四周被察哈尔右翼前旗环绕，总面积 526.5 平方公里，建成区面积 60 平方公里。东距北京市 336 公里，南距大同市 115 公里，西距呼和浩特市 120 公里，北距二连浩特市 330 公里。京包、集二、集张、集通、北京至莫斯科、集宁至法兰克福等多条铁路线交会于此。G6（京藏）、G7（京新）、G55（二广高速）、G110（京青）、G208（二淅）、呼满省际大通道贯穿境内。京呼高铁、集宁机场的建成运营，彰显了集宁区位交通优势和发展潜力的得天独厚。优越的地理位置、便捷的交通优势，为集宁经济社会的可持续发展注入了强大动力。集宁区辖 8 个街道办事处、1 个镇、1 个乡，人口 42.5 万人，是一个以蒙古族为主体，汉族居多数的祖国北部边陲地区，居住着蒙古族、汉族、回族、满族、藏族等多个民族，是乌兰察布市市府所在地，全市政治、经济、文化、信息中心。1956 年建市，1992 年 11 月被国务院批准为对外开放城市，2003 年 12 月 1 日撤市设区。

乌兰察布市公交公司是乌兰察布市集宁区政府直属国有企业，位于集宁区新体路 4 号。

集宁区公共交通历史概述

明清之前，集宁地区的主要运输形式为人背、肩挑、车推、畜驮等。清末，集宁出现手推独轮、双轮车以及畜力木质两轮车（俗称拉拉车、汗板车）。民国时期有了东洋车、畜力胶轮车和自行车。当时集宁比较大的运输企业也称贸易货站，有积成公司、华兴公司等 30 多家，主要经营易货贸易，将大西北的皮毛、牲畜、山货运往全国其他省市；将全国其他省市的棉麻、布匹、茶叶、农具运往大西北进行交换。民国 12 年（1923 年），山西太谷县蔚发泉汽车行在平地泉开办了集宁至库伦的汽车运输业，开启了集宁地区公共交通汽车运输业的先河。

中华人民共和国成立初期，集宁只有通往少数几个旗县的等外公路，运输车辆仅有几辆旧式进口车，运输仍然主要靠畜力车、人力车和牲畜驮运。集宁城区由桥西、桥东和工业区 3 个自然区划组成，每个区域之间交通靠步行、自行车或畜力车。1952 年，集宁始有旧式汽车 8 辆，其中集宁运输分公司(今乌兰察布市运输公司)有 7 辆。70 年代，全市汽车有 1058 辆，其中交通系统 344 辆。

60 年代初，随着国民经济的迅猛发展，集宁市工矿企业也像雨后春笋般迅速崛起，过去贫穷落后的面貌不断改变，乌兰察布盟肉类联合加工厂、乌兰察布盟绒毛加工厂、乌兰察布盟集宁轴承厂、乌兰察布盟集宁钢厂、乌兰察布盟集宁水泥厂、集宁市农业机械加工制造厂、集宁市焊条厂、集宁市皮件厂等国营大中型企业相继在集宁建成投产。随着集二铁路的建成通车，集宁市成为交通枢纽性质的口岸城市，市政公用事业建设也得到相应发展，仅 1964 年，集宁市就新修建城市道路 18 公里，其中高级路面达 6 公里，初步适应了当时集宁市工农牧业生产和群众生活的需要。但由于集宁市为新建城市，城市底子薄、基础差，市政公用设施建设相对于快速发展的工农业生产、城市建设和人民群众生活需求，仍然相对滞后。1964年，集宁市市区已初具规模，城区东西长12.5公里，企业职工上下班交通非常不便，经常早出晚归。为了支持工业生产建设，提高市政公用基础设施建设水平，为广大人民群众提供快捷、舒适的出行条件，1964年初，集宁市政府研究决定在集宁市大力发展城市公共交通，成立集宁市公共汽车管理站，由集宁市城市建设局负责筹备建设。特批准将集宁市原北大庙以北的集宁市城市建设局所属维修合作社北院（现集宁区新体路4号院）划归集宁市公共汽车管理站使用，具体干部、职工、车辆、修理、后勤人员由集宁市城市建设局负责筹备管理。

改革开放后，乌兰察布市城市公用事业基础设施建设和城市道路交通建设进一步加快，城市公共交通事业日新月异，车辆数量、站点数量、职工人数大幅增加，环保节能及智能化水平、场站建设、线路覆盖率、服务质量大幅提升。

集宁市公共汽车管理站

(1964 年 5 月至 1983 年 4 月)

1964 年 5 月 1 日，集宁市公共汽车站正式开始运营。1964 年 7 月 2 日，集宁市人民委员会正式批准成立“集宁市公共汽车管理站”，属企业性质，归集宁市城市建设管理局管理，是隶属集宁市城市建设管理局的二级单位，是乌兰察布盟唯一一家国有城市公共交通运输企业。集宁市城市建设局公交车发展计划：1964 年 2 辆、1965 年 1 辆、1966 年 1 辆。1964 年只有 1 条线路，2 辆老式公交车，全部投资 10 万元。从起始站桥西集宁铁路分局工程四处，到终点站桥东乌兰察布盟肉类联合加工厂，仅有 13 个站点，往返运营里程 15 公里，职工 13 人。公交线路成为连接集宁市桥西、桥东和工业区的交通动脉和纽带，不仅方便了市民的日常出行，而且为集宁市工业生产、城市建设、经济发展和社会繁荣起到推动作用。

1964—1966 年，集宁市为配合全市工农业发展和城市建设，不断加大城市公用事业与市政工程设施投资和建设力度。其中全市主要道路工程新修 15.6 公里。但是，相对于适宜公交车平稳运行的路况来说，集宁市街道的状况仍然是非常狭窄，坑洼不平，车辆驶过尘土飞扬。机动车、畜力车、人力车、行人不分道，交通岗楼和交通警察少，公交车在日常运营时行车非常困难，有时还需车拽人推。

集宁市公共汽车管理站 1964 年有 2 辆红色“四平”牌大客车，圆头圆尾的造型，群众形象地称之为“大面包车”。车辆密封不严，行车时车身到处乱响。车辆方向盘没有助力器，转弯时驾驶员须站起来用全力转动方向盘，才能使车辆转过弯来。车上没有播音设备，报站名全凭乘务员“扯嗓子”口头喊。公交车内冬天像冰窖，夏天像蒸笼。

集宁市公共汽车管理站建站初期，只有一名汽车驾驶员，这名汽车驾驶员是李德庚，他曾是志愿军战士，是志愿军坦克车驾驶员，回国后支援边疆来到集宁市。因为有 2 辆公交车，后又从乌兰察布盟运输公司借调大客车驾驶员郭玉生兼任公交车驾驶员。因为驾驶员短缺，集宁市公共汽车管理站派张少清、赵全虎、李培文、袁宏、王勇 5 人前往呼和浩特市公交公司学习公交车驾驶技术，培训后回单位上岗担任驾驶员，他们是集宁市公共汽车管理站培训的第一批公交车驾驶员。集宁市公共汽车管理站为培养更多的驾驶员，又专门派李德庚负责培训苏秀梅、王玉梅、牛金池、田玉娥等女职工学习公交车驾驶技术，她们成为集宁市 60 年代第一批女公交车乘务员，也是集宁市第一批女公交车驾驶员。

从 1964 年到 1983 年的 20 年间，集宁市公共汽车管理站经历了成立初期的创建阶段、“文化大革命”阶段和整顿治理阶段，这几个阶段的历任负责人有薛旭初、张维、武德民、赵世华、李云盛、谢玉明、李茂林、赵福槐、江文才。集宁公交企业的负责人探索在转变企业经营方式、扭亏增盈中寻找企业新的发展方向和发展路子。

1969 年 10 月，集宁市公共汽车管理站开通 2 条郊区线路：一条从集宁南站至国家石油储备 151 油库，途经榆树湾、三号地、石匠房、平地泉、西三号地、国家物资储备 136 库；一条从集宁南站至乌兰察布盟察哈尔右翼前旗大土城乡。1970 年，集宁市公共汽车管理站增加一条郊区线路，从集宁南站至乌兰察布盟察哈尔右翼前旗巴音塔拉乡。公交车增加到 8 辆，全部为“四平”牌大客车。集宁市公共汽车站公交运营线路总长达到 48 公里。

1977 年 7 月，集宁市公共汽车管理站用 1 辆报废车和乌兰察布盟石油公司换取了 1 个存放汽油的油罐和 1 台电子加油机，在集宁市公共汽车管理站大院里建起自己的加油站，方便汽车站公交车的日常加油。

集宁市(区)公共汽车公司

(1983 年 4 月至 2018 年 8 月)

1983 年 4 月 5 日，集宁市人民政府市长办公会议研究决定，集宁市公共汽车站更名为集宁市公共汽车公司。1983 年 4 月至 2018 年 8 月公司历任主要领导有江文才、刘志军、王宾、杨恒、聂廷善、孙秀贵、马怀忠、尚建文、丁学功、郭朝辉。这一阶段，集宁市（区）公共汽车公司运营、管理等各项工作逐步走上规范化、制度化的道路，改革创新的步伐进一步加快。

1983 年，随着改革开放的不断深入和客运工作的逐步市场化，集宁市公共汽车公司开始改革。公交企业是政策性亏损企业，每年需要政府给予补贴，才能维持正常营运，但由于地方财力困难，补贴有限，公交公司举步维艰。1983 年，市政府补贴 2 万余元；1989 年，市政府补贴 4 万余元。为增加运营收入、提高服务质量、降低经营成本、改善职工福利待遇，公交公司开始在公司内部探索企业管理制度和经营机制的改革创新。首先是在公司内部实行小组承包制，把营运车辆分为 5 个承包小组，公司将营运收入、趟次率、油耗、材料、修理费用和服务质量等，全部量化成具体指标，实行小组单独核算，奖勤罚懒，按劳取酬，调动职工的工作积极性，提高工作效率。每个小组有 3 辆车。其中 1 辆车日常运营，1 辆车备用，1 辆车开展多种经营，包括旅游、拉运货物等，其收入除去成本，全部分给小组职工，从而增加了职工的个人收入。此外，公司还将部分郊区线路、修理车间实行了小组承包。改革措施促进了公司经济效益和社会效益的大幅度提高。

1992 年 6 月 1 日，集宁市公共汽车公司开通第 2 条公交线路，结束了集宁市区近 30 年只有一条公交线路的历史。

1994年，集宁市公共汽车公司开始实行单车承包制，这是集宁市公交行业实行改革创新、全面走向市场化的标志。集宁市公共汽车公司在全体职工中采取公开报名、公开招标、张榜公示的方式，向职工集资、贷款新购置了一批“胜利”牌中巴车，相继开通集宁市公共汽车公司3路、4路公交线。1997年，集宁市公共汽车公司开通了5路公交线。这样就在集宁市公共汽车公司内部形成了国有体制小组承包、私营体制职工单车承包，两种承包机制相辅相成、相互竞争的局面。与此同时，集宁市公共汽车公司进一步加大管理力度，对每条线路的营运收入、趟次率、正点率和服务质量等，都制定了严格的考核标准。单车承包制改革相较于小组承包制改革，胆子更大、步伐更快、效果更好，最大限度地调动起了全体职工的工作积极性，公交车的营运收入、趟次率、正点率、社会效益显著增加，职工的收入也不断提高。改变了“乘车难”、拒客、甩客、服务质量差等现象，公交行业发生了根本性质的巨大变化。

2001年，集宁市公共汽车公司1路公交线更新了12辆大客车，并且第一次在1路公交线实行公交车无人售票服务。2003年12月1日，乌兰察布盟正式撤盟设乌兰察布市。2004年4月8日，集宁市撤市设集宁区。集宁市公共汽车公司正式更名为乌兰察布市集宁区公共汽车公司。

2008年以后，集宁区公共汽车公司公交事业的发展步伐进一步加快，新科技、智能化、环保型已普及到公司的每一个角落。公交车普遍使用自动投币机、全部安装了全球定位系统（GPS）语音报站器。2012年，为满足环保出行需要，集宁区公共汽车公司新开通的12路公交线，全部采用新能源天然气公交车，实现公交车从尾气“冒黑烟”到“冒清烟”，向绿色环保公交迈进了一大步。

为进一步提升集宁区公共交通事业的发展，2013年12月，集宁区公共汽车公司收回了所有线路的经营权，公司的经营管理全部实行国有管控，职工私人承包经营公交车的经营管理模式至此结束，集宁区公交事业的发展又掀开了新的一页。

2013—2018年，是乌兰察布公交行业快速发展的6年，集宁区公共汽车公司共优化、延长公交线路13条。公交线路由2013年的18条增至2018年的28条，这一时期共计新购公交车136辆，公共交通分担率由14.7%增至20.7%。公司新建李华沟、马莲渠新集镇、金泰苑、霸王河4个公交场站，新建16路、17路公交枢纽站，扩建了1路、2路、4路、31路调度室。对陈旧老化、站名模糊的站牌进行更换，并新建景观式连体候车亭80余座、特色公交站牌500余块。重新制定、完善了工作管理制度，进一步强化了公司内部管理，完善了工作机制。

2012年10月25日，集宁区公共汽车公司第一分公司成立，有职工180人，营运线路9条，营运车辆106辆，单程营运里程170.6公里；2012年11月26日，集宁区公共汽车公司第二分公司成立，有职工204人，营运线路12条，营运车辆122辆，单程营运里程229.65公里；2016年7月23日，集宁区公共汽车公司第三分公司成立，有职工157人，营运线路9条，营运车辆95辆，单程营运里程209.2公里；2017年5月8日，集宁区骏安汽车租赁分公司成立，有职工12人，营运车辆121辆。

乌兰察布市公交公司

(2018 年 8 月至 2021 年 12 月)

2018 年 8 月 8 日，集宁区第十五届人民政府第二十四次常务会议决定，集宁区公共汽车公司正式更名为乌兰察布市公交公司，这一决定，标志着集宁公交事业进入了新的发展阶段。2018 年 8 月至 2021 年 12 月公司的经理是郭朝辉、崔德。这两任领导在职期间，针对集宁区公交企业的现状，研究确立了发展低碳高科技公共交通，倡导绿色环保舒适出行，实现公交线路全覆盖的发展思路和奋斗目标。2018 年，购置了新能源车辆 13 辆，更换了部分老旧车辆，新开通公交线路 10 条，优化并延长了大部分公交线路；开通了通往乌兰察布市高铁站、机场的公交专线以及到乌兰察布市周边各著名风景区的旅游专线。每年 5—10 月，城区 5 条主要公交线路运营时间延伸至夜间 10 点。营运时间延长调整后，极大地方便了城乡居民和外来人员的出行，促进了城乡消费和市场流通，为乌兰察布市旅游事业的发展提供了便捷的交通环境，有力地推进了乌兰察布市经济社会的健康发展。

随着科技的发展，创造“智慧”出行，打造“智慧”公交摆上公交公司的议事日程。为进一步提升城市公共交通档次，加快推进“智慧城市”“智慧公交”项目建设，更好服务广大市民。2019—2020 年，乌兰察布市公交公司所有公交车全部实现微信、支付宝、美团、银联及手机 App 二维码支付等方式，为广大乘客提供了更为便捷、舒适和智能化的服务。

在中心城区公交事业如火如荼、迅速发展的同时，乌兰察布市公交公司又把创新发展的目光投向了周边旗县，为加强乌兰察布市旅游品牌建设，助力文化旅游业发展，开始大力发展公共旅游交通业。截至 2020 年 8 月，乌兰察布市公交公司开通旅游观光线路 4 条，分别是 7 路集宁红色战役纪念园环线、29 路霸王河欢乐世界旅游环线、游 1 路察汗营滑雪场专线、游 2 路大河湾滑雪场专线。旅游公交线路的开通不仅解决了城乡居民和外地游客出行难的问题，而且对乌兰察布市中心城区的经济发展，特别是对旅游业的发展起到了积极的促进作用。为配合乌兰察布市举办冰雪节，乌兰察布市公交公司连续两年共计派出活动用车 18400 台次。2018 年，乌兰察布市公交公司承担“十四运”接送运动员任务，累计派车 96 台次。2020 年 1 月 12 日，乌兰察布市公交公司首次开通了 36 路全年营运常态化夜班车。2020 年 2 月 22 日，乌兰察布市公交公司开通了 K1 路快速公交线，该线路是乌兰察布市中心城区第一条快速公交线路，为广大旅客在乌兰察布高铁站和集宁南站之间转乘车提供了便利条件。

2020 年 7 月 1 日，在市、区两级党委、政府的高度重视和大力支持下，经过多方努力、积极协调，乌兰察布市公交公司与北京丝路彩虹汽车租赁集团有限公司签署合作投资协议，由北京丝路彩虹汽车租赁集团有限公司为乌兰察布市公交公司提供新能源纯电动公交车 477 辆，并建设可以满足公交车运营的充电设备，同时更换新建新式候车亭 500 座，更新公司全部老旧车辆。2020 年 12 月 12 日所有车辆全部到位，2021 年 1 月 14 日正式启动运营。该项目总投资 6.4 亿元，凭借新能源纯电动车零污染、低运营成本的特点，乌兰察布市公交实现了绿色环保出行。新科技纯电动车采用先进的 GPS 和北斗定位技术、4G 和 5G 通信技术、GIS 地理信息系统技术。根据公交车辆的运行特点，公司建设公交智能调度系统，对线路、车辆全部实行电脑规划调度、实现智能车辆运营排班，提高了公交车辆的利用率和运营效益，降低了运营成本。同时，通过建设完善的视频监控系统，公司实现了全天候对公交车内、站点及站场的实时监控管理。

截至 2021 年 12 月，乌兰察布市公交公司已发展成为拥有 17 个职能科室、6 家分公司、610 辆新能源纯电动公交车和租赁车辆、51 条公交线路、706 名职工、固定资产 8.58 亿元、年营运收入 2738.68 万元的中型国有企业。

在全力发展公交事业的同时，乌兰察布市公交公司还积极承担其他公益事业和社会事务。完成集宁区“五城联创”和精准脱贫的各项工作任务。选派驻村第一书记和工作队员在霸王河村“安营扎寨”，帮扶集宁区马莲渠乡霸王河村委会蒙古营、西园村 189 户村民实现脱贫致富，对 37 户贫困村民的危旧房全部拆旧盖新。

1992—2021 年，乌兰察布市公交公司先后荣获国家级荣誉 2 个、自治区级荣誉 11 个、乌兰察布市级荣誉 18 个、集宁区级荣誉 31 个。

乌兰察布市公交公司经过近 60 年来的发展壮大，凝聚了几代公交人的心血和奉献，在城市公交车这个流动的舞台、文明的窗口、连接百姓的纽带上，他们牢记“全心全意为人民服务”的初心和使命，用乘客至上的坚定信念、娴熟的驾驶技术、严格的管理制度、热情周到的服务，充分展现了公交人内在的素养、朴实的情怀、顽强的意志和拼搏的精神，更展现了乌兰察布市城市的形象和城市的胸怀。

2021 年 1 月 14 日，乌兰察布市公交公司新能源纯电动公交车　（周晓晶　摄）

大 事 记

1964 年

年初，集宁市继续加大城市公用事业建设力度，决定成立集宁市公共汽车管理站，特批准在集宁市原北大庙以北的集宁市城市建设局维修合作社北院(现集宁市新体路 4 号院)，划归集宁市公共汽车管理站，具体干部、职工、车辆、修理、后勤人员由集宁市城市建设局负责筹建管理。

年初，集宁市城市建设局责成公用事业股负责集宁市公共汽车管理站的筹备工作，公用事业股派副股长吴德民进驻公共汽车管理站，具体组织开展各项筹备工作。

年初，第一位汽车驾驶员是李德庚，第二位汽车驾驶员是郭玉生。集宁市公共汽车管理站建站初始，派张少清、赵全虎、李培文、袁宏、王勇 5 人去呼和浩特市公交公司参加公交车驾驶技术培训，接受培训后，担任驾驶员工作，是集宁市公共汽车管理站培训的第一批驾驶员。

2 月 18 日，确定集宁市公共汽车管理站人员编制：司机 9 名，售票员 9 名，修理工 4 名，统计 2 名，站长 1 名，出纳、会计 3 名，总计 28 名。

4 月 27 日，薛旭初从集宁市城建局房产股调入集宁市公共汽车管理站，协助开展集宁市公共汽车管理站成立前期各项筹备工作。后薛旭初协助赵世华开展集宁市公共汽车管理站各项工作。1965 年 5 月 21 日薛旭初调往集宁市城建局公用事业股工作。

5 月 1 日，集宁市公共汽车站正式开始运营，全站有 2 辆“四平”牌大客车，正式职工 13 人。集宁市公共汽车站第 1 条公交线路，起始站为集宁铁路分局工程四处，终点站为乌兰察布盟肉类联合加工厂。单程 7.5 公里，设置 13 个站点，成立 8 个月客运量 20488 人次，月均运送乘客 2561 人次。

5月1日，苏秀梅、王玉梅、田玉娥、牛金池、刘海荣成为集宁市公共汽车管理站第一批女售票员。

△ 集宁市公共汽车站开始办理公交车月票，每人每月3元。

6月，集宁市公共汽车站开始培训公交车驾驶员，派李德庚负责培训工作，苏秀梅、王玉梅、牛金池、田玉娥经过严格培训成为集宁市公共汽车站第一批女公交驾驶员。

7月1日，赵世华任集宁市公共汽车管理站党支部书记（当时企业实行书记负责制），郭玉生担任党支部副书记。

7月2日，集宁市人民委员会正式批准成立“集宁市公共汽车管理站”，属企业性质，归集宁市城市建设局管理的二级单位。

7月15日，张维由集宁市百货公司一商店调入集宁市公共汽车管理站协助赵世华工作。1967年7月24日，调往集宁市城市建设局房产股工作。

1965年

10月6日，李云盛任集宁市公共汽车站党支部书记。

1966年

8月29日，谢玉明任集宁市公共汽车站站长。

△ 集宁市公共汽车站公交车普票价实行按段计费：有3分、5分、8分、1角、1角2分五种票价；公交车月票，每人每月3.5元。

1967年

7月15日，赵福槐任集宁市公共汽车站站长、党支部副书记。

1968年

11月，李茂林任集宁市公共汽车站党支部书记。

1969年

9月29日，集宁市开始进行“精兵简政”，集宁市城建局房产股、维修队、测量队、汽车站4个单位合并，成立城市建筑维护服务部。

10月，集宁市公共汽车管理站增开2条郊区线路：一条从集宁南站至国家石油储备151油库；另一条从集宁南站至乌兰察布盟察哈尔右翼前旗大土城乡。

1970年

年初，集宁市公共汽车站车辆总数8辆（1路公交线5辆、郊区线3辆），全部为“四平”牌大客车，线路总长度达到48公里。

1973年

5月29日，集宁市公共汽车站团支部被评为集宁市先进团支部。盟、市许多单位多次前来参观学习。

9月5日，集宁市公共汽车站职工武少东由单位推荐为工农兵大学生，就读于北京钢铁学院，他是集宁市公共汽车站建站以来唯一的在职推荐大学生。曾任乌兰察布市工会处级领导。

1976 年

12 月 18 日，集宁市公共汽车站郊区线驾驶员李美华驾驶 02 号公交车，在红卫公社西三号村东铁路道口突然熄火，与正在行驶的火车相撞，造成 3 名司乘人员死亡、11 名司乘人员（包括驾驶员李美华、售票员王宏林）受伤的特大交通事故，也是公交公司发展史上唯一的大事故。

1977 年

7 月，由集宁市政府出资，从天津购买了 4 辆“天津”大客用于更新报废公交车辆，集宁市公共汽车管理站用其中 1 辆报废车和乌兰察布盟石油公司换取了 1 个存放汽油的油罐和 1 台电子加油机，在公司大院东侧建起了简易加油站，集宁市公共汽车站从此开始有了自己的加油站，结束了用手摇加油机为公交车辆加油的历史。

1981 年

9 月，赵世华任集宁市公共汽车站站长、党支部书记。

1982 年

12 月，江文才任集宁市公共汽车站党支部书记。

1982—1985 年，集宁市公共汽车站开始探索实行小组承包制。

1983 年

4 月 5 日，集宁市人民政府市长办公会议研究决定集宁市公共汽车站更名为集宁市公共汽车公司。

7 月，在自治区团委、商业厅、供销社、城建局、交通厅、卫生厅等部门组织的“四优百日”竞赛活动中，集宁市公共汽车公司职工郝利桃被评为优质服务司乘站务员。

1985 年

5 月，刘志军任集宁市公共汽车公司经理。

6 月，肖俊昌任集宁市公共汽车公司党支部书记。

1986 年

11 月，王宾任集宁市公共汽车公司经理。

11 月，肖俊昌任集宁市公共汽车公司党支部书记。

1990 年

3 月 14 日，聂廷善任集宁市公共汽车公司党支部书记。

3 月 15 日，杨恒任集宁市公共汽车公司经理。

△ 集宁市公共汽车公司荣获集宁市“精神文明先进单位”、集宁市“卫生先进单位”称号。

1991 年

7 月 15 日，聂廷善任集宁市公共汽车公司经理。

10 月，肖俊昌任集宁市公共汽车公司党支部书记。

1992 年

2 月，孙秀贵任集宁市公共汽车公司经理。肖俊昌任集宁市公共汽车公司党支部书记。

6 月 1 日，集宁市公共汽车公司第 2 条公交线路开通，结束了集宁市区近 30 年来只有一条公共汽车线路的历史。营运车辆为 6 辆大客车，起始站为大榆树湾，终点站为中蒙医院。单程 10 公里，设 18 个站点。1993 年，起始站由榆树湾延伸至三号地，单程 12 公里，设 23 个站点。1996 年 5 月 1 日，营运车辆更换为 11 辆“胜利”牌中巴车，由公司职工承包经营。2001 年 6 月 1 日，实施第二轮承包，营运车辆更换为 11 辆“四平”牌大客车，仍由公司职工承包。

6 月，集宁市公共汽车公司被评为全国城市公共交通系统优质服务竞赛自治区级优胜单位。集宁市公共汽车公司第三包车组，被评为全国城市公共交通系统优质服务竞赛自治区级优质服务先进车组。集宁市公共汽车公司职工张润秀被评为全国城市公共交通系统优质服务竞赛自治区级优质乘务员。

1993 年

3 月，郝利桃荣获集宁市精神文明建设委员会，社会公德十件好事活动“先进个人”称号。

5 月，集宁市公共汽车公司广告部成立，对外承揽广告业务。

1994 年

12 月 1 日，集宁市公共汽车公司 3 路公交线开通。共投入 8 辆“胜利”牌中巴车，起始站为乌兰察布盟党校，终点站为原财贸学校，单程 11.5 公里，设 24 个站点，由公司职工承包经营。1999 年 1 月 1 日，公司实施第二轮承包，购置 9 辆“东华”牌中巴车。2001 年，终点由原财贸学校延至新区乌兰察布盟委、行署，单程为 14.5 公里，设 28 个站点。

1995 年

7 月 1 日，集宁市公共汽车公司 4 路公交线开通。共投入 8 辆“胜利”牌中巴车，起始站为集宁铁路职工学校，终点站为集宁农机市场，由公司职工承包经营。2000 年 7 月 1 日，实施第二轮承包。

1996 年

11 月，集宁市公共汽车公司与乌兰察布盟公路管理局协商，用 2 间车库等面积交换其家属楼一楼作为公司办公楼。1997 年，办公楼正式交付使用。

1997 年

1 月 1 日，集宁市公共汽车公司 5 路公交线开通。公司投入 7 辆“东华”牌中巴车，起始站为文化小区，终点站为铁路小区。2001 年 9 月 15 日，实施第二轮承包，车辆更新为 12 辆“长安”

牌微型车。

4月，马怀忠任集宁市公共汽车公司经理。尚建文任集宁市公共汽车公司党支部书记。

1999年

3月21日，集宁市公共汽车公司6路公交线开通。该线路为环线，投入7辆“胜利”牌中巴车，由公司职工承包经营。单程9公里，设18个站点，起始站为集宁南站，终点站为集宁南站。6月23日，由6路中巴车接替4路公交线实施第二轮承包，于2000年7月1日正式转入4路公交线运营。同时6路公交线通过招标，投入9辆“一汽佳宝”牌微型车运行，由公司职工承包。

7月，集宁市公共汽车公司将公司1排办公室平房、1排家属房平房、1个修理库平房拆除，为职工新建1栋6层家属楼，占地面积1400平方米，总投资560万元，2001年7月交工。

2001年

2月18日，集宁市公共汽车公司开通原乌兰察布盟盟委、行署职工上下班的通勤线。

11月，集宁市公共汽车公司更新了12台1路公交线大客车，并且第一次在1路公交线开始实行公交车无人售票。

2002年

2月，尚建文任集宁市公共汽车公司经理、党支部书记。

2003年

7月1日，集宁市公共汽车公司7路公交环线开通。投入9辆“胜利”牌中巴车，单程9.5公里，设17个站点。起始站为集宁南站，终点站为集宁南站，由公司职工承包。

12月1日，乌兰察布盟正式撤盟设乌兰察布市。

2004年

△ 集宁市公共汽车公司3路公交线实行无人售票，这是集宁市公共汽车公司第2条无人售票线路。

4月8日，集宁市撤市设集宁区。集宁市公共汽车公司也正式更名为集宁区公共汽车公司。

12月23日，集宁区公共汽车公司8路公交线开通。单程10.6公里，设23个站点。起始站为学府花园，终点站为集宁南站。

2005年

10月，集宁区公共汽车公司在集宁区学府路南侧行政划拨土地40亩，投资50万元新建1个综合性场站。

2006年

4月，集宁区公共汽车公司自筹资金新购8辆大客车，增加3路公交线的营运力量。

5月，集宁区公共汽车公司自筹资金10万余元，新建50个不锈钢连体公交站牌。

9月，集宁区公共汽车公司出资30余万元，为50余名退休人员补缴养老保险金，并全部纳入集宁区社保局管理体系，统一管理。

10月，集宁区公共汽车公司先后两次累计投资15万元，专门设计制作集宁公共汽车公司制式服装、肩章、臂章和徽章，对全体职工进行统一着装管理。

2007年

5月，集宁区公共汽车公司投资12万元，在1～8路公交车上全部安装了GPS语音报站器。

7月，集宁区公共汽车公司投资30万元，在实验小学、乌兰小学、南站新建5个示范性候车亭。社会筹资30万元，新建30个不锈钢普通候车亭。集宁区公共汽车公司协调政府相关部门，在集宁区马莲渠乡李华沟行政村划拨土地17亩，新建1座公交场站。

8月，集宁区公共汽车公司自筹资金30万元，新购2辆大客车充实3路公交线营运力量。

10月，集宁区公共汽车公司自筹资金38万元，硬化公司办公楼前大院3000余平方米。

2008年

5月23日，集宁区公共汽车公司9路公交线（无人售票）开通，共投资420余万元，新购10.5米长低地板大客车16台。单程22.8公里，设29个站点。起始站为集宁一中（榆树湾校区），终点站为公交公司。

7月，集宁区公共汽车公司投资120万元，新建20个景观式不锈钢示范性候车亭。

9月，集宁区公共汽车公司投资近60万元，在学府路的综合场站新建650余平方米的修理车间、材料库。集宁区公共汽车公司投资近50万元，在李华沟新建终点站停车场1处。

10月19日，北京市规划委员会向集宁区公共汽车公司赠送公交车2辆。

11月1日，集宁区公共汽车公司收回原6路微型公交车的经营权，由公司统一经营。公司投资180万元新购12台“友谊”牌双燃料大客车，投入6路公交线运营，采取无人售票。单程11.5公里，设24个站点。起始站为雪原乳业，终点站为新华街办事处。

2009年

9月23日，集宁区公共汽车公司开通10路公交线，采取无人售票。投资495万元新购15辆大客车投入运营，单程22.8公里，设40个站点。起始站为桃源新村，终点站为广电大厦。

2010年

8月，集宁区政府投资1400余万元为公司学府路综合场站和李华沟综合场站新建车库7010平方米，硬化场站21210平方米。

10月，丁学功任集宁区公共汽车公司经理。陈斐任集宁区公共汽车公司党支部书记。集宁区委将集宁区公共汽车公司升格为正科级区直属企业单位，公司经理为乡镇正科级，副经理为乡镇副科级。

2011 年

7 月，杨有慧被中共集宁区委员会评为优秀共产党员。

8 月，集宁区公共汽车公司收回了 7 路公交线的经营权，结束了该线路长达 8 年的私人承包体制，由公司统一经营管理。

12 月 30 日，集宁区公共汽车公司开通 11 路公交线，采取无人售票。此次更新 7 路公交车，开通 11 路公交线，集宁区公共汽车公司共计投资 1504 万元，购入 34 辆天然气公交车。

2012 年

5 月 1 日，集宁区公共汽车公司开通了市区内第一条夜间运行的公交环线，运行时间为 19：00—21：00（从 5 月 1 日运行到 10 月 1 日），起始站为集宁南站，终点站为阳光怡园，全程 18 公里，车辆间隔时间为 20 分钟。

5 月，集宁区公共汽车公司收回了公司 5 路公交线的经营权，投资 560 万元更新了 14 辆天然气公交车。集宁区公共汽车公司投资 10 多万元，为公司 1 路到 11 路公交车共计 161 辆更换、维修了发光二极管（LED）头牌、尾牌和腰牌；投资 300 余万元，在察哈尔西街、工农南路、怀远路、团结大街、现代物流园区等地新建 82 个款式新颖的景观式高档候车亭，并配备了候车座椅、阅报栏等设施。

8 月，集宁区公共汽车公司投资 20 余万元，更换、维修不锈钢站牌 150 余块；投资近 10 万元改建标准化公交调度室 3 个。

8 月 15 日，集宁区公共汽车公司提前收回了 8 路公交线的经营权。同日，开通 12 路公交线，采取无人售票，并更新了 4 路公交车。12 路公交线全部使用节能环保的天然气新能源车，投入车辆 12 辆。单程 19 公里，共计 33 个站点。起始站为乌兰商厦、终点站为金泰苑。此次更新 4 路公交车、开通 12 路公交线共计投资 1320 万元，购入 30 辆天然气公交车。至此，集宁区公交公司收回了所有私人承包线路的经营权，个人承包公交车经营已成为历史。

10 月，集宁区公共汽车公司投资 40 余万元，在学府路场站新建营运一公司办公场所；投资 10 多万元在学府路场站硬化 700 多平方米。

10 月 25 日，成立集宁区公共汽车公司第一分公司。

10 月，集宁区公共汽车公司投资 10 多万元，完成 12 路扶困市场终点站硬化工程。

11 月，集宁区公共汽车公司在原办公楼旁新建 1 栋 5 层办公大楼，总面积 1620 平方米。

11 月 26 日，成立集宁区公共汽车公司第二分公司。

12 月 23 日，8 路公交线经整合延伸后重新开通。单程 22.4 公里，共计 36 个站点。起始站为集宁机场，终点站为万众娱乐场。

2013 年

7 月，集宁区公共汽车公司新购气电混合新能源公交车 100 辆、天然气公交车 12 辆，共投入 8730 万元，先后开通了 16 路、17 路、18 路、19 路公交线。其中，16 路公交线：投入车辆 5 辆，单程 13 公里，共计 18 个站点；起始站为集宁一中旧校区，终点站为集宁一中新校区。17 路公交线：投入车辆 6 辆，单程 20 公里，共计 23 个站点；起始站为集宁一中旧校区，终点站为黄旗海镇。18 路公交线：投入车辆 9 辆，单程 21.5 公里，共计 30 个站点；起始站为公交一公司，终点站为江东郡。19 路公交线：投入车辆 5 辆，单程 18.5 公里，共计 17 个站点；起始站为公交一公司，终点站为集宁一中新校区。

△ 集宁区公共汽车公司延长了 2 路、3 路、4 路、5 路、6 路、7 路、8 路、9 路、12 路公交线。乌兰察布市政府投资 2600 万元，为集宁区公共汽车公司新建 7 个规划新颖、功能齐全的公交场站；新建大中型综合场站 1 个、枢纽站 3 个、首末站 3 个；新建智能调度室 1 个。

8 月，集宁区公共汽车公司自筹资金 70 余万元，新建景观式连体站牌 180 块。同年，更换了车况较差的 6 路公交车，启用了 10 辆新能源车，还对陈旧老化、站名模糊的站牌进行更换。

2014 年

3 月，集宁区将为 65 岁以上老年人办理免费乘车卡作为“惠民十件实事”之一，集宁区公共汽车公司共为全区 17000 名老年人办理了免费乘车卡。

4 月 8 日，集宁区公共汽车公司开通 21 路公交线。共投入车辆 7 辆，单程 18.5 公里，共计 23 个站点。起始站为公交一公司，终点站为韵驰驾校。

4 月，杨有慧被乌兰察布市人民政府评为乌兰察布市劳动模范。

5 月 23 日，集宁区公共汽车公司开通 22 路公交线：单程 21 公里，投入车辆 13 辆，共计 31 个站点。起始站为公交总公司，终点站为公交二公司。

9 月 1 日，集宁区公共汽车公司全国首家老年人指纹输入系统开始使用。

11 月，郭朝辉任集宁区公共汽车公司总经理。

△ 集宁区公共汽车公司相继开通了 20 路、23 路、26 路、28 路、29 路、30 路、31 路、33 路、36 路、38 路、39 路公交线及 K1 滑雪场专线，新线路的相继开通，满足了市区和乡镇之间人们出行的需求。

12 月 24 日，张文书荣获集宁区 2013—2014 年度“区级道德模范”称号。

2015 年

4 月，杨有慧被中共内蒙古自治区委员会、内蒙古自治区人民政府评为内蒙古自治区劳动模范（先进工作者）。

5月1日，集宁区公共汽车公司开始使用公交IC卡，种类有普通卡、月票卡（成人卡、儿童卡，限乘120次）。

10月1日，开通首条双层公交线路，公司引进双层环保公交车14辆，其中：亚星牌7辆、宇通牌7辆，全部用于28路、29路旅游观光公交专线。28路公交专线投入9辆，全程共设27站，起始站为国际皮革城，终点站为霸王河欢乐世界（此线路营运半年后，因客流量少，取消28路，调整为29路公交专线）。29路公交专线投入5辆，全程共设20站，起始站为霸王河欢乐世界，终点站为国际皮革城。

2016年

3月，郭亮、徐文艺、李雁永、李忠武、李瑞5人荣获乌兰察布市2015年“五城联创”五十佳出租车公交车司机称号。

6月，卢丽娟荣获集宁区“优秀共产党员”称号。

7月23日，成立集宁区公共汽车公司第三分公司。

△ 公司为全体职工缴纳了“城镇职工医疗保险”和“住房公积金”。

2017年

4月，集宁区公共汽车公司在集宁区主要街道安装智能公交电子站牌45块，并启用智能调度系统及掌上App实时公交查询，公交车全部安装无死角实时监控摄像头。

5月，集宁区公共汽车公司对公交车驾驶员实行“一岗双责”责任制度，公交司机既是驾驶员又是安全员。

5月8日，集宁区公共汽车公司成立了集宁区骏安汽车租赁分公司。

△ 开始实行每年的5—10月5条大线路（2路、9路、10路、22路、26路）延长运营时间至夜间10点。

8月8日，集宁区公共汽车公司新购置20台天然气新能源公交车，新购置的公交车用于更换19路、26路公交线的车辆。

8月24日，集宁区公共汽车公司在集宁区马莲渠乡六号渠成立了驾驶员反恐培训基地。

11月10日，集宁区公共汽车公司“智慧公交”全面启动。

2018年

8月8日，集宁区人民政府第二十四次常务会议议定，集宁区公共汽车公司正式更名为乌兰察布市公交公司。

8月16日，乌兰察布市公交公司新购置25辆新能源公交车，用于开通新线路和更换老旧车辆。

10月，乌兰察布市公交公司在城区12条线路180多辆新能源公交车上设立“廉政文化宣传教育站点”，通过车载电视循环播放集宁区“清风干部”廉政典型事迹、《巡视利剑》、微视频等精品专题片，弘扬主旋律、传播正能量。

2019年

1月23日，乌兰察布市公交公司对公交刷卡系统进行了升级换代。升级后的公交卡种类有敬老卡、爱心卡、儿童卡、普通八折优惠卡、银联闪付及App二维码支付等功能。

4月23日，乌兰察布市公交公司新建公交办证服务大厅，占地面积200余平方米。

4月，卢丽娟荣获乌兰察布市总工会授予的“五一劳动奖章”。

7月，崔德任乌兰察布市公交公司总经理、党总支书记。

9月6—10日，“第三届中国—蒙古国博览会”在乌兰察布市召开，乌兰察布市公交公司特制定《第三届中蒙博览会展商出行线路》，累计派出车辆84台次。

9月，乌兰察布市公交公司按照车辆所属分公司，对车辆重新进行内编号，统一规范LED路牌号，并将326辆车辆的标识统一为“乌兰察布公交”。

10月9日，乌兰察布市公交公司成立57年以来第一次为全体男职工进行健康体检（以前只为女职工体检）。

10月23日，乌兰察布市公交公司启动“新时代文明实践号”创建活动。

10月25日，乌兰察布市公交公司举办首届职工趣味运动会，自此，此项活动每年举办一次。

10月28日，乌兰察布市公交公司40路公交线开通，单程7.6公里，投入车辆1台，共计8个站点。起始站为公交总公司，终点站为北官房。

11月30日，乌兰察布市公交公司开通游1路公交线，起始站为公交总公司，终点站为察汗营滑雪场。

12月25日，乌兰察布市公交公司开通游2路公交线，起始站为乌兰察布高铁站，终点站为大河湾滑雪场。

2020年

1月12日，乌兰察布市公交公司开通36路乌兰察布高铁站公交夜班车。该线路为中心城区首条全年运营的夜班公交线路。

1月28日，为有效防控新型冠状病毒肺炎疫情，减少传播途径，乌兰察布市公交公司全部车辆暂停营运，这是公交公司成立近60年来第一次车辆全部停运。

2月1日，根据疫情防控工作要求，乌兰察布市公交公司办证大厅暂停所有业务的办理。

2月20日，为保障各复工复产企业职工出行需求，在做好疫情防控工作的前提下，乌兰察布市公交公司开通首条企业定制化公交线路，共投入4辆公交车，对大数据复工企业职工实施点对点公交运营。同日，为防控新型冠状病毒肺炎疫情，乌兰察布市公交公司第二分公司与第三分公司自发组织部分职工，开展无偿献血活动。

2月22日，乌兰察布市公交公司新开通K1路快速公交线，起始站为集宁南站，终点站为乌兰察布高铁站，投放车辆3辆，单程运行30分钟。该线路是乌兰察布市中心城区第一条快速公交线路。

2月24日至4月8日，乌兰察布市公交公司逐步恢复所有营运线路。

3月，为应对突发的新型冠状病毒引发的肺炎疫情，乌兰察布市公交公司按照市、区两级党委、政府指示，在各相关路口、车站停放公交车辆，对外来人员进行体温检测，遏制疫情蔓延。在包联小区设立防控点，党员干部带头，24小时轮岗值守。公司60多名在职党员为武汉捐款7800元。

3月26日，内蒙古自治区党委宣传部授予乌兰察布市公交公司“全区学雷锋活动示范点”光荣称号，是乌兰察布市唯一获此殊荣的单位。

4月15日，乌兰察布市公交公司荣获“自治区诚信达标企业”称号。

5月，乌兰察布市公交公司为全体职工统一服装、肩章及臂章。乌兰察布市公交公司实行材料智能化管理，采用企业资源计划（ERP）智能材料仓储管理系统，进行网上公开办公，简化材料出入库审批流程。

6月11日，乌兰察布市公交公司召开第七届六次职工代表大会暨补选职工代表大会。

6月28日，乌兰察布市公交公司党建办联合工会及安保科，邀请专业心理辅导老师首次为全体驾驶员开展“阳光心情，快乐工作”心理辅导团建活动。

6月，卢丽娟荣获内蒙古自治区创建和谐劳动关系“先进工作者”称号。

7月1日，乌兰察布市公交公司与北京丝路彩虹汽车租赁集团有限公司签署合作投资协议。该项目预计投资6.4亿元，计划在2020年10月底前，为乌兰察布市公交公司更换新能源纯电动车477辆，更换新建候车亭500座。

7月21日，4路公交线驾驶员翟项楠荣获乌兰察布市精神文明建设委员会“乌兰察布市好人”称号。

7月31日，集宁区红十字会特邀医专应急救护师，为乌兰察布市公交公司全体职工开展了急救知识培训活动。

8月12日，乌兰察布市公交公司开通郊区111路公交线，起始站为万福广场，终点站为八印滩，单程38.3公里，单程运行100分钟。

9月1日，乌兰察布市公交公司专门配备了酒精检测仪，对每一名公交车驾驶员在上岗前增加了酒精检测和岗前宣誓两项内容，严防驾驶员酒后驾驶以及“隔夜酒”等违法行为，从源头上杜绝驾驶员宿醉驾驶行为。

9月3日，乌兰察布市公交公司将存在破损座椅的公交车内座位，全部制作更换了新的座椅套，使车内环境焕然一新。此次共更换72辆车内座椅套1728个。

9月16日，乌兰察布市公交公司与中国联合网络通信有限公司共同举办了第二届职工趣味运动会。

9月17日，乌兰察布市公交第二分公司组织部分职工开展以“无偿献血、奉献爱心”为主题的无偿献血活动。

9月18日，乌兰察布市公交公司驻霸王河村第一书记乔慧参加“2020年中国农民丰收节晚会”，她是乌兰察布市驻村书记中唯一一个参加录制的驻村第一书记。

9月22日，乌兰察布市公交公司在

26路公交线打造“新时代文明实践号——民族团结进步”公交专线，并举行开通仪式。

9月24日，乌兰察布市红十字会、集宁区红十字会和乌兰察布市公交公司共同打造“新时代文明实践号——博爱专线”，并举行开通仪式。

10月14日，乌兰察布市公交公司29路女子公交线被内蒙古自治区妇联评选为“最美绿色大家庭”，是内蒙古自治区唯一荣获此殊荣的集体。

10月31日，乌兰察布市公交公司参加集宁区总工会、集宁区文化旅游体育局共同举办的2020年第四届职工五人制（笼式）足球赛。

11月30日，首批140辆宇通新能源纯电动公交车抵达乌兰察布，标志着乌兰察布市城市公共交通发展迈向低碳环保、高效节能的绿色时代。

12月12日，477辆宇通新能源纯电动公交车全部到达公交公司，乌兰察布市成为内蒙古自治区首家（全国地级城市中唯一）中心城区全部采用新能源纯电动公交车的城市。

12月，乌兰察布市公交公司启动智能公交指挥调度中心建设项目。

12月30日，集宁区新时代文明实践中心授予乌兰察布市公交公司“十佳志愿服务企业”荣誉称号。

2021年

1月8日，乌兰察布市公交公司开通27路公交线（公交一公司—苏通电子），主要连接小区、学校、医院、商场及部分企业，有效地衔接新旧区，更好地服务中心城区周边居民，方便出行，促进乌兰察布市经济发展。同时对36路夜班公交线进行优化调整，白天运营的路线与时间不变，调整后夜间运营线路增加了5个站点。

1月14日，乌兰察布市公交公司举办新能源公交车上线运营启动仪式，477辆新能源纯电动公交车正式投入运行，标志着乌兰察布市成为内蒙古自治区首家城市公交全部采用纯电动公交车的城市，更标志着乌兰察布市提前迈入绿色环保出行的新时代。同日，乌兰察布市丝路广告传媒有限公司成立。

1月22日，乌兰察布市星源新能源有限公司成立。

3月，乌兰察布市公交公司大力推行智能化非现金支付方式，非现金支付收入已占公司总收入的85%～90%。

4月，乌兰察布市公交公司在2日、3日、4日开通2条清明扫墓专线，以满足市民清明节期间扫墓的出行需求。

4月29日，乌兰察布市公交公司组织职工参加由中共集宁区委宣传部主办，集宁区总工会、集宁区妇联承办的“舞动健康集宁 献礼百年华诞”健身操大赛。

5月14日，乌兰察布市公交公司在包联小区开展环境卫生治理和植树添绿活动，助力文明城市的创建。

6月16日，乌兰察布市公交公司重新规划开通了5条夜班公交线，进一步方便广大市民夜间出行的需求。

7月7日，乌兰察布市公交公司组

织职工参加“永远跟党走·放歌新时代”集宁区各族各界庆祝中国共产党成立100周年大合唱展演及“红色经典·献礼百年”集宁区职工朗诵比赛。

8月26日，乌兰察布市公交公司开通101路公交线，起始站为公交一公司，终点站为华为快手巴音片区，单程20.2公里，单程运行35分钟。

9月14日，乌兰察布市公交公司成立党委、董事会。

9月29日，乌兰察布市公交公司开通51路、52路公交线。51路公交线起始站为平地泉派出所，终点站为公交一公司，单程14公里，单程运行42分钟；52路公交线起始站和终点站均为长途客运站，单程15.5公里，单程运行50分钟。

10月18日，乌兰察布市公交公司举办第三届趣味运动会暨首届技能大赛。

12月1日，乌兰察布市公交公司开通15路、102路公交线。15路公交线起始站为金泰苑，终点站为百旺B区北门，单程9公里，单程运行30分钟；102路公交线起始站为公交二公司，终点站为东城路村，单程15.9公里，单程运行40分钟。同时优化12路、16路、17路、18路公交线。

第一编 乌兰察布市公交公司发展概述

第一章 艰苦创业篇

(1964—1991 年)

1964—1991 年，是集宁市公共汽车管理站艰苦创业并逐步发展壮大的时期。

第一节 组织机构

一、历任领导

武德民，集宁市城建局公共事业股副股长。1964 年，兼公共汽车管理站筹建负责人。

薛旭初，1964 年 4 月 27 日至 1965 年 5 月 21 日，集宁市城建局调任集宁市公共汽车管理站筹建组成员。

赵世华，1964 年 7 月 1 日，任集宁市公共汽车管理站党支部书记，主持日常工作。

张 维，1964 年 7 月 15 日至 1967 年 7 月 24 日，集宁市公共汽车管理站筹建组成员。

李云盛，1965 年 10 月 6 日至 1966 年 10 月 7 日，任集宁市公共汽车管理站党支部书记。

谢玉明，1966 年 8 月 29 日至 1968 年，任集宁市公共汽车管理站站长兼党支部副书记，后被任命为党支部书记。

赵福槐，1967 年 7 月 15 日至 1981 年，任集宁市公共汽车站站长、党支部副书记。

李茂林，1969—1978 年，任集宁市公共汽车管理站党支部书记。

赵世华，1981—1982 年，任集宁市公共汽车管理站党支部书记。

江文才，1982—1985 年，任集宁市公共汽车站经理、党支部书记。

刘志军，1985—1986 年，任集宁市公共汽车公司经理。

王 宾，1986—1989 年，任集宁市公共汽车公司经理。

杨 恒，1989—1991 年，任集宁市公共汽车公司经理。

聂廷善，1991—1992年，任集宁市公共汽车公司经理。

二、公司概况

集宁市公共汽车管理站从1964年建站，历任领导和全体职工携手创业，经历“一条线，两台车”、“三个干部”（薛旭初、张维、王子谦）、“四间车库”、“无院墙”、“四个司机”（李德庚、赵全虎、袁宏、李培文）培训忙的发展阶段；经历了1977年火车与公交车相撞，3人死亡多人受伤的重大事故，公司发展遭遇前所未有的挫折和艰难时期。1982年12月，江文才被任命为集宁市公共汽车站党支部书记，开始探索实行小组承包制改革。小组承包制实施以后，采取灵活经营，实行多劳多得，极大地调动了职工的工作热情和积极性。1983年4月5日，集宁市人民政府市长办公会议决定集宁市公共汽车站正式更名为集宁市公共汽车公司。1989年3月15日，杨恒担任经理后，狠抓公司内部管理，提高职工福利待遇，公司进入完善制度、严格管理、奖勤罚懒、平稳运营的发展快车道。

（一）建站创业初期

1963年，集宁市常住人口近10万人，主要集中居住在旧区桥西和桥东旧城墙（现中心医院）以西。而集宁市规划的主要工业区在城区的东南方向，距离主城区（桥西）近7公里。工业区内有乌兰察布盟肉类联合加工厂、乌兰察布盟水泥厂、集宁钢厂、集宁市制酒厂、集宁市焊条厂、集宁轴承厂等企业。当年，乌兰察布盟肉类联合加工厂曾是国家轻工业部直属企业，后下放到内蒙古自治区，是内蒙古自治区轻工业厅直属大型企业，号称“亚洲最大清真肉联厂”，工厂有正式职工1400余人，每年雇用临时工300余人。当时人们的主要交通方式是步行、自行车和畜力车，汽车很少。所以，集宁市政府决定筹建集宁市公共汽车管理站，以支持企业的快速发展，同时满足广大人民群众上下班和日常出行的需要。

1964年初，集宁市政府决定由集宁市城市建设局负责筹建公共汽车管理站，集宁市城市建设局确定由公共事业股副股长武德民牵头组建公共汽车管理站，同时从房产股调薛旭初到集宁市公共汽车管理站协助开展筹建工作。集宁市公共汽车管理站选定北大庙以北的集宁市城建局维修合作社后院（现新体路4号）作为场址，建3间平房作为库房、修理厂和办公室。集宁市政府从东北四平客车厂按计划调拨2台汽油车作为营运车辆。公共汽车管理站已有1名汽车驾驶员李德庚，又从乌兰察布盟运输公司暂时借调郭玉生作为驾驶员负责公交车的驾驶工作。为了培养更多的驾驶员，公共汽车管理站选定赵全虎、袁宏、李培文、张少清、王勇 5 人去呼和浩特市进行驾驶技术培训考核，然后持证上岗。他们与李德庚共同肩负起了集宁公交第一批驾驶员的职责。

1964 年 5 月 1 日，集宁市公共汽车站正式开始运营。全站仅有 2 辆“四平”大客车，正式职工 13 人，包括 5 名女职工（分别是田玉娥、牛金池、王玉梅、苏秀梅、刘海荣）。

集宁市公共汽车站成立后，汽车站由赵世华、赵福槐、赵全虎、苏秀梅、袁宏 5 人组成的领导工作组进行管理。

1964 年，集宁市公共汽车管理站开始为乘客办理月票，月票价格为每月每人 3 元。

1965 年 10 月 6 日，李云盛任公共汽车站党支部书记。此时，汽车站有营运公交车 4 辆，按照每辆车 5.5 人配备（1 辆车配备 2 名驾驶员、2 名售票员、1 名半修理工和管理人员），汽车站有 22 名职工。

1965 年 12 月，集宁市公共汽车管理站共有 4 辆公共汽车，客运量完成 798516 人次，行驶公里完成 117573 公里，票款收入完成 59689.74 元，利润完成 1300 元。

（二）艰苦奋斗时期

1967 年 6 月，集宁市公共汽车管理站动员全体职工参加劳动，在新体路 4 号院，用自制黄泥大苒土坯在大院西面建了 1 间锅炉房、6 间汽车暖库。汽车暖库后墙是贯通的，通过锅炉房烧煤燃烧出的烟穿过空心墙，实现增加车库温度的目的，以此对抗集宁冬季平均气温在零下二十六摄氏度的严寒。当时国家汽车生产技术水平还不高，公交车冷却循环系统全靠水，没有暖库热水，很难保证公交车冬季正常营运，暖库的建设是确保公交车正常运营的重要措施。

1967 年 7 月，集宁市公共汽车管理站在新体路 4 号院的东面建了 2 间汽车加油库，在院东南面建了 2 间材料库。

1967 年 7 月 15 日，赵福槐任集宁市公共汽车管理站站长兼副书记。赵福槐在集宁市公共汽车管理站站长岗位工作 13 年。

1968 年 3 月，集宁市公共汽车管理站在北面安装了大门，大门的西面建了 6 间车库，大门东面建了 6 间办公室，分别是门房、票务室（里外套间）、政工科、书记（站长）室、财务室和 2 间宿舍。汽车站新体路 4 号院当时呈“凹”字形，南面中间部分是集宁市城建局维修合作社后院手动葫芦车间。

1968 年 11 月，李茂林被任命为公共汽车站党支部书记。他在这个岗位上工作将近10年。其间，他组织全单位职工在新体路4号院西北角建了6间房，设立了男女宿舍，后来这些房分给了汽车站李德庚、赵德、赵福槐、王银海、王玉梅、贺若希6户职工居住。

1969年10月，随着集宁市经济社会和城市建设的迅猛发展，城镇和郊区人口流动加速，集宁市公共汽车站为满足广大郊区农民出行需求，增开通往国家石油储备151油库和察右前旗大土城乡2条郊区营运线路，方便了集宁市周边旗县人民群众的日常出行。鉴于此2条线路客源不稳定，汽车站根据实际情况，灵活调整运营，有时甚至停运，所以郊线车辆没有编号。

60年代，集宁市公共汽车管理站每年年初都要提出“开门红”，然后又是为“五一”献礼，为“七一”献礼，最后是大干3个月。一年四季都有口号，都要开展宣传，激励、鼓舞职工的士气。

(三) 引以为鉴事件

1976年12月18日，集宁市公共汽车管理站驾驶员李美华驾驶02号公交车，营运151油库郊线，在红卫公社西三号村东铁路道口处，车辆熄火，被火车撞翻，造成3名乘客身亡、11名司乘人员（包括驾驶员李美华、售票员王宏林）受伤的特大交通事故。1977年11月，公共汽车管理站又发生了1起撞人致死的事故。

(四) 改革创新初期

1982年12月,江文才被任命为集宁市公共汽车站党支部书记。针对集宁市公共汽车站的现状,江文才走马上任后重新规划汽车站的经营模式,制定严格的管理制度,提出“分组承包、独立经营、单独核算”的改革方案。经过全体领导班子讨论同意,决定将汽车站的全部车辆分给5个职工小组集体承包。每个小组3台车,1台用于保障营运路线,1台做为备用替补车辆,另1台用于小组自己跨行业揽业务创收。此承包方式的改革极大地调动了职工的积极性,每个小组都为自己小组创收出主意、想办法,多渠道承揽业务,其中包括拉货、旅游、跑运输、包车等。除去上缴单位部分,余下部分作为小组创收奖金发放。马三虎小组除了承揽拉人营运业务外,还承揽拉货、运粮、贩卖猪仔儿等业务,其小组每月除去工资(当时平均工资40~50元)外,每人还可得到200余元的奖金。

1983年4月，为了加强集宁市公共汽车公司的管理，继续推进公司改革步伐,集宁市城建局再次派已任城建局副局长的江文才具体抓公共汽车公司的工作，并兼任集宁市公共汽车公司经理、党支部书记。再次上任后,江文才带领汽车公司一班人,继续推行企业改革创新,将公司

1 路公交线整体承包给公司职工杨旺。杨旺承包了 3 个月，经济效益明显提高，驾驶员的工资翻了一倍。

1988 年 12 月 31 日，集宁市公共汽车公司有营运车辆 14 辆，全年营运线路长度 83 公里，行驶里程 30 万公里，客运总量 121 万人次，利润 -14 万元，年末职工人数 79 人。

(五)整章建制时期

1990 年 3 月 15 日，杨恒任集宁市公共汽车公司经理。杨恒上任后，一方面继续探寻公司改革发展出路，另一方面狠抓公司管理制度的建立和落实。杨恒带头执行公司制定的各项规章制度，每天早晨六点准时站在公司门口，检查职工考勤和出车情况，杨恒带头查考勤坚持了 18 个月，直至他调离。公司领导班子齐心协力、办事民主、严格管理、做事公正、职工福利待遇好，受到全体干部、职工的好评。尤其是修理工的福利，每个月都要按人发放洗衣粉、手套、毛巾、肥皂等。逢年过节都给职工发奖金、分实物，进行表扬奖励。

1990 年，集宁市公共汽车公司在营运线路全体司乘人员中开展“乘客第一、信誉第一”的“双百”优质竞赛活动，服务质量明显提高。1990 年，集宁市公共汽车公司被授予“集宁市卫生先进单位”“集宁市精神文明先进单位”称号。

第二节 主要业务

一、线路建设

1964 年 5 月 1 日，开通 1 路公交线，总投资 10 万元。起始站为集宁铁路分局工程四处，途经二百货、五金、北道口、南站、一百货、盟医院、联营商店、乌兰察布盟委、铁一中、民中、综合商店，终点站为肉类联合加工厂。1 路公交线单程 7.5 公里，共设置 13 个站点，票价为 3 分、5 分、8 分、1 角、1 角 2 分五种，三站一进制。年客运量 516907 人次，月均运送乘客 43075 人次。1964 年 5—12 月，共收入 38250 元，平均月收入 4733 元，车辆完好率为 91.9%，百公里耗油 33.12 升，单位成本每百公里 55.50 元。

1969 年 10 月，集宁市公共汽车管理站增开 2 条郊区线路：一条从集宁南站至国家石油储备 151 油库，途经榆树湾、三号地、石匠房、平地泉、西三号地、国家物资储备 136 库；另一条从集宁南站至察哈尔右翼前旗大土城乡。

1985 年 5 月，公司承包给杨旺 1 辆车，开通集宁市到察哈尔右翼前旗固尔班乡的郊区线路。

二、场站建设

1964 年 3 月，在北大庙以北新体路 4 号院建立场站 1 处。在肉联厂划拨土地 1 处，建调度室 1 间。在集宁铁路分局工程四处建调度室 1 间。

1967 年 6 月，汽车站动员全体职工参加劳动，在新体路 4 号院，用自制黄泥大苒土坯在大院西面建了 1 间锅炉房、6 间暖库。

第三节　队伍建设

一、党员干部队伍建设

60 年代，公共汽车管理站党支部书记先后是赵世华、李云盛，党员有赵世华（1964 年，被城建局党委任命为第三支部书记，该支部包括公共汽车管理站）、李云盛、赵福槐、苏秀梅、谢玉明、袁宏等。

70 年代，公共汽车管理站党支部书记是李茂林，党员有李茂林、赵福槐、袁宏、崔庆成、郑云寿等。

80 年代，公共汽车管理站党支部书记是肖俊昌，党员有肖俊昌、郑云寿、袁宏、崔庆成、杨廷书、梁保平、邹文喜、李继斗、王俊、马世兰、宋国安、刘强、李少平等。

二、职工队伍建设

1964 年，集宁市公共汽车站建站初期共有职工 13 人，1964 年底发展到 17 人。包括：薛旭初、张维、田茹、牛金池、刘海荣、张少清、李卷成、王勇、胡建慧、周会远、牛衍江、李德庚、张成四、李国芳、兰吉祥、刘宏财、王首钱。

1965 年 2 月 28 日，集宁市公共汽车管理站人员编制：司机 9 人，售票员 9 人，修理工 4 名，统计 2 名，站长 1 人，出纳、会计 3 人，总计 28 人。

1972 年 9 月，汽车站安排了一批上山下乡的知识青年，有李少平、任舒恒、魏玉华、李美华、李玉珠、刘志军。

1975 年 11 月，汽车站安排了一批从兵团返乡的青年，有邹文喜、赵集旺、王宏林、崔庆成、王桂梅、安有莲、徐进荣、李英、杨旺。

1986—1989 年，汽车站解决了技工学校毕业的学生和退伍军人就业，有纪军、房东青、梁保平、郭建龙、郭勇、罗忠辉等。

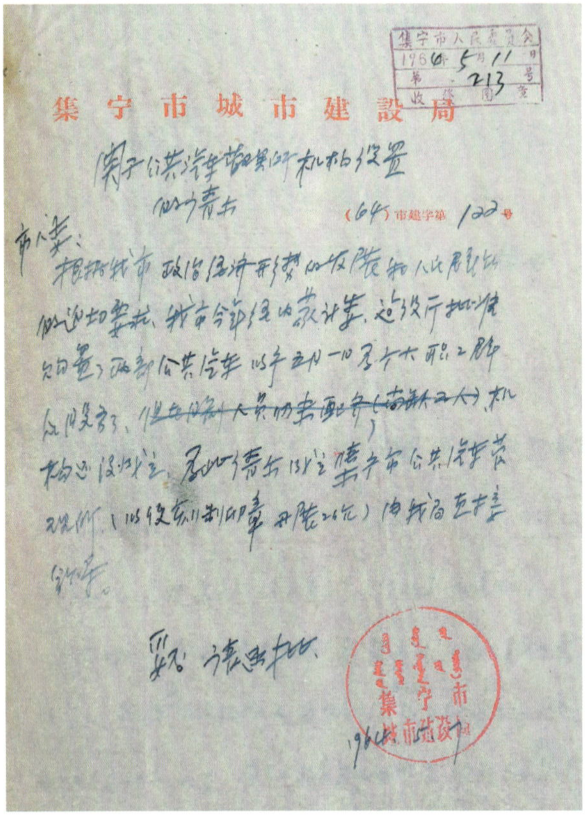
集宁市城市建設局

（64）市建字第 122 号

1964 年 5 月 7 日，集宁市城市建设局《关于公共汽车管理所机构设置的请示》（集宁区档案馆　供图）

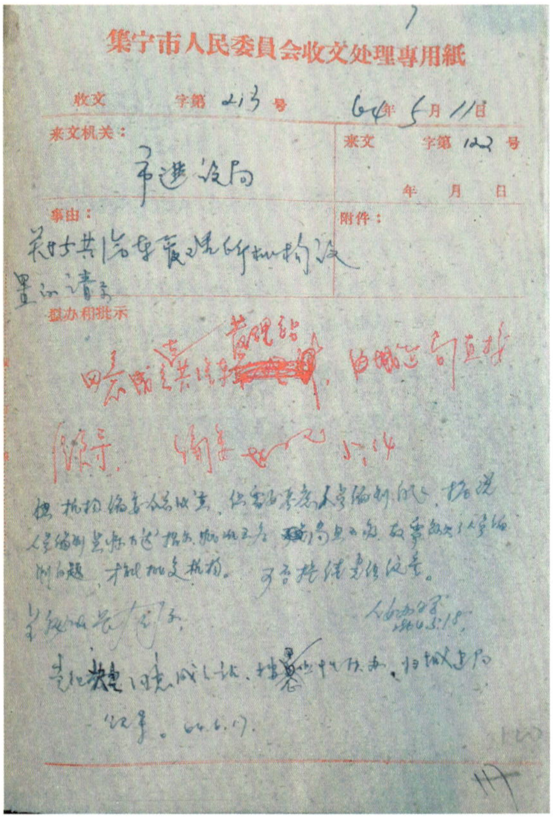
集宁市人民委员会收文处理專用紙

收文　字第 213 号　64 年 5 月 11 日

来文机关：市建设局

来文　字第 122 号　年　月　日

事由：关于公共汽车管理所机构设置的请示

附件：

拟办和批示

1964 年 5 月 11 日，集宁市人民委员会《关于公共汽车管理所机构设置的请示意见》（集宁区档案馆　供图）

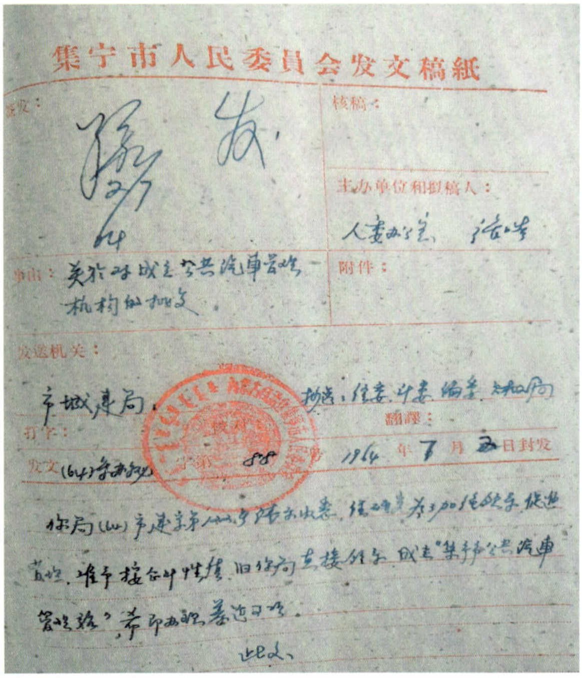
集宁市人民委员会发文稿紙

核稿：

主办单位和拟稿人：

事由：关于对成立公共汽车管理机构的批复

附件：

发送机关：

打字：

翻譯：

发文

1964 年 7 月 2 日封发

1964 年 7 月 2 日，集宁市人民委员会《关于对成立公共汽车管理机构的批复》（集宁区档案馆　供图）

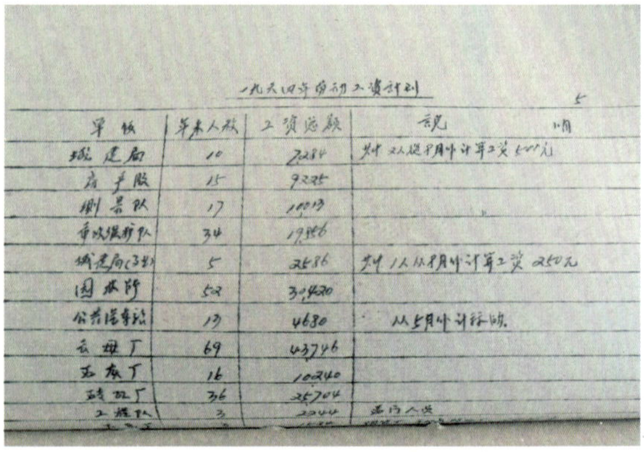

1964 年，集宁市公共汽车管理站职工人数、工资总数（集宁区档案馆　供图）

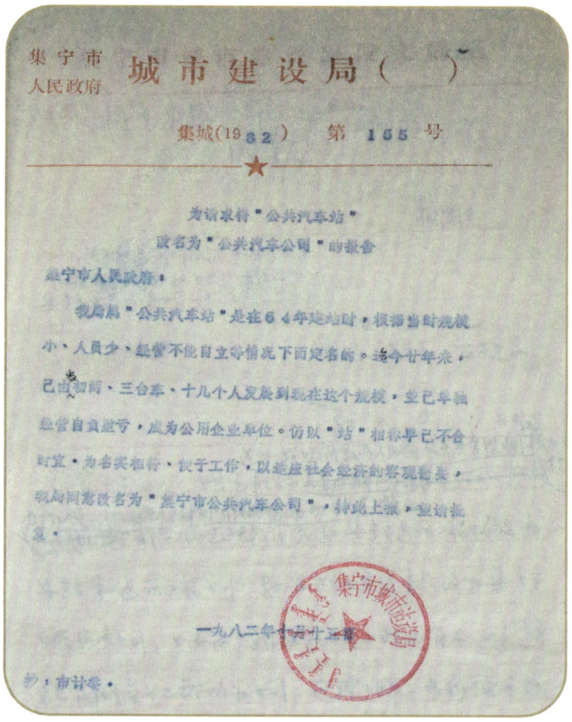

集宁市人民政府　城市建设局（　）

集城（1982）　第 155 号

为请求将“公共汽车站”
改名为“公共汽车公司”的报告

集宁市人民政府：

我局属“公共汽车站”是在64年建站时，根据当时规模小、人员少、经营不能自立等情况下而定名的。迄今廿年来，已由当初两、三台车、十几个人发展到现在这个规模，并已单独经营自负盈亏，成为公用企业单位。仍以“站”相称早已不合时宜。为名实相符、便于工作，以适应社会经济的客观需要，我局同意改名为“集宁市公共汽车公司”，特此上报，望请批复。

一九八二年十月十五日

抄：市计委。

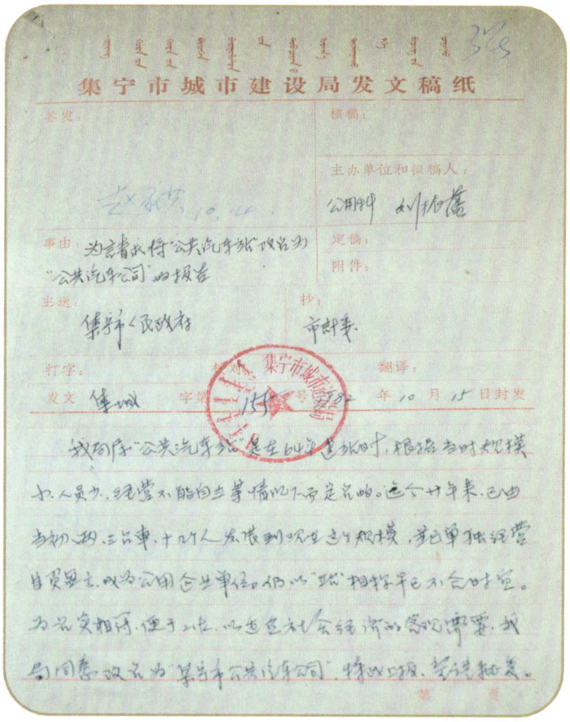

集宁市城市建设局发文稿纸

签发：　核稿：

主办单位和拟稿人：公用科　刘扬蔼

事由：为请求将“公共汽车站”改名为“公共汽车公司”的报告　定稿：　附件：

主送：集宁市人民政府　抄：市计委

打字：　翻译：

发文　集城　字　第　号　年 10 月 15 日封发

1982 年 10 月 15 日，集宁市城市建设局关于公共汽车站改名报告 （乌兰察布市自然资源局档案馆　供图）

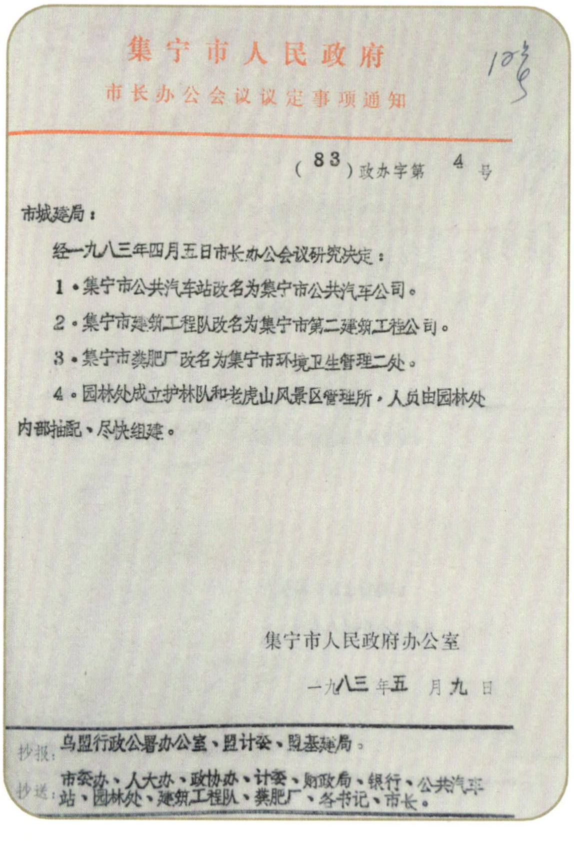

集宁市人民政府
市长办公会议议定事项通知

（83）政办字第 4 号

市城建局：

经一九八三年四月五日市长办公会议研究决定：

1. 集宁市公共汽车站改名为集宁市公共汽车公司。

2. 集宁市建筑工程队改名为集宁市第二建筑工程公司。

3. 集宁市粪肥厂改名为集宁市环境卫生管理二处。

4. 园林处成立护林队和老虎山风景区管理所，人员由园林处内部抽配、尽快组建。

集宁市人民政府办公室

一九八三年五月九日

抄报：乌盟行政公署办公室、盟计委、盟基建局。

抄送：市委办、人大办、政协办、计委、财政局、银行、公共汽车站、园林处、建筑工程队、粪肥厂、各书记、市长。

1983 年 5 月 9 日，集宁市公共汽车站改名文件（乌兰察布市自然资源局档案馆　供图）

1966 年 3 月 1 日，集宁市公共汽车管理站全体职工合影留念　乌兰察布市公交公司　供图

1964 年 11 月 3 日，集宁市公共汽车管理站欢送郭玉生（前排左三）留念 （乌兰察布市公交公司　供图）

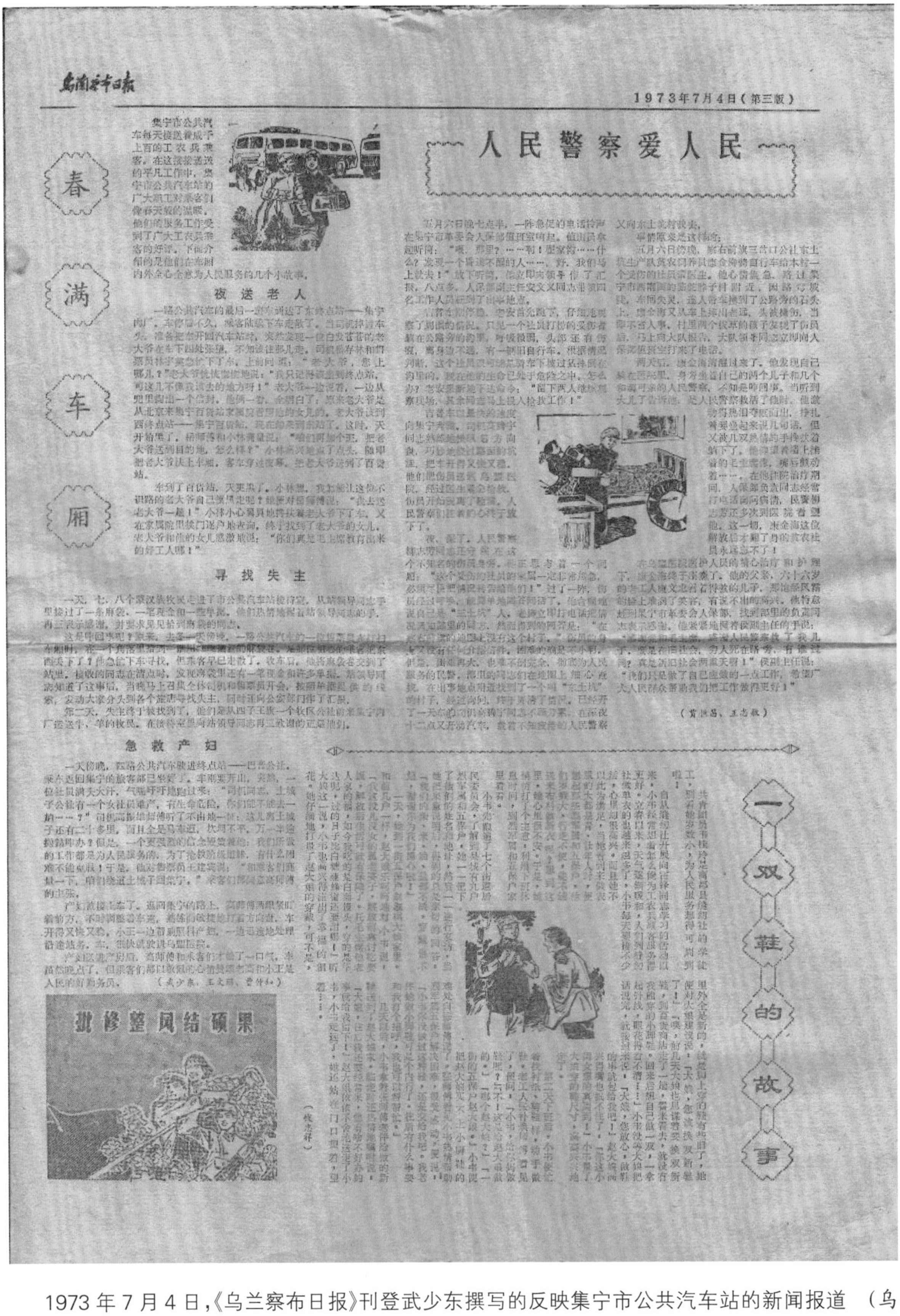

1973 年 7 月 4 日，《乌兰察布日报》刊登武少东撰写的反映集宁市公共汽车站的新闻报道 （乌兰察布市公交公司　供图）

1973 年 9 月 5 日，集宁市公共汽车站团支部合影留念（乌兰察布市公交公司　供图）

70 年代，集宁市公共汽车站职工合影（乌兰察布市公交公司　供图）

70 年代的 1 路公交车　（乌兰察布市公交公司　供图）

1979 年 1 月 25 日，欢送李茂林书记（前排左四）暨春节留念（乌兰察布市公交公司　供图）

1973 年 9 月 5 日，集宁市公共汽车站欢送武少东（二排左五）上大学留念（乌兰察布市公交公司　供图）

1984 年 10 月 17 日，汽车站驾驶员学习班留念（乌兰察布市公交公司　供图）

80 年代，公司干部与职工在 1 路公交车前留影 （乌兰察布市公交公司　供图）

80 年代，公司干部与职工去天津接车留影 （乌兰察布市公交公司　供图）

80 年代，公司干部与职工留影 （乌兰察布市公交公司　供图）

80 年代，“军民共建”活动部分职工留影 （乌兰察布市公交公司　供图）

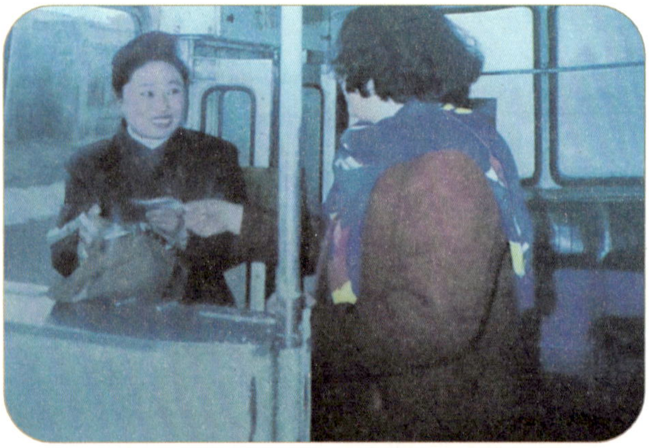

90 年代，公交车乘务员售票留影 （乌兰察布市公交公司　供图）

90 年代，公司干部与职工身着第二套工作服留影 （乌兰察布市公交公司　供图）

第二章　改革创新篇

（1992—2000 年）

1992—2000 年，集宁市公共汽车公司积极探索公司改革创新的思路和方法。将承包制引入公交营运中，使集宁的公交事业迸发出新的活力。

第一节　组织机构

一、历任领导

孙秀贵，1992—1997 年，任集宁市公共汽车公司经理。

马怀忠，1997—2002 年，任集宁市公共汽车公司经理。

二、公司概况

1992—2000 年，正值全国改革开放掀起新的热潮，当时集宁市地方财政捉襟见肘，给予公共汽车公司的补贴很少，公司的公交车大部分已接近报废期，汽油、汽车零配件价格上涨，公司面临入不敷出，职工工资不能正常发放的难题，陷入举步维艰的困境。随着城市规模越来越大，广大人民群众对公交车的依赖和需求也越来越大，公共汽车公司不改革创新就没有出路。

1992 年 2 月，孙秀贵任公共汽车公司经理。车辆老化、营运困难是公共汽车公司面临的突出问题。当时国家有政策，凡经批准购置新车，地方出资 30%，国家可补贴 70%。公共汽车公司一班人积极探索改革发展新途径，认真研究怎样发展企业，怎样让公交人富起来。1992 年，公共汽车公司通过在本单位职工子弟中招工的办法，扩充了公共汽车公司的职工队伍，为将来增加线路奠定了基础。

1992 年 5 月，公共汽车公司在公司内部进行了小组承包制度的改革，将公司的公交车、司机、修理工、售票员，按照小组承包方案分成5个承包小组，两年后又增加了1个承包小组，制定了运营、票款、趟次率等硬性指标，完成公司下达的指标任务，超额部分归小组集体所有。

1992年6月1日，集宁市公共汽车公司用旧公交车修理改造后，拼凑了6辆“四平”牌公交车，开通了2路公交线，结束了集宁市近30年来只有一条公共汽车线路的历史。

1993年5月，集宁市公共汽车公司广告部成立，对外承揽广告业务。

1994年4月，孙秀贵经理带领公司领导班子成员去吉林、长春、鄂尔多斯等地考察、学习公交车私人承包经验，回来后坚定了在公司内部职工中实行职工私人承包公交线路的信心，研究制定了承包方案、操作程序和招标公示办法。

1994年12月1日，集宁市公共汽车公司3路公交线开通，由公司职工承包经营。1999年1月1日，实施第二轮承包，购置9辆“东华”牌中巴车。2001年，终点由原财贸学校延至新区乌兰察布盟委、行署，单程为14.5公里，设28个站点。

1995年7月1日，集宁市公共汽车公司4路公交线开通。共投入8辆“胜利”牌中巴车，由公司职工承包经营。2000年7月1日，实施第二轮承包。

1996年11月，集宁市公共汽车公司与乌兰察布盟公路管理局协商，用两间车库等面积交换其家属楼一楼作为公司办公楼。1997年，公司办公楼正式交付使用。

1992—1997年，公司又相继实施开通了职工私人承包的2路、3路、4路、5路公交线，并把跑郊区151油库的公交线路承包给高江。集宁市公共汽车公司职工数量翻了1倍多，营运车辆数翻了5倍多，职工收入增加，集宁市每年给公共汽车公司的财政补助拨款金额增加到85万元。

1995年，公司对1路公交线实行了单车集体承包经营制。规定每辆车2名驾驶员、4名售票员（分上、下午班），夏季属于公交营运淡季，每名售票员每天上缴公司85元；冬季属于旺季，每名售票员上缴公司95元，营运收入的剩余部分由每个班的售票员平均分配。

1997年4月，马怀忠任集宁市公共汽车公司经理，尚建文任集宁市公共汽车公司党支部书记。

1999年3月21日，集宁市公共汽车公司6路公交线开通。该线路为环线，投入7辆“胜利”牌中巴车，由公司职工承包经营。在实际经营过程中，投入车辆载客量大，经济效益差，不能正常运营，后经实地考察论证，6月23日，由6路中巴车接替4路公交线实施第二轮承包，于2000年7月1日正式转入4

路公交线运营。同时6路公交线通过招标，投入9辆“一汽佳宝”牌微型车运行，由公司职工承包。

1999年7月，集宁市公共汽车公司将公司1排办公室平房、1排家属房平房、1个修理库平房拆除，为职工新建1栋6层家属楼，2001年交工。公司职工自愿购买，根据职工本人工龄、职务、荣誉等指标打分，从高分到低分排队，依次选房。

1992—1997年，集宁市公共汽车公司每年在“三八”国际妇女节、“六一”国际儿童节、“七一”中国共产党建党节、“八一”中国人民解放军建军节，公司党组织、工会都要组织慰问、走访职工家属、老党员、退伍军人职工，给职工家属发放纪念品，组织公司职工参加市城建局和集宁市里组织的各种歌咏比赛。

第二节　主要业务

一、线路建设

集宁市公共汽车公司在开通2路公交线时，对1路公交线进行了部分调整，取消了恩和路段营运路线站点，将桥西的终点站延长至乌兰察布盟气象局站。

1992年6月1日，集宁市公共汽车公司开通2路公交线，投入6辆“四平”牌公交车营运，起始站为大榆树湾，终点站为集宁市中蒙医院，途径怀远大街、南站、三马路、乌兰大街、恩和路、工农大街。单程10公里，共设18个站点。1993年，2路公交线起始站延伸至马莲渠乡三号地村，增加2公里，新增加5站。1996年5月1日，购进11辆6.3米长“胜利”牌汽油中巴车，对2路公交线实施“一车两人独立核算”职工私人承包制经营，承包期为5年。2001年6月1日，对2路公交线实施第二轮职工私人承包制，此次承包为4人（公司正式职工）一组，每组1辆车，更换成11辆“四平”牌柴油大客车，实施承包小组独立核算，承包期为8年。2009年7月1日，公交公司对2路公交线收回职工私人承包权，改为国有营运机制。

1994年12月1日，集宁市公共汽车公司开通3路公交线。这是集宁市公共汽车公司第1条职工私人承包的公交线路。第一轮承包投入8辆“胜利”牌汽油中巴车，3路公交线起始站为乌盟党校（位于旧区桥西红卫桥以西一千米处），终点站为原财贸学校（位于旧区技工学校处）。途经西沙河路、朝阳路、北道口、南站、三马路、乌兰大街、北站、团结路、工农大街，单程11.5公里，设立24个公交站点，承包期5年。

3路公交线承包方案学习了鄂尔多斯和吉林长春的成功经验，3路公交线承包是新开通线路，要职工自己进行投标，职工个人上报投资计划，公司根据报价高低排序，前8名为承包者。公司领导为了保证此项承包方案顺利实施，积极动员广大党员带头竞标。中标者可以自由组合，可采用2名职工承包1辆车的方式，最终3路线的承包者有崔庆成、郝丽桃、马世兰、代叶、宋国安、刘强、李少平、孙秀富等。起步票价为5角，每4站增加4角，2元封顶。

1999年1月1日，2路公交线实施第二轮职工私人承包，共投入9辆“东华”牌中巴车。2001年，3路公交线终点站由原财贸学校延长到集宁新区盟委、行署处，单程增加为14.5公里，共设立28个站点。

1995年7月1日，集宁市公共汽车公司开通4路公交线，投入8辆“胜利”牌中巴车，起始站为集宁铁路职工学校，途经新华街、胜利路、合作街、北道口、南站、三马路、光明街、解放路、建设街、新体路、幸福大街、团结路、北立交桥，终点站为集宁农机市场，由公司职工承包经营，承包期为5年。2000年7月1日，实施第二轮职工私人承包。

1997年1月1日，集宁市公共汽车公司开通5路公交线。共投入7辆“东华”牌汽油中巴车，起始站为文化小区，途经虎山东路、虎山公园、解放路、五洲商场、三马路、南站、怀远大街、团结路、北站货场，终点站为铁路小区。2001年9月15日，5路公交线实施第二轮承包，车辆更新为12辆“长安”牌微型车，由公司职工两人一车进行承包，承包期5年。

1999年3月21日，集宁市公共汽车公司开通6路公交线。实施公司职工私人承包制，两人一台车，承包期5年。6路公交线为环线，投入7辆“胜利”牌汽油中巴车。6路公交线单程8公里，设立18个站点，起始站为南站，终点站为南站。途经三马路、幸福大街、工农大街、前进路、建设街、新体路、光明街、恩和路、乌兰大街、六马路、怀远大街。6路公交线实际运营中投放车辆马力大，空间大，而乘客少，营运成本高，入不敷出。从1999年6月23日起，6路公交车接替4路公交车，实施第二轮承包，承包期5年。2000年7月1日，6路公交车正式并入4路公交线运营，同时，6路公交线又经过职工招投标形式，投入9辆“一汽佳宝”牌微型面包车运营，合同期为5年，由公司职工私人承包，一人一辆车。

2000年，集宁市公共汽车公司开通了原乌盟盟委、行政公署职工上下班的通勤线。

二、场站建设

1992年，公司向上级申请划拨了部分土地，在大榆树湾新建了2间调度室、

2 间住房。

第三节　队伍建设

一、党员干部队伍建设

截至 2000 年底，集宁市公共汽车公司党支部书记先后是肖俊昌、尚建文、陈斐，共有党员 79 名。

集宁市公共汽车公司党支部坚持“围绕经济抓党建、抓好党建促发展”的工作思路，加强党组织政治生活和制度规范化建设，从严治党延伸到基层、规范到支部、落实到党员，制定并规范支部“三会一课”制度、党员领导干部组织生活制度、交纳党费制度、中心组学习制度。

二、职工队伍建设

1992 年 6 月，集宁市公共汽车公司第三包车组，在全国城市公共交通系统优质服务竞赛中被评为自治区级优质服务先进车组。

1992 年 6 月，集宁市公共汽车公司职工张润秀在全国城市公共交通系统优质服务竞赛中被评为自治区级优质乘务员。

1993 年 3 月，郝利桃在集宁市精神文明建设委员会组织的社会公德十件好事活动中被评为先进个人。

截至 2000 年底，公共汽车公司已经发展成为拥有职工 264 人的中型企业。

1992 年 1 月，公司职工郝利桃（前排左四）荣获集宁市 1991 年度“先进生产工作者”称号 （乌兰察布市公交公司 供图）

1992 年 6 月 30 日，全国公交优质服务竞赛内蒙古表彰大会全体代表合影留念 （乌兰察布市公交公司 供图）

90 年代，公司职工在小组承包的 2 路公交车前留影 （乌兰察布市公交公司 供图）

90 年代，公司职工承包 3 路公交车运营留影 （乌兰察布市公交公司 供图）

1995 年 1 月 14 日,集宁市公共汽车公司举办联谊会　(乌兰察布市公交公司　供图)

1995 年 5 月 10 日，公司举办 4 路公交车租赁承包招标大会　(乌兰察布市公交公司　供图)

1995 年 7 月 1 日,集宁市委书记龚占永(前排左四)、市长彭少敏(前排左二)出席公司 4 路公交线开通剪彩仪式　(乌兰察布市公交公司　供图)

1995 年 7 月 1 日,承包 4 路公交车的全体职工在开通仪式上留影　(乌兰察布市公交公司　供图)

1995 年 7 月 1 日,4 路公交车开通剪影(乌兰察布市公交公司　供图)

1997 年 1 月 1 日,5 路公交车开通剪彩(乌兰察布市公交公司　供图)

第三章 开拓奋进篇

（2001—2018年）

2001—2018年，是集宁市（区）公共汽车公司深化改革、快速发展壮大的时期。集宁市（区）公共汽车公司进一步深化改革，加大公交建设投入，不断延伸拓展业务，提升智能化服务水平，集宁公交事业得到突破性发展。

第一节 组织机构

一、历任领导

马怀忠，1997—2002年，任集宁市公共汽车公司经理。

尚建文，2002年至2010年10月，任集宁市公共汽车公司经理、公司党支部书记。

丁学功，2010年10月至2014年11月，任集宁区公共汽车公司总经理。

郭朝辉，2014年11月至2019年7月，任乌兰察布市公交公司总经理、党总支书记。

二、公司概况

2001—2018年，集宁市（区）公共汽车公司经历了四任领导，从新线路的开通、无人售票的推行、新能源车的更换、分公司的成立、职工队伍的壮大，以及站牌、候车亭的更新换代到便民服务的一系列措施，全面提升了公交行业的服务质量。

2002年，新的领导班子转变经营意识，彻底摒弃等、靠、要的思想，自觉树立“围着市场干，随着市场变”的新观念，以企业、职工融资等多种经营方式，扩大公交规模，增强市场竞争能力。

从1994年起，3路公交线率先开始实行了公司职工私人承包制，随后几年，从4路公交线到8路公交线也都相继实行了公司职工私人承包制。私人承包制的实施一定程度上激活了市场主体，在特定历史时期促进了公交事业的发展。2008 年以后，公司按照国家宏观经济调控的要求，采取“统一经营、整体扭亏”经营策略，逐步按年限收回职工私人承包线路的经营权，重新回归到国有经营方式。

2012 年 10 月 25 日，成立集宁区公共汽车公司第一分公司；11 月 26 日，成立集宁区公共汽车公司第二分公司。

2012 年 11 月，集宁区公共汽车公司在原办公楼旁新建 1 栋 5 层办公大楼，面积 1620 平方米。

2014 年 5 月 30 日，公司结合当时反恐形势，抽调 11 名身强力壮、责任心强的职工成立“治安联防队”。

2016 年 7 月 23 日，成立集宁区公共汽车公司第三分公司。

2017 年 5 月 8 日，根据区委、区政府的要求和部署，成立骏安汽车租赁分公司（集宁区公共汽车公司第四分公司），并以“服务到家、客户满意”作为服务宗旨，努力为客户提供优质的服务。

2017 年 8 月，集宁区公共汽车公司在六号渠成立了反恐培训基地，公司特邀反恐防暴专家对全体驾驶员进行了知识技能培训和实地演练，制定了不定期的学习培训制度，增强了全体驾驶员反恐防暴的应急能力和反恐意识，为乘客营造更加安全的乘车环境。

2017 年，公司在原有制度的基础上，结合公司实际，共细化和重新修订各类制度近 150 条，全面完善了管理体系，更好地保证了公司各项工作安全、规范运转。

从 2017 年 12 月 13 日开始，公司组织开展了为期 1 个月的综合大检查活动，检查包括车辆营运秩序、驾驶员行车规范、营运票款和各种卡证的使用情况等，活动共查处各类违规用卡近 500 张，发现各类问题近 100 起。此次活动有效地提高了票款收入，保证了营运秩序的正常运行。

2018 年 8 月 8 日，根据集宁区人民政府第二十四次常务会议议定，集宁区公共汽车公司正式更名为乌兰察布市公交公司。

2016—2018 年，集宁区公共汽车公司开展“与社区开展常态化共建活动”和五城联创“包联小区活动”。公司各小组共先后深入包联小区 66 次，对所包联小区所有的绿化带重新进行了合理的规划，组织所有行政人员清除杂草 5000 余平方米，制作创卫广告图板 45 个，先后出动职工 600 余人次，为各小区清理卫生、小广告 30 多次。为白海子镇益武堂投资 10 万余元进行污水排放改造工程。积极开展“公交出行宣传周”活动，组织行政人员、休班驾驶员向乘客发放《文明公交宣传倡导书》500 余份、《优选公交，绿色出行宣传册》600余份。

2017—2018年，按照区委坚决打好精准脱贫攻坚战的要求，乌兰察布市公交公司高度重视精准扶贫及驻村扶贫工作，逐户走访调查，采集农户基本情况信息，详细摸清了底数，掌握了包扶集宁区马莲渠乡霸王河行政村蒙古营村、西园村189户村民情况，确定了帮扶对象，按照因地制宜，一户一策的原则制定了工作方案及帮扶措施，并逐户建档入册，对37户贫困户的危旧房全部拆除改造，重新修建。

2018年，公司有职工670人，有5个公交场站、15个首末站、4个营运分公司，共有公交线路30条（市区27条、郊区3条），运营车辆326辆，线路总长度687公里，日营运里程58861公里，日运送乘客14.5万人次，年营运里程2108万公里，年运送乘客5364万人次。

第二节　主要业务

一、线路建设

2001年11月，第一次在1路公交线实行了公交车无人售票。

2003年7月1日，开通7路公交线，投入9辆“胜利”牌中巴车，单程9.5公里，设17个站点。起始站为南站，途经三马路、工农大街、兴工路、怀远大街、终点站为南站，由公司职工承包经营。

2004年12月23日，开通8路公交线，单程10.6公里，设23个站点。起始站为学府花园，途经新城景园、五中、天恒广场、文化小区、乌兰察布市卫校、乌兰察布市民族艺术学校、福泰苑、教委宾馆、新得乐海、草原假日大酒店、乌兰察布市财政局、联通、奥威购物广场、新体路小学、集宁区城管局、集宁区公共汽车公司、北道口、集宁南站、乌兰小学、五洲商场、映山大厦，终点站为集宁南站，由公司职工承包经营。

2007年5月，投资12万元在1～8路公交车上全部安装GPS语音报站器。

2008年5月23日，集宁区公共汽车公司开通9路公交线。共投资420余万元，新购10.5米长低地板大客车16辆。单程22.8公里，设25个站点，起始站为集宁一中（榆树湾校区），途经市林业局、广电大厦、泉山派出所、市财政局、市委市政府、市总工会、数码大厦、中心血站、东风汽车城、集宁师范学院、浙江小商品市场、高级技工学校、五中、卫校附院、正大家具城、福泰御苑、区地税局、建设小区、恩和世纪广场、联营商场、中心广场、新思维培训学校、区房产局，终点站为公交总公司。

2008年11月1日，集宁区公共汽车公司收回原6路微型公交车的经营权，由公司统一经营。公司投资180万元新购12辆“友谊”牌双燃料大客车，投入6路公交线运营，采取无人售票，单程11.5公里，设24个站点。

2009年9月23日，开通10路公交线，起始站为桃源新村，途经新体街惠民园、新星小学、光辉小区、维多利广场、地税局、实验小学、汉庭酒店民建路店、建设银行、乌兰惠民园、南站、南道口、惠丰大酒店、集宁宾馆、军干所、农牧公寓、二一三汽修厂、小榆树湾、金雅苑小区、新区实验小学、集宁海关、中级人民法院、市委市政府、市总工会、数码大厦、数码大厦东、神舟建材城、市银监局、终点站为广电大厦。

2011年8月，集宁区公共汽车公司收回7路公交线的经营权，结束了该线路长达8年的私人承包体制，由公司统一经营管理。同年12月30日，集宁区公共汽车公司开通11路公交线，采取无人售票，起始站为集铁佳园小区，终点站为蒙古族中学。此次更新7路公交车，开通11路公交线共计投资1504万元，购入34辆天然气公交车。

2012年5月1日，集宁区公共汽车公司开通了市区内第1条夜间运行的公交环线，运行时间为19：00—21：00，起始站为集宁南站，终点站为阳光怡园，全程18公里，车辆间隔时间为20分钟。

2012年5月，集宁区公共汽车公司投资10多万元，为1路到11路公交线共计161辆公交车，更换、维修了发光二极管（LED）头牌、尾牌和腰牌。

2012年8月15日，集宁区公共汽车公司开通12路公交线，采取无人售票，并更新了4路公交车。此次更新4路公交车、开通12路公交线共计投资1320万元，购入30辆天然气公交车。

2013年，相继开通了16路、17路、18路、19路、21路公交线。16路公交线，起始站为集宁一中旧校区，终点站为集宁一中新校区；17路公交线，起始站为集宁一中旧校区，终点站为黄旗海镇；18路公交线，起始站为公交一公司，终点站为江东郡；19路公交线，起始站为公交一公司，终点站为集宁一中新校区；21路公交线，起始站为公交一公司，终点站为家具产业园。

2014年5月23日，开通22路公交线，单程21公里，投入车辆13台，共计31个站点。起始站为公交总公司，途经区房产局、老年活动中心、联营商场、恩和世纪广场、维多利广场、集宁区财政公寓、石油公司、康泰医院、安泰小区、集宁区环保局、中蒙医院·区妇幼保健院、卫校附院、五中、高级技工学校、浙江小商品市场、集宁师范学院、公交一公司、盛世新城、贲红幸福村、小贲红村、科技馆、博物馆、大数据中心、百度创新中心、中等职业技术学校、医专、金辉雅苑、职业学院、乌兰察布市二幼，终点站为公交二公司。

2015 年 1 月 23 日，开通 23 路公交线，采取无人售票，共投入江淮大客车 14 辆，起始站为公交总公司，单程 75 分钟，终点站为前旗三中，途径平地泉镇、达尔登大道及沿线 10 个村庄，全程票价为 3 元。9 月 23 日，公司将 23 路公交线原有的 14 辆即将报废的燃油车进行了更新，新投入“安凯”牌 12.5 米长天然气大客车 17 辆，并将原终点站前旗三中延伸到天皮山工业园区。

2015 年 10 月 1 日，公司引进了双层环保公交车，开通 28 路、29 路旅游观光公交专线。共购置双层公交车 14 辆。其中 28 路公交线投入双层公交车 9 辆，全程共设 27 站，车辆间隔 16 分钟，起始站为国际皮革城，终点站为霸王河欢乐世界。29 路公交线投入双层公交车 5 辆，全程共设 20 站，车辆间隔 23 分钟，起始站为霸王河欢乐世界，终点站为国际皮革城。

2015 年 11 月 23 日，开通 26 路公交线，单程 23.5 公里，投入车辆 15 辆，共计 35 个站点。起始站为公交总公司，途经北道口、南站、南道口、集宁宾馆、军干所、农牧公寓、榆树湾、二一三、小榆树湾、乌兰察布市政府公寓、白泉山公园、乌兰察布市政府北门、图书馆、广电大厦、维邦世基、瑞宁名苑、新时代家园、医专公寓、红星美凯龙、中央商务广场、科技馆、博物馆、博源大酒店、市纪检委、乔家村、江东郡 C 区、江东郡 A 区、江东郡北、白海子政府、乌兰察布市第二医院、师院白海子校区、家合欣苑、家合欣苑南，终点站为家合欣苑 C 区。共投放车辆 14 辆，单程运行 68 分钟。

2016 年，开通 20 路公交线，起始站为公交总公司，终点站为察哈尔右翼后旗陈家村；5 月 1 日，公司重新调整了 29 路公交线，将线路改为环线式运营，共投放车辆 15 辆，途径 43 个站点；5 月 23 日，重新优化了 8 路公交线，起始站为集宁机场，终点站延伸至万众娱乐世界；6 月 23 日，开通 31 路公交线，线路起始站为五洲商场，终点站为黄冈公交站，双向对发式运行，共投放车辆 12 辆，线路总长度 17 公里，途经 32 个站点；9 月 28 日，开通 28 路公交线，起始站为公交总公司，终点站为马莲渠乡大十号村，共投入车辆 1 辆，线路长度为 39 公里，途经 28 个站点，每天运行 3 趟次；11 月 23 日，开通 33 路公交线，由公交总公司通往前旗化肥厂，全程 40 公里，投入公交车 11 辆，票价实行三元一票制；12 月 27 日，开通 30 路公交线，由市区通往白海子镇圣家营村，全程 25 公里，投入公交车 1 辆。

2017 年 8 月 2 日，公司开通公交总公司至乌兰察布高铁站的 36 路公交线，线路起始站为公交总公司，终点站为乌兰察布市高铁站，该线路共投放车辆 2 辆，线路总长度 15 公里，途径 10 个站点。

2018 年 5 月 31 日，公司重新调整优化了 26 路公交线，该线路共投放车辆 16 辆，途径 32 个站点；8 月 1 日，为便利盛唐公司员工出行，新开了专线夜班车；8 月 16 日，开通白海子镇至旧区中心广场的 38 路公交线，该线路共投放车辆 14 辆，线路总长度 26.4 公里，途径 36 个站点，每趟间隔时间 14 分钟；10 月 28 日，开通乌兰察布飞机场至乌兰察布高铁站的 39 路公交线，该线路共投放车辆 1 辆，线路总长度 25 公里，途径 15 个站点，发车时间以飞机航班停靠时间及高铁到站时间合理安排。

二、场站建设

2005 年 10 月，公司在学府路南侧行政划拨土地 40 亩，投资 50 万元新建综合性场站。

2006 年 5 月，公司自筹资金 10 万余元，新建 50 个不锈钢连体站牌。

2007 年 7 月，公司投资 30 万元，在实验小学、乌兰小学、南站新建 5 个示范性候车亭；社会筹资 30 万元，新建 30 个不锈钢普通候车亭。公司协调政府相关部门，在集宁区马莲渠乡李华沟行政村划拨土地 17 亩，新建 1 座公交场站；公司自筹资金 38 万元，硬化公司办公楼前大院 3000 余平方米。

2008 年 7 月，公司投资 120 万元，新建 20 个不锈钢示范性候车亭；投资近 50 万元，在李华沟新建终点站停车场 1 处；投资近 60 万元，在学府路的综合场站新建 650 余平方米的修理车间以及材料库。

2010 年 8 月，集宁区政府投资 1400 余万元，为学府路综合场站和李华沟综合场站新建车库 7010 平方米，场站硬化 21210 平方米。

2012 年 10 月，公司投资 40 余万元，在学府路场站新建营运一公司办公场所；投资 10 多万元在学府路场站硬化 700 多平方米；投资 10 多万元，完成 12 路扶困市场终点站硬化工程；投资 20 余万元，更换、维修不锈钢站牌约 150 余块；投资近 10 万元，改建标准化调度室 3 个；在察哈尔西街、工农南路、怀远路、团结大街、现代物流园区等地新建 82 个款式新颖的景观式高档候车亭，配备了候车座椅、阅报栏等设施。

2013 年 7—11 月，乌兰察布市政府投资 2600 万元，新建 7 个新颖时尚、功能齐全的公交场站；新建大中型综合场站 1 个、枢纽站 3 个、首末站 3 个；自筹资金 70 余万元，新建景观式连体站牌 180 块。

2016 年 9 月，扩建了雪原乳业首末站，新增办公用房 60 平方米。

2017年6月，重新修建3路、8路调度室，临建彩钢调度室170平方米，在31路首末站扩建调度室近50平方米。

2018年，公司自筹30万元，为3个营运分公司场站安装了智能安防系统，利用监控技术进行安全防范，减小了值班人员的工作强度。

三、新能源车

2013年7月，公司新购气电混合新能源公交车100辆，天然气公交车12辆，共投入8730万元。

2017年8月8日，公司新购置20辆新能源公交车，新购置的公交车用于更换19路、26路全线车辆。

2018年8月16日，公司新购置25辆新能源公交车，用于开通新线路和更换老旧车辆。

四、租赁业务

2017年5月8日，集宁区骏安汽车租赁公司正式挂牌成立并投入营运，公司新购帕萨特轿车6辆、迈特威商务车1辆、别克GL8商务车1辆，共有租赁车辆24辆。

五、定制化公交

2018年2月8日，乌兰察布市第二届冰雪节开幕，这是乌兰察布市一项重要的文化惠民活动，也是乌兰察布市打造冬季精品旅游线路、塑造乌兰察布旅游品牌的重要举措，为配合乌兰察布市第二届冰雪节顺利举行，公司派出定制化公交车辆8400台次运送游客。

2018年，集宁区委、区政府为推动集宁区旅游事业的发展，建设了大河湾、察汗营两个滑雪场。12月20日，公司为承担接送教练和学生的工作，共计派定制化公交车辆（K1滑雪场快速环线）4辆，出车350台次，保障了市民的滑雪健身运输任务。12月23日开始，公司决定每年冬季临时开通滑雪场直快专线。旅游线路的开通不仅促进了郊区旅游业的发展，而且解决了周边地区乘客出行难的问题。

第三节　队伍建设

一、党员干部队伍建设

2016—2018年，集宁区公交公司党总支为加强党员干部队伍在公交事业高质量发展中的引领作用，结合公司各支部工作实际，为切实加强党员队伍素质建设，先后通过组织集中学习、党员自学、集中研讨、中心组学习、领导干部讲党课、观看教育片等形式，教育培训党员干部120多次，系统全面地对全体党员干部进行党风廉政、革命传统、党章党规教育培训；公司党总支以开展“不忘初心、牢记使命”主题教育为引领，成立“不忘初心、牢记使命”主题教育领导小组，召开意识形态专题工作会议，认真研读习近平新时代中国特色社会主义思想，中共十九届二中、三中全会精神，学习习近平总书记在“不忘初心、牢记使命”主题教育工作会议和在内蒙古考察并指导开展“不忘初心、牢记使命”主题教育时的重要讲话等内容，集中学习观看了“不忘初心、牢记使命”北疆英模先进事迹报告会、《榜样》专题片等，让公司广大党员干部在思想上牢固树立共产主义理想信念，坚定政治定力，不忘初心，牢记全心全意为人民服务的宗旨意识。

二、职工队伍建设

2006 年 9 月，公司为 50 余名退休人员补缴养老保险金，全部纳入集宁区社保局管理体系。

2016 年 4 月 22 日，公司召开了七届一次职工代表大会暨工会会员代表大会，选举出新一届工会委员会和工会领导班子。为提高职工福利待遇，让广大职工享受城镇职工医疗保险，公司于 2016 年为全体职工缴纳城镇职工医疗保险和住房公积金。

2006—2016 年，公司累计投资 85 万元，先后为全体职工统一制作了工装。2017 年，为职工重新定制了新的夏装工作服 280 余套。

2018 年始，公司每年按照安全生产责任目标，层层签订责任状，认真落实责任主体，各分公司按月召开安全例会，对全体驾驶员定期进行知识技能和实地演练培训，有效杜绝了安全事故的发生。

第四节　便民服务

一、免费乘车卡

2014 年 3 月，公司为集宁区 17000 名 65 周岁以上老年人办理了免费公交乘车卡。

2018 年 8 月，公司承担“十四运”接送运动员任务，累计派车 96 台次。

截至 2018 年底，公司承担的社会福利主要有 19817 名 65 周岁以上老年人、1200 余名老干部、多名伤残军人、160 余名盲人、50 名伤残警察的免费公交乘车任务。

二、公交卡

2015 年 5 月 1 日，公司开始使用公交 IC 卡，种类有普通卡、月票卡（成人卡、儿童卡，限乘 120 次）。公交付费方式在经历了纸币时代、月票时代、投币时代后，逐步走向了 IC 卡时代。

为进一步提升城市公共交通智能水平，加快推进“智慧城市”工作项目建设，更好服务于广大市民，公司于 2018 年 12 月底将公交刷卡系统升级换代。升级后的公交卡种类有敬老卡、爱心卡、儿童卡、普通八折优惠卡、银联闪付及App二维码支付，智能化的公交支付系统为广大市民出行提供了更加便捷的服务。

三、智慧公交

为进一步推动城市公共交通智慧化建设进程，努力打造智慧交通城市，2017年4月，由集宁区政府投资在城区主要街道安装了智能电子站牌45块，实施智能调度系统、全车无死角实时监控和掌上App实时公交查询。

2017年11月10日，随着智慧集宁的上线，智慧公交也全面启动。智慧公交主要包括智能公交营运调度、视频安全监控、电子站牌、公众出行信息服务等内容。通过智慧公交的开发、使用，提高了公司的管理效率，降低了事故的发生率，保障了市民出行的安全，为乘客提供了更多的便利，对公司科技化、现代化的发展起到了积极的推动作用。

四、延长运营时间

从2017年6月3日开始，每年的5—10月将5条大线路（2路、9路、10路、22路、26路）延长运营时间至夜间10点。运营时间调整后，为市区群众出行减轻了负担，促进了商业消费，同时为集宁区发展旅游业提供了便利的交通条件，推动了集宁区经济社会的健康稳定发展。

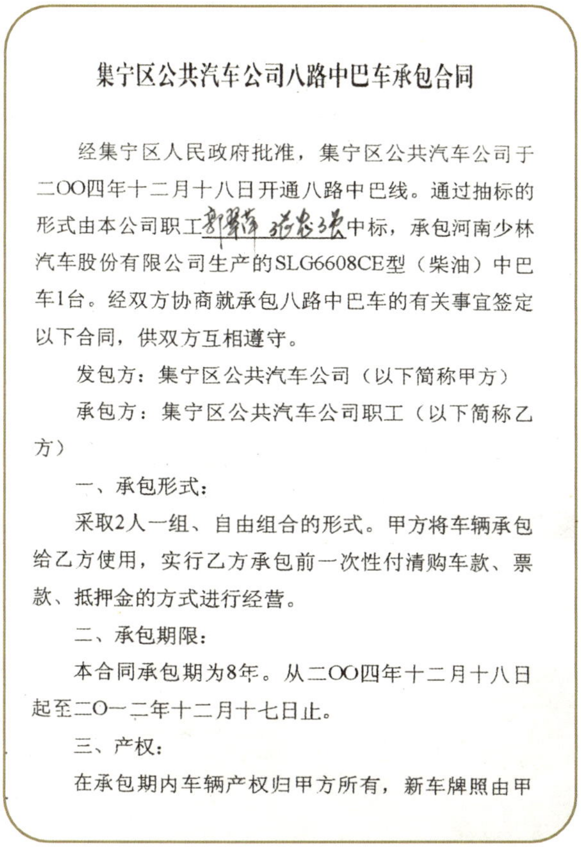

集宁区公共汽车公司八路中巴车承包合同

经集宁区人民政府批准，集宁区公共汽车公司于二OO四年十二月十八日开通八路中巴线。通过抽标的形式由本公司职工郭翠萍 张忠强中标，承包河南少林汽车股份有限公司生产的SLG6608CE型（柴油）中巴车1台。经双方协商就承包八路中巴车的有关事宜签定以下合同，供双方互相遵守。

发包方：集宁区公共汽车公司（以下简称甲方）

承包方：集宁区公共汽车公司职工（以下简称乙方）

一、承包形式：

采取2人一组、自由组合的形式。甲方将车辆承包给乙方使用，实行乙方承包前一次性付清购车款、票款、抵押金的方式进行经营。

二、承包期限：

本合同承包期为8年。从二OO四年十二月十八日起至二O一二年十二月十七日止。

三、产权：

在承包期内车辆产权归甲方所有，新车牌照由甲

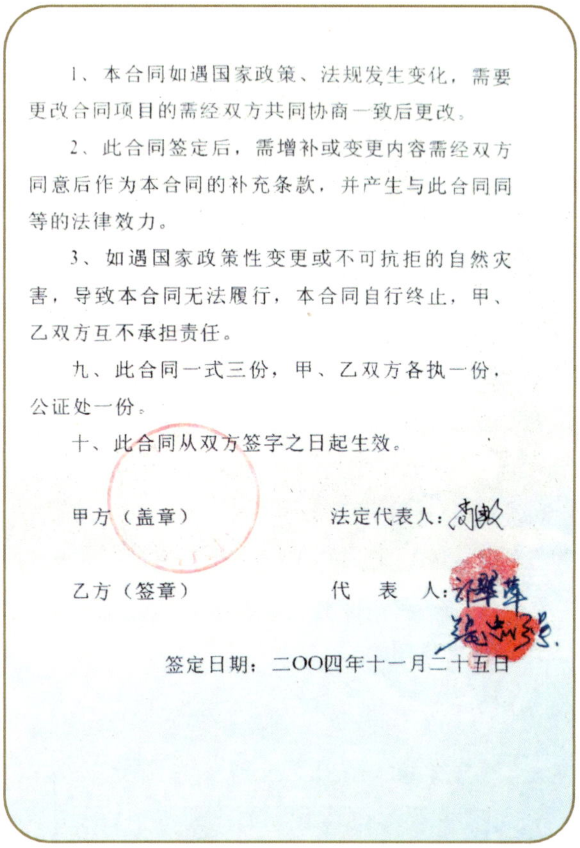

1、本合同如遇国家政策、法规发生变化，需要更改合同项目的需经双方共同协商一致后更改。

2、此合同签定后，需增补或变更内容需经双方同意后作为本合同的补充条款，并产生与此合同同等的法律效力。

3、如遇国家政策性变更或不可抗拒的自然灾害，导致本合同无法履行，本合同自行终止，甲、乙双方互不承担责任。

九、此合同一式三份，甲、乙双方各执一份，公证处一份。

十、此合同从双方签字之日起生效。

甲方（盖章）　　法定代表人：

乙方（签章）　　代　表　人：郭翠萍 张忠强

签定日期：二OO四年十一月二十五日

集宁区公共汽车公司 8 路中巴车承包合同(部分)　(乌兰察布市公交公司　供图)

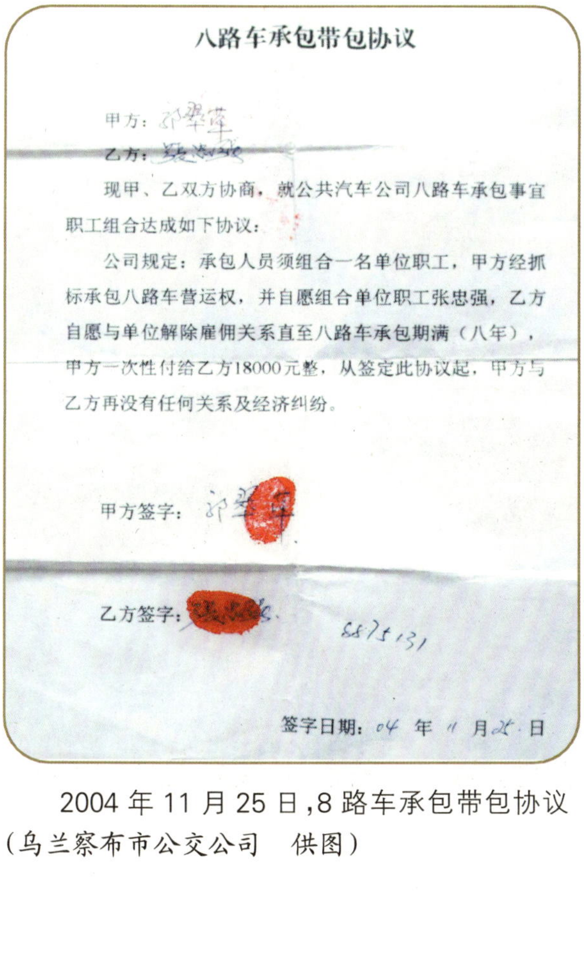

八路车承包带包协议

甲方：郭翠萍

乙方：张忠强

现甲、乙双方协商，就公共汽车公司八路车承包事宜职工组合达成如下协议：

公司规定：承包人员须组合一名单位职工，甲方经抓标承包八路车营运权，并自愿组合单位职工张忠强，乙方自愿与单位解除雇佣关系直至八路车承包期满（八年），甲方一次性付给乙方18000元整，从签定此协议起，甲方与乙方再没有任何关系及经济纠纷。

甲方签字：郭翠萍

乙方签字：

签字日期：04 年 11 月25 日

2004 年 11 月 25 日，8 路车承包带包协议（乌兰察布市公交公司　供图）

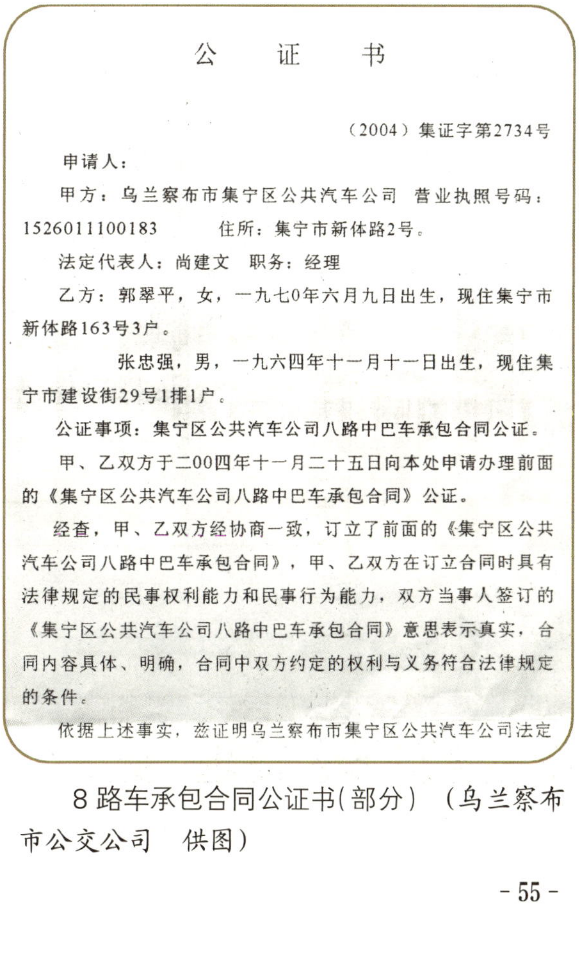

公　证　书

（2004）集证字第2734号

申请人：

甲方：乌兰察布市集宁区公共汽车公司　营业执照号码：1526011100183　　住所：集宁市新体路2号。

法定代表人：尚建文　职务：经理

乙方：郭翠平，女，一九七0年六月九日出生，现住集宁市新体路163号3户。

张忠强，男，一九六四年十一月十一日出生，现住集宁市建设街29号1排1户。

公证事项：集宁区公共汽车公司八路中巴车承包合同公证。

甲、乙双方于二00四年十一月二十五日向本处申请办理前面的《集宁区公共汽车公司八路中巴车承包合同》公证。

经查，甲、乙双方经协商一致，订立了前面的《集宁区公共汽车公司八路中巴车承包合同》，甲、乙双方在订立合同时具有法律规定的民事权利能力和民事行为能力，双方当事人签订的《集宁区公共汽车公司八路中巴车承包合同》意思表示真实，合同内容具体、明确，合同中双方约定的权利与义务符合法律规定的条件。

依据上述事实，兹证明乌兰察布市集宁区公共汽车公司法定

8 路车承包合同公证书(部分)　(乌兰察布市公交公司　供图)

2011 年,集宁区公共汽车公司六届二次职工代表大会暨工会会员代表大会合影 （乌兰察布市公交公司 供图）

2006 年 12 月 30 日,荣获集体奖的 4 路公交车组人员合影留念 （乌兰察布市公交公司 供图）

2012 年 8 月，集宁区公共汽车公司与乌兰察布市委组织部、集宁区委组织部、虎山街道办事处联合开展党员干部下基层转作风办实事一对一帮扶活动　（乌兰察布市公交公司　供图）

2018 年 8 月 8 日，乌兰察布市公交公司挂牌仪式合影留念　（乌兰察布市公交公司　供图）

第四章 高质量发展篇

（2019—2021 年）

2019 年 7 月，乌兰察布市公交公司新的领导班子上任后，深入贯彻绿色发展理念，立足乌兰察布市中心城区的区位特点和公交公司的实际情况，按照中心城区及周边地区产业布局和社会发展需求，进一步优化延伸公交线路，开通快速公交专线，拓展公交业务。大力发展低碳高科技公共交通，在全国地级城市中率先全部更换了新能源纯电动公交车，开启了乌兰察布公交事业绿色环保发展的新篇章，乌兰察布市公交公司迈入了高质量发展的新阶段。

第一节 组织机构

一、历任领导

崔德，2019 年 7 月至 2021 年 9 月，任乌兰察布市公交公司党总支书记、总经理；2021 年 9 月起，任乌兰察布市公交公司党委书记、董事长。

二、公司概况

2021 年，乌兰察布市公交公司有职工 706 人，公交场站 5 个、首末站 15 个、营运分公司 3 个、租赁公司 1 个、广告公司 1 个、充电桩公司 1 个；拥有公交线路 51 条（市区 32 条、郊区 6 条、旅游专线 1 条、定制公交 7 条、夜班车 5 条），运营车辆及租赁车辆 610 辆，线路总长度 764.1 公里，日营运里程 6 万公里，日运送乘客 15 万人次，年营运里程 2190 万公里，年运送乘客 5475 万人次，城市公共交通分担率为 31.85%。

3 个营运分公司的规模、车辆、职工人数不断壮大。第一分公司占地 28640 多平方米，建筑面积 6526.36 平方米，车库 78 间（修理厂占 2 间、材料库占 1 间）。线路 9 条，分别是 1 路、6

路、7路、9路、18路、19路、21路、23路、38路公交线（其中23路为县际公交线，由集宁中心城区通往察右前旗政府所在地），营运车辆163辆，其他工作车辆2辆。共有职工197人，其中线路驾驶员152人，行政管理人员12人，修理厂人员7人，调度员10人，保洁员及门卫16人。

第二分公司于2014年5月8日由总公司院内搬迁至集宁新区满达东街职业学院东门对面，占地26095平方米，办公楼于2016年10月建成，建筑面积11128平方米。线路10条，分别是2路、10路、16路、17路、22路、26路、29路、31路、33路、36路公交线（其中17路为城乡公交线；33路为县际公交线，由集宁中心城区通往察右前旗政府所在地），营运车辆162辆，其他工作车辆2辆。共有职工213人，其中线路驾驶员162人，行政管理人员14人，修理厂人员7人，调度员12人，保洁员及门卫18人。

第三分公司占地面积19987平方米，建筑面积3422.36平方米，车库37间（修理厂占2间）。线路11条，分别是3路、4路、5路、8路、11路、12路、20路、28路、30路、40路公交线及机场专线（其中城乡公交线3条，分别是：20路、28路和30路），营运车辆152辆，其他工作车辆2辆。共有职工191人，其中线路驾驶员144人，行政管理人员16人，修理厂人员 5人，调度员12人，保洁员及门卫 14人。

乌兰察布市公交公司骏安汽车租赁分公司共有车辆133台，职工17人。

2019年4月23日，乌兰察布市公交公司新建办证服务大厅，占地面积200余平方米，厅内宽敞明亮、设施齐全，共开设6个服务窗口，增加办证充值人员，采用电子叫号机取号，解决了以往因服务窗口少而出现的排队秩序混乱、等待时间长等问题，为广大市民提供了便捷、高效的优质服务，提升了公交窗口形象。

2019年10月23日，乌兰察布市公交公司启动了“新时代文明实践号”创建活动。作为城市流动的风景线、文明的新窗口，公司在保障好运营、提供好服务的同时，开展新时代文明实践工作，发挥公交车人口流动大、辐射面广、贴近群众的特点，围绕学习实践科学理论、宣传宣讲党的政策，培育践行主流价值等五大任务，共打造“新时代文明实践号”公交专线9条，由155辆车、7个主题组成，分别为“习近平总书记重要讲话摘抄”“道德模范”“红色文化”“书香集宁”“绿色出行，你我同行”“民族团结进步号”及“博爱专线”。充分利用公交车内多种媒体形式，让新时代文明实践理念走上路、下基层，真正来到广大市民乘客身边，延伸到千家万户的门口。

2018—2019年，乌兰察布市公交公司收到乌兰察布市人大议案、政协提案、集宁区人大议案及政协提案共32件。接到各项诉求共计24起，包括市长信箱2起、区长信箱2起、乌兰察布市政府网站“建言献策”13起、民心网7起。其中，服务质量诉求2起，建议公司对线路或站牌做相应调整的10起，基础设施建设的6起，均全部解决。

2020年3月，为应对突发的新型冠状病毒引发的肺炎疫情，乌兰察布市公交公司按照市、区两级党委、政府指示，在各相关路口、车站停放公交车辆，对外来人员进行体温检测，遏制疫情蔓延。在包联小区设立防控点，党员干部带头，24小时轮岗值守。

2020年3月26日，乌兰察布市公交公司被内蒙古自治区党委宣传部授予“全区学雷锋活动示范点”光荣称号，成为乌兰察布市唯一获此殊荣的单位。多年来，公司一直坚持“全心全意为人民服务”的宗旨，用实际行动，践行着雷锋精神；用认真负责、勇于担当的工作态度，为公共交通事业发展做出了积极贡献，得到了广大人民群众的广泛认可。

2020年5月，乌兰察布市公交公司实行材料智能化管理，采用企业资源计划（ERP）智能材料仓储管理系统，进行网上公开办公，简化材料出入库的审批流程。

2020年7月1日，乌兰察布市公交公司与北京丝路彩虹汽车租赁集团有限公司签署合作投资协议，共投资6亿元，引进新能源电动公交车477辆，对即将下线的老旧车辆326辆全部更换。

为加快新能源车辆的推广和普及，在保障好公交运营的同时，增加“三产”收入。2021年1月14日，成立乌兰察布市丝路广告传媒有限公司，乌兰察布市公交公司将所有的广告资源都交由该公司运营。2021年1月22日，成立乌兰察布市星源新能源有限公司，乌兰察布市公交公司将所有的充电桩都交由该公司运营，并且该公司也承担乌兰察布市中心城区社会充电桩的建设及运营管理工作。这是公交公司围绕主业，延伸拓展相关产业的大胆探索。

为庆祝中国共产党成立100周年，以习近平新时代中国特色社会主义思想为指导，带头实施“红色领航　健康集宁”行动。2021年4月29日，乌兰察布市公交公司组织职工参加了由中共集宁区委宣传部主办、集宁区总工会、集宁区妇联承办的“舞动健康集宁 献礼百年华诞”健身操大赛。通过宣传和带动，加强思想政治引领，结合广大职工在全民健身和文化建设方面的需求，以积极向上的生活方式，助力文明城市创建，做精神文明的守护者，城市发展的先行者。

为庆祝中国共产党建党100周年，学党史，感党恩，2021年7月7日，乌兰察布市公交公司组织职工参加了“永远跟党走·放歌新时代”集宁区各族各界庆祝中国共产党成立100周年大合唱展演及“红色经典·献礼百年”集宁区职工朗诵比赛。

第二节　主要业务

一、线路建设

2019年10月23日，乌兰察布市公交公司重新优化调整了19路、20路、22路、30路、38路公交线。

2019年10月28日，乌兰察布市公交公司开通公交总公司至北官房的40路公交线，该线路共投放车辆1辆，线路总长度3.7公里，途径6个站点，单程运行20分钟，每天运行12趟。这条线路的开通，填补了北官房路段没有公交线路的空白，为北官房1700余户居民出行提供了便利。

为满足广大市民及游客外出滑雪，体验户外体育运动需求，乌兰察布市公交公司分别于2019年11月30日、12月25日开通了前往察汗营滑雪场和大河湾滑雪场的游1路、游2路公交线，这两条线路的开通为落实市、区两级党委、政府提出的“大旅游”目标，推动乌兰察布市冬季旅游发展起到了积极作用。

根据市民群众出行和上下班工作需要。2019年9月，乌兰察布市公交公司按照“主、干、支”的规划思路，对2路、3路、8路、12路、18路、23路、26路、33路公交线进行了优化调整，将单程线路公里数控制在20公里以内，调整后的线路极大地满足了乘客的出行需求，进一步解决了乘客换乘难的问题。

为便于车辆管理，2019年9月，乌兰察布市公交公司按照车辆所属分公司对车辆重新进行公司内部编号，统一规范LED路牌号，并将326辆车辆的标识统一为“乌兰察布公交”。

2020年1月12日，乌兰察布市公交公司开通了乌兰察布市高铁站公交夜班车，以高铁到达及发车的时间，制定公交班次时间。高铁夜班车的开通，有效地解决了高铁乘客夜间出行难的问题，促进了城市经济的发展，该线路成为乌兰察布市第一条全年常态化运行的夜班线路。

2020年2月22日，乌兰察布市公交公司新开通K1路快速公交线，起始站为集宁南站，终点站为乌兰察布高铁站。该线路是乌兰察布市中心城区第一条快速公交线路，为市民的出行换乘提供了便利。

泰昌路建成后与解放路贯通，为广大群众前往市、区两级政府和乌兰察布市高铁站等地的出行提供了交通便利。乌兰察布市公交公司于2020年5月13日及时优化调整31路公交线，起始站为长途客运站，终点站为常青街道办事处，共投放公交车辆11辆，设站点33个，车辆间隔时间18分钟，单程运行19.8公里，单程运行70分钟，该线路有效的衔接了新旧城区的公共交通。

2020年8月12日，乌兰察布市公交公司开通郊区111路公交线，单程38.3公里，单程运行100分钟。111路公交线是由平地泉人民政府到八印滩的乡村公交线，该线路的开通带动了沿线乡村的发展，进一步加快了城乡一体化建设步伐。

2020年9月22日，乌兰察布市公交公司与集宁区民族委员会在26路公交线共同打造"新时代文明实践号——民族团结进步"公交专线，全线营运公交车辆15台，单程25公里，运行时间54分钟。

2020年9月24日，乌兰察布市公交公司和乌兰察布市红十字会、集宁区红十字会在10路公交线共同打造了"新时代文明实践号——博爱专线"。

2020年10月14日，"最美家庭耀北疆·在希望的田野上"2020年度内蒙古自治区第二批最美家庭评选活动在赤峰市林西县举行，乌兰察布市公交公司29路女子公交线被自治区妇联评选为"最美绿色大家庭"，是自治区唯一荣获此殊荣的集体。乌兰察布市公交公司一直致力于绿色出行宣传活动，为了加强广大市民绿色出行意识，公司利用公交车流动性优势，通过车厢内拉手环上"绿色出行""绿色家庭"公益宣传标语等多种方式向广大乘客传播文明健康、绿色生活理念。除车内设置的宣传标语外，还设立多个置物桶，倡导垃圾分类。29路巾帼文明集体用实际行动争当绿色出行的倡导者、践行者。

2020年11月5日，为加快城乡一体化的发展建设步伐，乌兰察布市公交公司经过实地调研，对30路公交线进行优化调整，线路优化后新增设6个站点：后富贵村、何家村、新安营子、庞家村、白家村、章毛村，极大地方便了郊区群众的出行。

新区万达广场建成开业后，为推进全区优化营商环境建设，积极服务落地企业，乌兰察布市公交公司主动与万达集团联系，于2020年11月30日，调整3路公交线，新增6个站点：公交一公司、盛世新城、万达广场北、万达广场西、御景华庭、神州建材城北门。

为有效地衔接新旧区，更好地服务中心城区周边居民，促进乌兰察布市经济社会发展，2021年1月8日，乌兰察布市公交公司开通27路线（公交一公司—苏通电子），主要连接小区、学校、医院、商场及部分企业，同时对 36 路夜班公交线进行优化调整，36 路公交线白天运营的路线与时间不变，调整后夜间运营线路增加了 5 个站点：师院小区、纳尔松酿业、盛世新城、万达广场西、御景华庭。

2021 年 1 月 27 日，乌兰察布市公交公司开通 9 路公交支线，开启点对点服务模式，为平地泉居民提供更加便利的出行条件。换乘地点为加州华府，其中公交总公司到加州华府票价为 1 元，换乘 9 路支线至韵驰驾校为 1 元，全程票价 2 元，实行分段计费制。

2021 年 1 月 27 日，乌兰察布市公交公司优化并延伸了 33 路公交线，共延长 7.1 公里，增加站点 14 个，具体增加的站点为恒通建筑、蒙中医院、市公安局、维邦世基小区、广电大厦、市银监局、神州建材城、数码大厦东、温州建材城北门、御景华庭、万达广场西、万达广场北、盛世新城、公交一公司。此次延伸，进一步方便广大市民出行、购物，真正使公交绿色出行成为市民首选。

2021 年 2 月 8 日，乌兰察布市公交公司优化调整 17 路、19 路、31 路公交线。17 路公交线解决了察右前旗部分小区没有通公交的问题，方便周边村庄村民乘坐公共交通出行，也解决了集宁区白海子镇六苏木下设的 4 个行政村村民出行难的问题；19 路公交线贯穿察哈尔大街，方便周边居民外出办公、上班、购物等出行需求；31 路公交线贯穿泰昌路，缓解了工农大街客流压力。

2021 年 2 月 10 日，乌兰察布市公交公司对中心城区主干线 5 路公交线调整延伸至乌兰察布高铁站，并增加运营车辆，有效缩短了候车时间，方便了旅客出行。增加后车辆总数为 23 辆，车辆间隔时间缩短为 8～9 分钟，单程运营公里全长 20.5 公里。

为扩大公交线网覆盖范围，提升公交线网通达广度，切实解决周边落地企业和沿线村庄的村民出行不便等问题，2021 年 8 月 26 日，乌兰察布市公交公司开通 101 路公交线，起始站为公交一公司，终点站为华为快手巴音片区，途经学府街、泰昌路、康宁路、G110 国道，单程 20.2 公里，单程运行 35 分钟。

为进一步满足集宁与察右前旗互通互惠，保障好两地居民日益增长的出行需求，2021 年 9 月 29 日，乌兰察布市公交公司开通 51 路、52 路公交线。51 路公交线起始站为平地泉派出所，终点站为公交一公司，途经平苏路、工业大道、怀远路、布拉格西街、泰和路、呼格吉街、正红路、察哈尔东街、泰昌南路、学府街，单程 14 公里，单程运行 42 分钟；52 路公交线起始站和终点站均为长途客运站，途经哈达道、泰昌路、哈达道、世纪路、G208、团结路、索伦嘎路、土贵乌拉街、黄旗海街，单程15.5公里，单程运行50分钟。

为进一步完善公交线网，弥补线路覆盖短板，2021年12月1日，乌兰察布市公交公司开通15路、102路公交线。15路公交线起始站为金泰苑，终点站为百旺B区北门，途经百旺路、学府街、康宁路、察哈尔大街、泰昌路、昌宁街、正黄路、呼格吉街、工农路、满达街、永安路，单程9公里，单程运行30分钟；102路公交线起始站为公交二公司，终点站为东城路村，途经哈达道、黄旗海路、友谊大道、巴音塔拉大街、玛拉沁路、迎宾大道，单程15.9公里，单程运行40分钟。同时优化了12路、16路、17路、18路公交线。

二、场站建设

公司有5个公交场站：位于新体路4号的公交总公司场站于1964年5月建成，占地面积4840平方米，建筑面积1422.49平方米；位于马莲渠乡李华沟村的公交场站于2010年建成，占地面积6758平方米，建筑面积1648.65平方米；位于学府路师范学院南门对面的公交一公司场站于2012年10月25日建成，占地面积28640平方米，建筑面积6526.36平方米；位于满达东街职业学院东门对面的公交二公司场站于2012年11月26日建成，占地面积26095平方米，建筑面积11128平方米；位于马莲渠乡政府南的公交三公司场站于2016年7月23日建成，占地面积19987平方米，建筑面积3422.36平方米。15个首末站：1.气象局首末站，停放1路公交线车辆；2.雪原乳业首末站，停放2路、6路、30路公交线车辆； 3.卧龙山街道办事处首末站，停放3路公交线车辆；4. 卧龙山首末站，停放4路公交线车辆；5.红星美凯龙首末站，停放5路公交线车辆；6. 公交三公司首末站，停放8路公交线车辆；7.长途客运站首末站，停放10路、31路、33路、36路公交线车辆；8.公交总公司首末站，停放11路、20路、23路、28路、40路公交线车辆；9.金泰苑首末站，停放12路公交线车辆；10.一中旧校区首末站，停放16路、17路公交线车辆；11.公交一公司首末站，停放18路、19路、21路公交线车辆；12.公交二公司首末站，停放22路公交线车辆；13.霸王河欢乐世界首末站，停放29路公交线车辆；14.黄冈公交站首末站；15.白海子镇首末站，停放38路公交线车辆。

2020年12月25日，3个分公司场站充电桩项目全部完工，并成功送电。物流园区首末站充电桩项目于2021年1月8日完成送电。各场站共建设充电桩58套，配有充电枪232把。共完成投资0.35亿元。气象局首末站、雪原乳业首末站、金泰苑首末站、卧龙山首末站的充电桩工程，计划于 2021 年 7 月完工，可再增加充电桩 22 套，充电枪 88 把。2021 年计划安装候车亭 700 座，候车亭的数量可达到站点数的 70%，以方便乘客在候车时可以遮风挡雨。

三、新能源车

2020 年 11 月 30 日、12 月 12 日，乌兰察布市公交公司与北京丝路彩虹汽车租赁集团有限公司合作购置的 477 辆宇通新能源纯电动公交车全部到位。此次购入的新能源公交车包括 8 米（13 辆）、10 米（376 辆）、12 米（88 辆）3 款车型，这 3 款车型均为宇通公司最新研发的新型号——宇光车型，灵感来源于智能手机，科技质感，也是根据乌兰察布市绿色、文明、环保的城市特色所设计。新型公交车辆从安全性、可靠性等多个方面将国际上高端轿车优势性能转化到新能源客车上，驾驶安全、运营平稳、经济时尚，其中电池 24 小时监控可确保高压储能部位监控无死角，安全可靠；气囊减震通风自加热，司机座椅可确保驾驶员冬暖夏凉，更人性化；停车制动、坡道辅助、驱动防滑等新功能确保车辆运营平稳、不溜坡，更可靠；特别是收车的时候整车照明灯 3～5 秒不熄灭为司机照亮回家路。

2021 年 1 月 14 日，乌兰察布市公交公司举办了新能源公交车运营启动仪式，乌兰察布市和集宁区两级党委、人大、政府、政协主要领导出席启动仪式。477 辆新能源纯电动公交车的正式投入运行，标志着乌兰察布市公共交通从此迈入绿色环保出行新时代，乌兰察布市成为自治区首家、全国唯一全部采用新能源纯电动公交车运营的地级城市。

四、租赁业务

为拓展汽车租赁业务，增加运营收入，集宁区骏安汽车租赁公司于 2019 年 6 月 6 日购置丰田酷路泽汽车 1 辆。2020 年新增 GM8 商务车 2 辆、传祺商务车 2 辆、帕萨特 2 辆、50 座纯电动大客车 2 辆、宇通 T7 中巴 2 辆。为近 70 家机关、企事业单位提供了汽车租赁服务，营业额由上年的 88 万元增加到 201 万元，全年增加固定资产约 240 万元。为方便进京，增加了北京牌照车辆 3 辆，进一步方便区直各单位进京办事。

五、定制化公交

为方便中小学生参加户外滑雪运动，公司负责各中小学学生前往察汗营滑雪场和大河湾滑雪场的运送任务。2019 年，公司为滑雪场运送学生共出动车辆 474 台次。

2020 年 2 月 20 日，为保障各复工复产企业职工出行需求，在做好疫情防控工作的前提下，乌兰察布市公交公司开通首条企业定制化公交线路，共投入4辆公交车，对大数据复工企业职工实施点对点公交运营。

为优化营商环境，助力企业发展，乌兰察布市公交公司更换了万达广场周边的站点名称，安装了新式候车亭，对6条运营线路进行了优化调整。为内蒙古同方科技有限公司、兰格格乳业和大河湾滑雪场3个郊区企业开通了3条定制化公交线。

为满足广大市民清明节期间扫墓的出行需求，将“我为群众办实事”的工作要求落到实处，乌兰察布市公交公司在2021年4月2日、3日、4日开通2条清明扫墓专线。

第三节　队伍建设

一、党员干部队伍建设

为加强公司党风廉政建设工作，明确领导班子成员“一岗双责”责任制，公司每年都要召开党风廉政建设专题会议，与班子成员和分公司经理及各科室负责人签订《党风廉政建设责任书》，制定《公交公司关于“三个专项治理行动”工作的实施方案》、意识形态工作方案等。此外，按照“三重一大”议事规则，公司制定《党总支会议议事制度》和《经理办公会议议事规则》，定期召开会议，研究公司各类重大事项。

为了强化公司党组织建设，充分发挥支部组织作用，公司党总支进一步优化支部设置，截至2020年底，公司党总支下设4个党支部，共有党员81人，其中在职党员64人，退休党员17人。

2020年，公司党总支新班子成立后，及时组织了党总支和所属4个支部的换届选举工作。公司对各分公司、各科室主要负责人进行了调整，调整换届干部6人，分公司共调整3人。

公司党总支强化整章建制，先后制定《进一步加强和规范公司基层党组织党内政治生活制度的通知》《乌兰察布市公交公司经理办公会议制度》《乌兰察布市公交公司信息报送工作制度》《乌兰察布市公交公司请销假制度》《乌兰察布市公交公司统一着装规定》等规章制度。

主题党日活动形式多样。先后开展“万众一心加油干，越是艰险越向前”“不忘初心、牢记使命，众志成城、抗击疫情”“走进档案 了解档案 重视档案”“半月品廉”廉政文化教育、“消防安全记心中”“党员我先行 我为创城代言”等主题党日活动。

2019—2020年，公司党总支发展新党员3名，其中2019年发展党员1名，2020年发展党员2名。

针对春节期间人员流动量大、群聚活动多，疫情防控风险增大的严峻形势，为更好地做好公交营运车辆疫情防控工作，2021 年 1 月 26 日，乌兰察布市公交公司开展了“坚决打赢疫情防控阻击战，公交党员在行动”主题党日活动。在活动中，党员充分发挥模范带头作用，亮身份、防疫情、促服务，在车辆间息期间，帮助驾驶员对车辆进行消毒、通风、卫生清理等工作，让驾驶员在有限的时间内充分休息。在市民乘车高峰期间，党员又深入一线，疏导乘客有序上下车，帮助驾驶员对现金投币的乘客进行个人信息登记等志愿服务，对疫情防控必要性进行大力宣传，有效地缓解公交驾驶员的工作压力，获得广大市民和公交驾驶员的一致好评。之后，公交公司认真总结这次活动的经验，组织广大共产党员和志愿者常态化开展志愿服务，努力为广大市民乘客提供良好、安全的公共交通服务，助力优化营商环境持续向好，全力营造公交文明服务形象，为乌兰察布市文明城市的创建工作做出了积极贡献。

2021 年 9 月 14 日，根据十三届区委 2021 年第十五次常委会会议精神，乌兰察布市公交公司成立党委、董事会。

二、职工队伍建设

2019 年 10 月，公司组织全体职工进行了体检，这是公司成立以来首次组织包括男职工在内的全员体检，体现了对职工的关心和关爱，极大地调动了职工的工作积极性。

截至 2021 年 3 月，乌兰察布市公交公司在职驾驶员 458 人，月平均工资为 5783.95 元；其他人员 254 人，月平均工资为 3170.59 元，其中，调度员 34 人，修理工 19 人，票务人员 21 人，行政人员 138 人，洗车工 42 人。公司为所有人员缴纳社会保障“五险一金”，按照当地社会平均工资的增长情况，为公司所有人员提高工资收入。

2020 年 6 月 25 日，乌兰察布市公交公司邀请专业心理辅导老师为全体驾驶员开展“阳光心情，快乐工作”心理辅导，有效缓解和释放了职工的工作和生活心理压力，为行车安全奠定了思想心理基础。

2020 年 7 月 31 日，集宁区红十字会特邀医专应急救护师，为乌兰察布市公交公司全体一线驾驶员开展了急救知识培训。

2020 年 9 月 16 日，乌兰察布市公交公司与中国联合网络通信有限公司共同举办了第二届职工趣味运动会。有“旱地龙舟”“心心相映”“车轮滚滚”“待人接物”、拔河等活动。

为提高驾驶员对公交车辆智能监控系统操作技能的熟练度，优化和完善公交车辆智能调度效率和定位准确率，加快“智慧集宁”建设步伐，2021 年 6 月

21日，乌兰察布市公交公司分批次组织驾驶员进行智能监控系统操作技能培训。北京启迪中航讯公司的专业技术人员对车辆发车前检查、发车前准备和车辆行驶中的操作等方面为驾驶员们详细讲解，使广大驾驶员对智能监控系统有了更深刻的认识。

2021年10月18日，乌兰察布市公交公司举办第三届趣味运动会暨首届技能大赛。此次活动以“学党史 守初心 凝动力 展风采”为主题，通过运动会和技能大赛进一步提升了职工业务技能和技术服务水平。

第四节　便民服务

一、免费乘车卡

截至2020年底，公司承担社会福利性任务主要有26101名65岁以上老年人、304名老干部、230余名伤残军人、160余名盲人、150名伤残警察、220余名现役消防人员的免费乘车任务。

2021年3月，集宁区政府常务会会议决定，在集宁区居住（拥有不动产权证或居住证）的65周岁以上老年人，全部免费乘车。

二、公交卡

2019年1月23日，乌兰察布市公交公司对公交刷卡系统进行了升级换代。升级后的公交卡种类有敬老卡、爱心卡、儿童卡、普通八折优惠卡、银联闪付及App二维码支付等功能。

为方便乘客办理公交卡，办证大厅专门购置了扫码收款设备，并于2019年12月4日开通了微信、支付宝付款，解决了办证大厅收取现金耗时及办卡乘客现金不足等问题。

为方便群众乘车，2019年12月26日，乌兰察布市公交公司采用微信、支付宝、美团扫码乘车，为没有携带零钱的乘客提供了更加便利的乘车条件，使广大乘客的出行更加便利。

为全力推动营商环境优化，方便市民办理公交卡业务，乌兰察布市公交公司办证大厅于12月初开始，将每天中午的营业时间延长半小时，并将办理业务时间从原来的周一至周五，调整为周一至周六，解决市民休息天出行无法办理业务的问题。

截至2020年底，共办理八折优惠乘车卡38959张。

三、延长运营时间

从2020年6月2日起，公司将2路、9路、22路、26路、36路公交线的运营时间延长至夜间22：00，且36路公交线形成常态化。

从2021年6月16日至10月7日，为推动中心城区夜间经济发展，公司结合往年夜间出行数据，重新规划了 5 条夜班公交线，进一步方便广大市民夜间出行的需求。夜 1 路公交线起始站为乌兰察布高铁站，终点站为中心广场，单程 15.1 公里，单程运行 39 分钟；夜 2 路公交线起始站为乌兰察布高铁站，终点站为公交总公司，单程 15 公里，单程运行 47 分钟；夜 3 路公交线起始站为一中旧校区，终点站为一中旧校区，单程 19.5 公里，单程运行 50 分钟；夜 4 路公交线起始站为气象局，终点站为雪原乳业，单程 7.9 公里，单程运行 20 分钟；夜 5 路公交线起始站为家合欣苑 C 区，终点站为公交一公司，单程 10.7 公里，单程运行 28 分钟。

2019 年 10 月 23 日，“新时代文明实践号”公交车启动仪式举行　（乌兰察布市公交公司　供图）

2019 年 10 月 28 日，40 路公交车通车仪式举行　（乌兰察布市公交公司　供图）

2020 年 2 月 2 日，疫情防控“党员先锋岗”设立　（乌兰察布市公交公司　供图）

2020 年 9 月 7 日，自治区红十字会第二调研组调研“博爱专线” （乌兰察布市公交公司供图）

2020 年 9 月 22 日，“民族团结进步”公交专线开通仪式举行 （乌兰察布市公交公司供图）

第二编 乌兰察布市公交公司人物传略

第一章　公司历任领导名录

薛旭初　男，汉族，1931年生，河北涞水人。1964年4月27日，由集宁市城建局房产股调入集宁市公共汽车管理站，筹备集宁市公共汽车管理站前期的各项工作；1965年5月21日调往集宁市城建局公用事业股。

1964年5月1日，集宁市第1条公交线路开通，起始站为集宁铁路分局工程四处，终点站为肉厂。

赵世华　男，汉族，1919年生，河北文安人，中共党员。1964年7月1日，任集宁市公共汽车站党支部书记；1981年9月，任集宁市公共汽车站站长、党支部书记。年末，由郑云寿主持过一段时间的工作。

1964年7月2日，正式批准成立集宁市公共汽车管理站，属企业性质，归口集宁市城市建设局管理。

张　维　男，汉族，1930年生，山西天镇人。1964年7月15日，由集宁市百货公司一商店调入集宁市公共汽车管理站，协助筹备工作；1967年7月24日，调往集宁市建设局房产股。

1964年，集宁市公共汽车站共有职工13人，到年底发展为17人。

李云盛　男，汉族，中共党员。1965年10月6日，任集宁市公共汽车站党支部书记；1966年9月28日，调往集宁市建设局工程队。

1965年，集宁市公共汽车站共有营运公交车辆4辆，职工22名。

谢玉明　男，汉族，内蒙古察哈尔右翼中旗人，中共党员。1966年8月29日，任集宁市公共汽车站站长。

1966年，集宁市公共汽车站公交车普票价实行按段计费：有3分、5分、8分、1角、1角2分5种票价；公交车月票，每人每月3.5元。

赵福槐　男，汉族，1937年生，辽宁阜新人，高小学历，中共党员。1967年7月15日，任集宁市公共汽车站站长、党支部副书记。

1969年10月，集宁市公共汽车站增开了2条郊区线路：一条从集宁南站至国家石油储备151油库，一条从集宁南站至大土城乡。

李茂林　男，汉族，内蒙古察哈尔右翼前旗人，中共党员。1968—1981年，任集宁市公共汽车站党支部书记。

1970年7月，集宁市公共汽车站增加1条郊区线路，从集宁南站至乌兰察布盟察哈尔右翼前旗巴音塔拉乡。70年代初期，集宁市公共汽车管理站的车辆总数达到了8台(1路公交线5台、郊区公交线3台)，全部为“四平”牌客车，线路总长度48公里。

江文才　男，汉族，1940年生，内蒙古赤峰人，中共党员。1956—1958年，昭盟林西大营子小学教书；1982—1985年，任集宁市公共汽车站党支部书记、经理；后调往集宁市党校工作。

1982年，集宁市公共汽车管理站开始探索实行小组承包制；1983年4月5日，集宁市公共汽车管理站更名为集宁市公共汽车公司。

刘志军　男，汉族，中共党员。1985—1987年，任集宁市公共汽车公司经理；1987年2月24日，调往集宁市环境卫生管理处任主任。

1985 年，开通集宁市到察哈尔右翼前旗固尔班乡的郊区线路。

肖俊昌 男，汉族，山西阳高人，高小学历，中共党员。1985—1989 年，任集宁市公共汽车公司党支部书记；1990 年 3 月 15 日，任集宁市公共汽车公司党支部副书记；1992—1997 年，任集宁市公共汽车公司党支部书记。

1992 年 6 月，集宁市公共汽车公司被评为全国城市公共交通系统优质服务竞赛自治区级优胜单位。

王 宾 男,汉族,中共党员。1987—1989 年,任集宁市公共汽车公司经理。

1988 年，集宁市公共汽车公司共有营运车辆 14 辆，营运线路长度 83 公里，行驶里程 30 万公里，客运总量 121 万人次，职工人数 79 人。

杨 恒 男，汉族，1950 年生，内蒙古锡林郭勒盟人，中共党员。1990 年 3 月 15 日至 1991 年，任集宁市公共汽车公司经理、公司党支部副书记。

1990 年，集宁市公共汽车公司在全体司乘人员中开展“乘客第一、信誉第一”的“双百”优质竞赛活动。

聂廷善 男，汉族，中共党员。1990—1991 年，任集宁市公共汽车公司党支部书记；1991—1992 年，任集宁市公共汽车公司经理。

1990 年，集宁市公共汽车公司荣获集宁市“精神文明先进单位”、集宁市“卫生先进单位”称号。

孙秀贵 男，汉族，山西浑源人，中共党员。1992—1997 年，任集宁市公共汽车公司经理。

1992 年 6 月 1 日，开通了 2 路公交线,起始站为中蒙医院,终点站为榆树湾;1993 年,2 路公交线终点站由榆树湾延长至三号地;1996 年 5 月 1 日,2 路公交线更换为 11 辆“胜利”牌中巴车,由公司职工承包经营;2001 年 6 月 1 日,更换为 11 台“四平”牌大客车,仍由公司职工承包经营。1993 年 5 月,集宁市公共汽车公司广告部成立。1994 年 12 月 1 日,开通 3 路公交线，起始站为乌兰察布盟党校，终点站为原财贸学校，由公司职工承包经营；2001年，3路公交线终点站由原财贸学校延长至新区乌兰察布盟委、行署。1995年7月1日，开通4路公交线，起始站为集宁铁路职工学校，终点站为集宁农机市场，由公司职工承包经营。

马怀忠 男，回族，1948年生，内蒙古呼和浩特人，中专学历，中共党员。1969—1972年，察右后旗水工队工作；1972年，集宁市自来水公司工作；1984年，任集宁市自来水公司副经理；1984—1989年，主管集宁市第二期给水工程；1989—1994年，主管集宁市第三期给水工程；1993年，任集宁市节约用水办公室主任；1997—2002年，任集宁市公共汽车公司经理。

1997年1月1日，开通5路公交线，起始站为文化小区，终点站为铁路小区，由公司职工承包经营。1999年3月21日，开通6路公交环线，起点终点都为集宁南站，由公司职工承包经营。1999年7月，集宁市公共汽车公司新建职工家属楼，2001年竣工。2000年2月18日，开通了原乌盟盟委、行署职工上下班的通勤线。2001年11月，第一次在1路公交线实行公交车无人售票。

丁学功 男，汉族，1968年生，内蒙古托克托人，本科学历，中共党员。2010年10月至2014年11月，任集宁区公共汽车公司总经理。

2012年11月，集宁市公共汽车公司在原办公楼旁新建1栋5层办公大楼。2011年12月30日，开通11路公交线，起始站为集铁佳园小区，终点站为蒙古族中学。2012年5月1日，开通市区内第一条夜间运行的公交环线，起始站为集宁南站，终点站为阳光怡园；2012年8月15日，开通12路公交线，起始站为乌兰商厦，终点站为金泰苑；10月25日，成立集宁区公共汽车公司第一分公司；11月26日，成立集宁区公共汽车公司第二分公司。2013年7月，开通16路公交线，起始站为集宁一中旧校区，终点站为集宁一中新校区；17路公交线，起始站为集宁一中旧校区，终点站为黄旗海镇；18路公交线，起始站为公交一公司，终点站为江东郡；19路公交线，起始站为公交一公司，终点站为集宁一中新校区。2014年4月8日，开通21路公交线，起始站为公交一公司，终点站为家具产业园。2014年5月23日，开通22路公交线，起始站为公交总公司，终点站为公交二公司。

郭朝辉 男，汉族，1966年生，内蒙古凉城人，大专学历，中共党员。2014年11月至2019年7月，任集宁区公共汽车公司总经理、乌兰察布市公交公司总经理；2019年7月调往集宁区旅游投资有限责任公司。

2015年1月23日，开通23路公交线，起始站为公交总公司，终点站为前旗三中；4月23日，开通26路公交线，起始站为公交总公司，终点站为家合欣苑C区；10月1日，开通29路公交环线，起点终点都为霸王河欢乐世界。2016年，开通20路公交线，起始站为公交总公司，终点站为陈家村；28路公交线，起始站为公交总公司，终点站为大十号村；30路公交线，起始站为公交总公司，终点站为圣家营；31路公交线，起始站为乌兰商厦，终点站为黄冈中学；11月23日，开通33路公交线，起始站为公交总公司，终点站为前旗三中；7月23日，成立集宁区公共汽车公司第三分公司。2017年8月2日，开通36路公交线，起始站为公交总公司，终点站为乌兰察布市高铁站；5月8日，成立骏安汽车租赁分公司（集宁区公共汽车公司第四分公司）；8月在六号渠成立反恐培训基地；从2017年6月3日开始，每年的5—10月将五条大线路延长运营时间至夜间10点。2018年8月16日，开通38路公交线，起始站为白海子镇，终点站为中心广场；39路公交线，起始站为集宁机场，终点站为乌兰察布市高铁站；8月8日集宁区公共汽车公司更名为乌兰察布市公交公司；2019年4月23日，新建了办证服务大厅。

崔　德 男，汉族，1981年生，山西大同人，硕士研究生学历，中共党员。2003年10月至2009年11月，任集宁区财政局科员；2009年11月至2013年5月，任共青团集宁区委员会副书记；2013年5月至2018年5月，任集宁新区管委会综合办主任；2018年5月至2019年7月，任集宁区国融投资发展有限公司总经理；2019年7月，任乌兰察布市公交公司党总支书记、总经理；2021年9月，任乌兰察布市公交公司党委书记、董事长。

2019年10月28日，开通40路公交线，起始站为公交总公司，终点站为北官房；游1路滑雪场专线，起始站为公交总公司，终点站为察汗营滑雪场；游2路滑雪场专线，起始站为乌兰察布市高铁站，终点站为大河湾滑雪场。2020年1月12日，开通乌兰察布市高铁站公交夜班车；2 月 22 日，开通 K1 路快速公交线，起始站为集宁南站，终点站为乌兰察布高铁站；3 月 26 日，自治区党委宣传部授予乌兰察布市公交公司“全区学雷锋活动示范点”光荣称号；7 月 1 日，乌兰察布市公交公司与北京丝路彩虹汽车租赁集团有限公司签署合作投资协议；8 月 12 日，开通郊区 111 路公交线，起始站为平地泉人民政府，终点站为八印滩；8 月 19 日，乌兰察布市红十字会、集宁区红十字会和乌兰察布市公交公司在 10 路公交线，共同打造了“新时代文明实践号——博爱专线”，并于 9 月 24 日举行开通仪式；9 月 22 日，乌兰察布市公交公司在 26 路公交线打造“新时代文明实践号——民族团结进步”公交专线，并举行开通仪式；12 月 30 日，集宁区新时代文明实践中心授予乌兰察布市公交公司“十佳志愿服务企业”荣誉称号；12 月，启动智能公交指挥中心建设项目。2021 年 1 月 14 日，乌兰察布市公交公司举办了新能源公交车上线运营启动仪式，477 辆新能源纯电动公交车正式投入运行；1 月 8 日，开通 27 路公交线，起始站为公交一公司，终点站为苏通电子；8 月 26 日，开通 101 路公交线，起始站为公交一公司，终点站为华为快手巴音片区；9 月 29 日，开通 51 路、52 路公交线；12 月 1 日，乌兰察布市公交公司开通 15 路、102 路公交线。

第二章　公司历任领导班子及机构名录

乌兰察布市公交公司历任领导班子及机构名录

表 2-2-1

序号	姓　名	职　务	任职时间	领导班子成员	职能科室
1	薛旭初	负责人	1964 年	—	财务室、材料室、票务室、修理车间
2	赵世华	党支部书　记	1964—1966 年	郭玉生(副书记) 武德民、薛旭初、张维(协助工作)	政工科、财务室、材料室、营运室、票务室、修理车间
3	谢玉明	站　长	1966—1967 年	李云盛(书记)	政工科、财务室、材料室、营运室、票务室、修理车间
4	赵福槐	站　长 副书记	1967—1981 年	李茂林(书记) 贾子明(副书记、工会主席)	工会、政工科、财务室、材料室、营运室、票务室、修理车间
5	赵世华	站　长	1981—1982 年	贾子明、武进喜(副书记) 张瑞兰(工会主席)	工会、政工科、财务室、材料室、营运室、票务室、修理车间
6	江文才	党支部书　记 经　理	1982—1985 年	贾子明(副书记) 费学忠、王铁柱、邹文喜(副经理) 郑云寿(工会主席)	工会、政工科、财务室、材料室、营运室、票务室、修理车间
7	刘志军	经　理	1985—1986 年	肖俊昌(书记) 邹文喜、李继斗(副经理) 郑云寿(工会主席)	工会、政工科、财务室、材料室、营运室、票务室、修理车间
8	王　宾	经　理	1986—1989 年	肖俊昌(书记) 邹文喜、李继斗(副经理) 马世兰(工会主席)	工会、政工科、财务室、材料室、营运室、票务室、修理车间

续表 2-2-1

序号	姓　名	职　务	任职时间	领导班子成员	职能科室
9	杨　恒	经　理	1989—1991 年	肖俊昌（书记） 焦启贤（副书记） 邹文喜、李继斗、赵福生、高江（副经理），马世兰（工会主席）	工会、政工科、财务室、材料室、营运室、票务室、修理车间
10	聂廷善	经　理	1991—1992 年	肖俊昌（书记） 邹文喜、李继斗（副经理） 马世兰（工会主席）	工会、政工科、财务室、材料室、营运室、票务室、修理车间
11	孙秀贵	经　理	1992—1997 年	肖俊昌（书记） 焦启贤（副书记） 邹文喜、李继斗、赵福生、高江（副经理）马世兰（工会主席）	工会、人秘科、财务科、安技科、营运科、材料科、票务室、稽查科、事故科、广告部、修理车间
12	马怀忠	经　理	1997—2002 年	尚建文（书记） 李继斗、高江、郜英（副经理） 邹文喜（工会主席）	工会、人秘科、财务科、安技科、营运科、材料科、票务室、稽查科、事故科、广告部、修理车间
13	尚建文	党支部书记 经理	2002—2010 年	邹立新（副书记） 陈斐、刘宪钢（副经理） 方满囤（经理助理） 王成（工会主席）	工会、办公室、财务科、材料科、营运技术科、稽查科、安保科、广告部、通勤科、票务室、修理厂
14	丁学功	总经理	2010—2014 年	陈斐（书记）方满囤（纪检书记） 刘宪钢、郗永生、邹炯、张玉成、赵海霞（副经理） 马世兴、张振祥（总经理助理） 王成（工会主席）	工会、办公室、财务科、材料科、设备技术科、稽查科、安保科、广告部、通勤科、营运统计科、票务中心、智能调度中心
15	郭朝辉	总经理	2014—2019 年	邹炯（书记、副总经理） 雷朝、陈沫、王茂东、田峰（副总经理） 卢丽娟（工会主席） 刘春雷（副书记）	工会、办公室、党建办、人事科、财务科、基建科、材料科、设备技术科、安保科、稽查科、广告部、通勤科、营运统计科、票务中心、智能调度中心
16	崔　德	党总支书记 总经理	2019—2021 年	陈沫、田峰、诺铭、邓永瑞（副总经理） 卢丽娟（工会主席） 刘春雷（副书记）	工会、办公室、党建办、人事科、财务科、基建科、机务科、安全科、保卫科、稽查科、广告部、通勤科、统计科、营运科、资料管理科、票务中心、智能调度中心
17	崔　德	党委书记 董事长	2021 年起	李娟（总经理） 陈沫、田峰、诺铭、邓永端（副总经理） 卢丽娟（工会主席）	工会、办公室、党建办、人事科、财务科、基建科、机务科、安全科、保卫科、稽查科、广告部、通勤科、统计科、营运科、资产管理科、票务中心、智能调度中心

第三章　公司获得荣誉

一、国家级荣誉

2013 年 6 月，荣获全国交通运输节能减排“先进企业”称号，颁奖单位：中国交通企业管理协会、国联资源网。

2017 年 4 月，荣获“巾帼文明岗”称号，颁奖单位：中华全国妇女联合会。

二、自治区级荣誉

1995 年 2 月，荣获 1994 年度全区城建系统规范化服务“先进单位”称号，颁奖单位：内蒙古自治区建设厅。

2007 年 11 月，荣获全区建设建材交通系统职工“迎大庆做贡献建新功”竞赛“先进集体”称号，颁奖单位：内蒙古自治区建筑建材公路运输工会。

2011 年 12 月，荣获内蒙古自治区示范化企业工会称号，颁奖单位：内蒙古自治区总工会。

2014 年 1 月，荣获内蒙古自治区示范化企业工会称号，颁奖单位：内蒙古自治区总工会。

2015 年 3 月，荣获“学雷锋示范点”荣誉称号，颁奖单位：中共内蒙古自治区委员会宣传部。

2016 年 4 月，荣获“工人先锋号”称号，颁奖单位：内蒙古自治区总工会。

2020 年 3 月，荣获“全区学雷锋示范点”称号，颁奖单位：中共内蒙古自治区委员会宣传部。

2020 年 4 月，荣获“自治区诚信达标企业”称号，颁奖单位：内蒙古自治区发展和改革委员会。

2020 年 10 月，29 路公交线荣获“最美绿色大家庭”称号，颁奖单位：内蒙古自治区妇联。

2020 年 12 月，33 路公交线荣获“青年文明号”称号，颁奖单位：内蒙古自治区创建青年文明号活动组织委员会。

2021 年 12 月，荣获第七批“全区民族团结进步示范单位”称号，颁奖单位：中共内蒙古自治区委员会宣传部、中共内蒙古自治区委员会统战部、内蒙古自治区民族事务委员会。

三、乌兰察布市级荣誉

2002 年 3 月，荣获 2001 年度支持老干部工作“先进单位”称号，颁奖单位：中共乌盟盟委、乌盟行政公署。

2003 年 6 月，荣获集宁地区建设系统防控“非典”工作“集体三等奖”，颁奖单位：乌盟建设局、集宁市人民政府。

2004 年 7 月，荣获工会工作“先进集体”称号，颁奖单位：乌兰察布市总工会。

2005 年 8 月，荣获“青年文明号”荣誉称号，颁奖单位：共青团乌兰察布市委员会。

2009 年 2 月，荣获 2008 年度“城市公交企业先进单位”称号，颁奖单位：乌兰察布市建设委员会。

2010 年 3 月，荣获乌兰察布市 2005—2009 年度“模范企业（单位）”称号，颁奖单位：中共乌兰察布市委员会、乌兰察布市人民政府。

2010 年 3 月，荣获 2009 年度“城市公交先进企业”称号，颁奖单位：乌兰察布市住房和城乡建设委员会。

2010 年 9 月，荣获乌兰察布市 2010 年中学生运动会“贡献奖”，颁奖单位：运动会组委会。

2012 年 5 月，荣获全市“五四”红旗团总支（支部）称号，颁奖单位：共青团乌兰察布市委员会。

2012 年 11 月，荣获“市级文明单位”称号，颁奖单位：中共乌兰察布市委员会、乌兰察布市人民政府。

2013 年 4 月，荣获“工人先锋号”荣誉称号，颁奖单位：乌兰察布市总工会。

2015 年 4 月，荣获“先进职工之家”称号，颁奖单位：乌兰察布市总工会。

2015 年 9 月，荣获“全市企业廉洁文化建设示范点”称号，颁奖单位：中共乌兰察布市纪律检查委员会、乌兰察布市监察局。

2016 年 4 月，荣获“工人先锋号”荣誉称号，颁奖单位：乌兰察布市总工会。

2017 年 3 月，荣获“巾帼文明岗”荣誉称号，颁奖单位：乌兰察布市妇联。

2018 年 10 月，荣获“敬老文明号”荣誉称号，颁奖单位：乌兰察布市老龄工作委员会、乌兰察布市民政局。

2020 年 3 月，荣获“三八红旗集体”荣誉称号，颁奖单位：乌兰察布市妇女联合会。

2020 年 4 月，荣获“工人先锋号”称号，颁奖单位：乌兰察布市总工会。

四、集宁区级荣誉

1990 年，荣获集宁市“精神文明先进

单位”、集宁市“卫生先进单位”称号。

1994年4月,荣获1993年度军警民共建“先进单位”称号,颁奖单位:中共集宁市委、集宁市人民政府。

1999年3月,荣获1998年度缴纳社会养老金“先进单位”称号,颁奖单位:中共集宁市委员会、集宁市人民政府。

2000年1月,荣获1999年度党建工作“先进单位”称号,颁奖单位:集宁市城建委党委、集宁市城建委。

2002年1月,荣获2001年综合目标“先进单位”称号,颁奖单位:集宁市城建委党委、集宁市城建委。

2003年3月,荣获2002年度经济效益“先进单位”称号,颁奖单位:中共集宁市建设局委员会、集宁市建设局。

2003年5月,荣获“模范职工之家”称号,颁奖单位:集宁市总工会。

2004年1月,荣获2003年度缴纳社会保障基金“先进单位”称号,颁奖单位:中共集宁市委员会、集宁市人民政府。

2004年3月,荣获2003年度完成综合工作目标“先进单位”称号,颁奖单位:集宁市建设局党委、集宁市建设局。

2005年1月,荣获2004年度缴纳社会保障基金“先进单位”称号,颁奖单位:中共乌兰察布市集宁区委员会、乌兰察布市集宁区人民政府。

2005年3月,荣获2004年度“工作实绩突出奖”称号,颁奖单位:中共集宁区建设局委员会、集宁区建设局。

2005年5月,荣获2004年度“模范职工之家”称号,颁奖单位:集宁区总工会。

2006年3月,荣获“虎山春”群文活动彩灯“三等奖”,颁奖单位:集宁地区“虎山春”群文活动指挥部。

2006年4月,荣获2005年度“工作实绩突出奖”,颁奖单位:中共集宁区建设局委员会、集宁区建设局。

2006年4月,荣获保持共产党员先进性教育活动“先进党支部”称号,颁奖单位:中共集宁区建设局委员会。

2007年3月,荣获2006年度“工作实绩突出奖”,颁奖单位:中共集宁区建设局委员会、集宁区建设局。

2007年6月,荣获2006年度“模范职工之家”称号,颁奖单位:乌兰察布市集宁区总工会。

2008年3月,荣获2007年度“工作实绩突出奖”,颁奖单位:中共集宁区建设局委员会、集宁区建设局。

2010年3月,荣获2009年度“工作实绩突出单位”称号,颁奖单位:中共集宁区建设局委员会、集宁区建设局。

2011年3月,荣获2010年度党建工作“先进单位”称号,颁奖单位:中共集宁区住房和城乡建设局委员会、集宁区住房和城乡建设局。

2012年3月,荣获2011年度党建工

作“先进单位”称号，颁奖单位：中共集宁区住房和城乡建设局委员会、集宁区住房和城乡建设局。

2012 年 3 月，荣获 2011 年度业务工作“先进单位”称号，颁奖单位：中共集宁区住房和城乡建设局委员会、集宁区住房和城乡建设局。

2012 年 5 月，荣获全区“五四”红旗团总支(支部)称号，颁奖单位：共青团集宁区委员会。

2013 年 4 月，荣获“工人先锋号”荣誉称号，颁奖单位：集宁区总工会。

2013 年 11 月，荣获“五好”基层关工委“先进集体”称号，颁奖单位：乌兰察布市集宁区关心下一代工作委员会。

2015 年 4 月，荣获“先进职工之家”称号，颁奖单位：集宁区总工会。

2016 年 4 月，荣获“工人先锋号”称号，颁奖单位：集宁区总工会。

2016 年 5 月，荣获“巾帼文明岗”称号，颁奖单位：集宁区妇女联合会。

2020 年 3 月，荣获“巾帼文明岗”称号，颁奖单位：乌兰察布市集宁区妇女联合会。

2020 年 8 月，荣获“新时代文明实践基地”称号，颁奖单位：乌兰察布市集宁区委宣传部。

2020 年 12 月，荣获集宁区“十佳志愿服务企业”称号，颁奖单位：集宁区新时代文明实践中心。

运行中的 9 路公交车　(周晓晶　摄)

第四章　公司先进模范

郝利桃　女，汉族，1962 年生，内蒙古集宁人，高中学历，中共党员。1980—1987 年，任集宁市公共汽车站售票员；1987—2002 年，任集宁市公共汽车公司第四车组司机组长；2002—2011 年，任集宁市公共汽车公司调度员；2011—2012 年，任集宁区公共汽车公司点钞员；2012 年，退休。

1983 年 7 月，荣获内蒙古自治区“四优百日”竞赛活动优质服务“司乘站务员”称号；1990 年 12 月 31 日，荣获集宁市公共汽车公司“先进工作者”称号；1992 年 1 月，荣获集宁市 1991 年度“先进生产（工作）者”、集宁市城建系统 1991 年度“先进工作者”、集宁市公共汽车公司 1991 年度“先进个人”称号；1993 年 3 月，荣获集宁市精神文明建设委员会社会公德十件好事活动“先进个人”、集宁市公共汽车公司 1992 年度“先进工作者”称号；1994 年 1 月 15 日，荣获集宁市团委共青团车组 1993 年度“先进个人”称号。

1992 年 1 月，出席集宁市政府 1991 年度表彰大会、集宁市城建系统 1991 年度表彰大会；1993 年 3 月，出席集宁市精神文明建设委员会“社会公德十件好事”活动表彰大会。

卢丽娟　女，汉族，1975 年生，山西忻州人，大专学历，中共党员。2000—2003 年，任集宁市公共汽车公司通勤科科员；

2003 年起，任集宁市公共汽车公司统计科科长(2009 年起,兼任集宁区公共汽车公司妇联主任;2016 年起,兼任集宁区公共汽车公司工会主席)。

2010 年 12 月,荣获集宁区公共汽车公司“先进个人”称号;2016 年 6 月,荣获集宁区 “优秀共产党员” 称号;2017 年 3 月,荣获集宁区妇联“三八红旗手”称号;2019 年 4 月,荣获乌兰察布市总工会“五一劳动奖章”;2019 年 12 月,荣获乌兰察布市公交公司“先进个人”称号;2020 年 6 月,荣获内蒙古自治区创建和谐劳动关系“先进工作者”称号。

2019 年 2 月,当选为乌兰察布市妇女第三次代表大会代表;2019 年 4 月，当选为乌兰察布市工会第三次代表大会代表。

张文书　女，汉族,1970 年生,内蒙古丰镇人,高中学历，中共党员 。1987—1992 年,任集宁市毛条厂挡车工;1992—1996 年，任集宁市公共汽车公司 1 路、2 路线售票员;1996—1998 年,任集宁市公共汽车公司 1 路、2 路线调度员;1999—2013 年，任集宁市公共汽车公司 1 路、2 路、6 路线驾驶员;2013—2015 年,任集宁市公共汽车公司 1 路线车队长;2015—2016 年，任集宁区公共汽车公司第二分公司副经理;2016 年起,任集宁区公共汽车公司第二分公司经理。

2014 年 12 月 24 日，荣获集宁区 2013—2014 年度“区级道德模范”称号;2017 年 1 月，荣获集宁区公共汽车公司 2016 年度“特殊奉献先进工作者”称号;2019 年 1 月，荣获乌兰察布市公交公司 2018 年度“特殊奉献先进工作者”称号;2018 年 6 月 20 日,荣获第六届乌兰察布市“道德模范提名奖”;2020 年 3 月,荣获乌兰察布市公交公司 “疫情巾帼标兵”称号;2020 年 7 月,荣获乌兰察布市公交公司“优秀共产党员”称号。

2018 年 1 月，当选为乌兰察布市第四届人民代表大会代表。

杨 有 慧　男，汉族,1966 年生,内蒙古兴和人，高中学历，中共党员。2000—2003 年，任集宁市公共汽车公司点钞员;2003—2004 年,任集宁市公共汽车公司 1 路公交线驾驶员;2004—2008 年,任集宁区公共汽车公司 3 路公交线驾驶员;2008 年起,任集宁区公共汽车公司 9 路公交线驾驶员。

2002 年 2 月，荣获集宁市建委系统

2001年度“先进工作(生产)者”称号;2003年3月，荣获集宁市建设局系统2002年度“先进工作(生产)者”称号;2008年3月3日，荣获集宁区建设系统2007年度“先进工作者”称号;2011年2月,荣获集宁区公共汽车公司“模范标兵”称号;2011年3月,荣获集宁区住房和城乡建设局2010年度“先进工作者”称号;2011年7月，荣获集宁区“优秀共产党员”称号;2012年2月,荣获集宁区公共汽车公司2011年度“先进工作者”称号;2013年12月,荣获集宁区公共汽车公司第三次百日安全运营无事故竞赛活动“先进个人”称号;2014年4月,荣获乌兰察布市“劳动模范”称号;2015年4月,荣获内蒙古自治区“劳动模范(先进工作者)”称号;2016年6月,荣获集宁区公共汽车公司“共产党员先锋号”称号。

2015年4月，出席内蒙古自治区劳动模范和先进工作者表彰大会;2016年10月26日,当选为中国共产党乌兰察布市第四次代表大会代表;2018年5月30日,当选为集宁区工会第九次代表大会代表;2020年3月,出席中国共产党集宁区第十三届委员会第六次全体会议暨全区经济工作会议。

席　清　男，汉族，1967年生，河北阳原人，初中学历，中共党员。1990—1991年，任集宁市公共汽车公司第四车组修理工；1991—1993年，任集宁市公共汽车公司乘务员；1993—1998年，任集宁市公共汽车公司1路、2路公交线驾驶员；1998—2009年，任集宁市公共汽车公司3路公交线驾驶员；2009—2011年，任集宁区公共汽车公司10路公交线驾驶员（2009—2013年，兼任集宁区公共汽车公司第二党支部书记）；2011年起，任集宁区公共汽车公司10路公交线车队长。

2010年7月，荣获集宁区建设系统2009年度“先进工作者”称号；2011年2月，荣获集宁区公共汽车公司2010年度“先进工作者”称号；2011年7月，荣获集宁区“先进党务工作者”称号；2012年2月，荣获集宁区公共汽车公司2011年度“模范标兵”称号；2016年6月，荣获集宁区公共汽车公司“共产党员先锋号”称号；2019年1月，荣获乌兰察布市公交公司“助人为乐奖”。

李忠武　男，汉族，1963年生，内蒙古集宁人，初中学历，群众。

1984—2013 年，个体运输；2013 年起，任集宁区公共汽车公司 9 路公交线驾驶员。

2015 年 4 月，荣获集宁区公共汽车公司百日会战“先进个人”称号；2016 年 3 月，荣获乌兰察布市 2015 年“五城联创”五十佳出租车公交车司机称号；2017 年 5 月 10 日，荣获集宁区公共汽车公司 2016 年度优质服务“先进个人”称号；2017 年 5 月 10 日，荣获乌兰察布市精神文明建设委员会“乌兰察布好人”称号。

郭　亮　男，汉族，1973 年生，内蒙古集宁人，初中学历，群众。1992—1996 年，任集宁市公共汽车公司乘务员；1996—2005 年，任集宁市公共汽车公司后勤工作人员；2005—2011 年，任集宁区公共汽车公司 1 路公交线驾驶员；2011—2013 年，任集宁区公共汽车公司 11 路公交线驾驶员；2013—2016 年，任集宁区公共汽车公司 22 路公交线驾驶员；2016 年起，任集宁区公共汽车公司 2 路公交线车队长。

2011 年 2 月，荣获集宁区公共汽车公司 2010 年度“先进工作者”称号；2013 年 12 月，荣获集宁区公共汽车公司第三次百日安全运营无事故竞赛活动“先进个人”称号；2015 年 4 月，荣获集宁区公共汽车公司百日会战“先进个人”称号；2016 年 3 月，荣获乌兰察布市 2015 年“五城联创”五十佳出租车公交车司机称号；2017 年 1 月，荣获集宁区公共汽车公司“优秀车队长”称号；2020 年 1 月，荣获乌兰察布市公交公司“优秀车队长”称号。

2019 年 1 月 15 日，出席乌兰察布市各族各界迎新春茶话会；2020 年 1 月 21 日，出席乌兰察布市各族各界迎新春茶话会。

徐文艺　男，汉族，1971 年生，山西浑源人，初中学历，群众。1987—1989 年，任察右中旗脉金矿工人；1989—1990 年，任察右中旗脉金矿经济警察；1990—1992 年，任察右中旗凯拓联营金矿经济警察副队长；1992—1995 年，任武川县凯瑞联营金矿安保科长；1995—2010 年，个体运输；2010—2011 年，任集宁区公共汽车公司 2 路公交线驾驶员；2011—2015 年，任集宁区公共汽车公司 11 路公交线驾驶员；2015 年起，任集宁区公共汽车公司 11 路公交线车队长。

2016 年 3 月，荣获乌兰察布市 2015 年“五城联创”五十佳出租车公交车司机称号；2020 年 1 月，荣获乌兰察布市公交公司拾金不昧“先进个人”称号。

李雁永 男，汉族，1973年生，内蒙古商都人，高中学历，群众。2009—2010年，任集宁区公共汽车公司2路公交线驾驶员；2010—2015年，任集宁区公共汽车公司10路公交线驾驶员；2015年起，任集宁区公共汽车公司1路公交线车队长。

2016年3月，荣获乌兰察布市2015年“五城联创”五十佳出租车公交车司机称号。

翟项楠 男，汉族，1990年生，山西浑源人，中专学历，群众。2018年3月起，任乌兰察布市公交公司4路公交线驾驶员。

2020年1月，荣获乌兰察布市公交公司助人为乐“先进个人”称号；2020年7月21日，荣获乌兰察布市精神文明建设委员会“乌兰察布市好人”称号。

第五章　公司老职工访谈录

◎李继斗访谈录

访谈时间：2020 年 5 月 22 日

访谈地点：李继斗家中

访谈对象：李继斗（曾任集宁市公共汽车公司车队长、副经理，现已退休）

访 谈 人：李永霞　杜文昊

访谈整理：苏振峰

访谈内容：

李：李大爷您是在哪一年来公司的？

李：在江文才那一届就来了，但没参加领导班子。

李：那一届的领导班子都有谁？

李：有王铁柱、邹文喜，他们都是副经理。

杜：您也当了好几届的副经理？

李：对，我是 1989 年当的副经理，当了好几届，一直到退休，在马怀忠那一届退的休。

李：您当车队长时候主要分管什么？

李：我那时候分管技术，包括车辆修理、分配司机售票员、安排班次，哪缺司机了我就去顶班，办公室不经常去，一般就在修理车间办公。最早以前是修理车间，后来改为了修理厂，修理厂以前还承包过，由冯天宝承包的。

李：对以前的领导班子，您了解多少情况呢？

李：杨恒主持工作的时候，聂廷善担任书记，肖俊昌是副书记，杨恒调走以后，肖俊昌担任了书记，聂廷善担任经理。

杜：您是 2003 年退休的吗？

李：对，是在 2003 年退的休，当时是“一刀切”。我是 1983 年调过来的，待了 20 年，刚来了没参加领导班子，来了就是司机、修理工。

李：您来公司以后有什么大事记吗？

李：那时候的公交车坏的走不了，有时候违章了，交警扣了车都开不走，还得公交司机挪开。市里面也没钱无法更新车辆，那怎么办，总得让公司存活下去、运转下去，没办法了，开会商量，弄个小车先试一试吧。学习了东胜的经验，东胜是在1993年开始搞私人承包，东胜以前没有公交车，从1993年开始才有的，但是发展得很快，经济实力强。我们单位那时候比较可怜，轮胎全部是翻新胎，买不起新轮胎，一年连工资带油款等等其它费用，政府补贴只给3万块钱。到了王宾那一届，给增加了一些，到了杨恒那一届增加到了8万元。

杜：当时有没有先进的人物？

李：单位太小了，上级单位都不重视，有也行没也行。假如今天车坏了，一天只能出两台车也没人管，如果全部出勤，这就相当不错了，那时候公司快要濒临破产了，硬是坚持了下来，坚持到现在各方面也都挺好。

杜：那时候有多少职工？

李：我来的时候，全公司有85个人，到我退休时差不多有100多人。从1992年开始人多的，公交线路越开越多，人也就多了。

李：您在任的时候一共开到几路公交线了？

李：6路，1999年开通的6路公交线，2003年开通了7路公交线，那时我已退休了。6路公交线最早是小面包车，大车养不起，那时乘客也少，坐三五个人就可以跑了，从小到大慢慢发展起来了。最早以前的2路公交线属于公司，是大客车，由于资金短缺，买不回大客车只能换成小中巴车承包给私人。

李：以前的公交线路有没有场站？

李：没有场站，只有调度室，调度室也只是租了一个小房子。那时调度也挺复杂的，两个终点的调度，还有一个中间的调度。

杜：那中间的调度起什么作用呢？

李：中调就是卡时间，从起始站到中调有一个规定的时间，要不然公交车就不看时间的乱跑。以前每条线路都有中调，每条线路三个调度，1路车在桥西的调度室，是铁路四处靠西面有两间小房子。肉厂那边也有一间小房子作为调度室，司机可以休息十几二十分钟。

李：单位里有什么荣誉没有？

李：应该是没有，也没出个什么大的成绩，就是默默无闻的工作，我记得马怀忠去东北辽宁参加过全国公交协会的会议。

李：在2路公交线开通以前汽车站是什么情况呢？

李：在孙秀贵以前是最艰苦的岁月，以前的车辆容易损坏，每天都有坏的，院里边停的满满的坏车，公交线路上跑的车很少，有乘客打来投诉电话说，上班也没法上，走不了。单位里培养的司机有李培文，后来他带领人们去考驾驶证，他组织培训新驾驶员。那时汽车站属于城建局的下属单位，有些领导是城建局的干部，都没人愿意来汽车站。自来水和市政公司也是城建局的下属单位，都比咱们单位强。

杜：2路公交线的开通您了解多少？

李：1992年开通了2路公交线，是在集宁南站的站前广场进行了通车剪彩活动，起点是626医院，终点是榆树湾。

李：单位里有什么重大事故吗？

李：是在西三号地附近，火车撞公交车。公交车走到铁道上坏了，那时候的人也不懂得下来把车推出去，女司机李美华吓蒙了，车头过了铁道，车屁股没过去，停在了铁道上，火车撞在了公交车的后面，把公交车撞翻了，当时有拦车的杆，车坏到了铁道上，拦车杆也放不下来了。以前跑151的时候人特别多，车厢内挤得满满的，一天跑两趟，早晨一趟，下午一趟。

◎马世兰访谈录

访谈时间：2020年5月29日

访谈地点：马世兰家中

访谈对象：马世兰（曾任集宁市公共汽车公司财务科科长兼工会主席，现已退休）

访　谈　人：焦庆印

访谈整理：苏振峰

访谈内容：

焦：马姨您好！您是哪一年来汽车站的？

马：我是1974年来的汽车站，是从学校调过来的。

焦：当时汽车站的领导都有谁？

马：我来的时候是李茂林和赵福槐，李茂林是书记，赵福槐是副书记兼站长，我来时谢玉明调走了，李茂林和赵福槐配合的相当好。李茂林是建国前参加工作的老干部，脾气相当好，他虽然是书记，但各方面工作能力都不如赵福槐。赵福槐是东北人，相当有水平，在汽车站的威望相当高，因个头挺高的，人们都叫他大赵，处理问题相当公道，他不轻易地表态，一定要把事情彻底的摸清楚了，才下决定。开大会的时候，主席台下鸦雀无声，都在认真听他讲话。他也会开车，有时候人手不够，他也上车顶班，人们说起来都非常的佩服他，在他退休以后，人们都去他家看望他，愿意和他来往，和群众比较贴心。贾子明是副书记还兼任工会主席，也是一名老干部，解放前就参加了工作，后来李茂林调去自来水公司，调来赵世华担任了书记，赵世华来了不长时间，赵福槐也调走了，赵世华调走以后，江文才任书记，费学忠任站长，以前是书记说了算。王铁柱也当过副经理，江文才调来以后，把邹文喜提拔为副经理，王宾调来，把李继斗提拔为副经理。

焦：您那时担任的是什么职务？

马：我那时是主管财务，后来又兼任了工会主席，以前的工会主席是郑云寿，是从法院调过来的，他是政工科科长兼工会主席。

焦：那其他部门是什么情况呢？

马：材料科有两个人，一个保管，一个材料会计，当时营运科就是负责统计路单。

焦：以前的分组承包是什么情况呢？

马：从江文才任书记开始分成五个组，每个组都配备司机、售票员和修理工，每个组都各管各的。从1982年开始分组承包制定任务，超出任务的可以作为奖金，效益提高了，但也引起了社会的争议。这个改革实际上也挺好的，公交车跑的趟次也多了，票款也不流失了，燃油也能节约点儿，车坏了也能及时修理，但是发奖金的时候，人们就开始说三道四了。

焦：还有以前的私人承包公交车是什么情况？

马：在孙秀贵上任以前汽车站就面临要拍卖了，后来实在是没辙啦，搞了个私人承包。当时连车辆都买不起，自治区给70%的补贴，但需地方财政出30%，如果地方财政不出30%，自治区的70%就不出，后来就鼓动私人掏钱买中巴车，先把城市公交线路占住。当时的财政局不相信汽车站每年都亏损，我跟他们说汽车站历年都是亏损的，全内蒙古甚至全国都是这样的状况。以前的汽车站是事业单位企业化管理，因为有票款收入，但是单位的性质还是事业，作为一个企业只能盈利，如果不能盈利，可以不干，但作为事业单位，不能盈利也要继续干下去。那时私人都想插手公交行业，孙秀贵调来把城市公交线路都占住了，没有让私人插手，只让私人自己掏钱购买公交车，以公司的名义跑公交，盈利亏损都是自己的，这样公司就不会破产了。

焦：再说说您工作中的事情吧。

马：那时财务最头疼的就是发工资，以前发的都是现金，假如今天发工资，财务得立马把这些现金都分开，各装各的信封，里边放上工资条，再锁到保险柜里，然后领导签了字，才能发放工资。以前的医疗保险都交不进去，从1992年开始，个人医疗保险都扣的不多，也就两三块钱，以前的医保和社保不分家，但不收医保的钱，说医保很快就要成立了，单位交的多，个人交的少，按工资的比例交费，后来单位也交不起，只扣个人的钱也不合适，都在账上挂着。那时人们的关系非常好，有时候数票款的缺人了，我就去帮他们数票款，中午也没饭吃，王玉梅看我没吃饭，从她家亲自给我端来了饭。

焦：最早的公交线路都有哪些具体情况呢？

马：1路公交线大概是在1964年的5月1日开通的，那时候我还没来汽车站工作，经常听他们说起。2路公交线是在1992年的6月1日开通的，当时开通2路公交线的时候也都不是新车，都是旧车修理改造后拼凑起来的。3路公交线是在1994年开通的，从3路公交线开始实行了私人承包制，头一轮承包期是四年，后来看车况挺好就延长承包期改为五年或八年的承包期。当时的车辆有折旧年限，有两种折旧法，一种是按公里折旧，一种是按年限折旧。国家的财务政策也一直在变化，为促使车辆更新速度加快，可以提前申请报废。3路公交线开通一年以后，有效益了又开通了4路、5路公交线，一次不敢开通太多的线路。以前开通线路的预算会议，我也都参加了，这些车辆都是个人投资，万一亏损了怎么办，所以必须得有个预算，人们投资买车都不容易。

◎王成访谈录

访谈时间： 2020 年 5 月 21 日

访谈地点： 王成家中

访谈对象： 王成（曾任集宁市公共汽车公司稽查科科长、工会主席，现已退休）

访 谈 人： 焦庆印

访谈整理： 苏振峰

访谈内容：

焦： 王主席，您是什么时候来汽车站的？

王： 我是在赵福槐那一届来到汽车站的，那是 1980 年，我来的时候发的工牌号是 79 号。以前来到汽车站，第一步工作就是票务员，想当司机必须得连续两年做到先进。以前国家有人车比例，每台车是 2.5 人，考本是先有实习本，然后是驾驶本。

焦： 您谈一谈当时汽车站的情况吧。

王： 最早城建局筹建集宁市公共汽车管理站是由薛旭初筹建的，是在 1964 年开始筹建的。刚开始是赵福槐的站长，李茂林任书记。江文才调来也任书记，调走后由费学忠主持过一段时间的工作，后来又调回来了。那时的汽车站没人愿意来，待个一两年就调走了。王铁柱当时是副经理，后来调去了毛条厂。赵福生是从达茂旗调过来的，还有李继斗，以前都在达茂旗运输公司工作。

焦： 当时的科室是什么情况呢？

王： 最早以前有财务室、票务室、材料室，车间有修理车间、电瓶车间，以前李玉柱、马世兰、南海珍都是电瓶车间的，也没有办公室，那时有政工科，郑云寿是政工科的科长。以前车辆上的电瓶都是自己维修，包括马达、发电机都是自己组装的，郜燕是车床工，是从技工学校毕业来的，还有韩桂花，她也是车床工。最早的广告部，是由孙金林和邹立新操办起来的，是孙秀贵那一届，广告部有单独的营业执照，以前还有个中巴汽车租赁公司。在孙秀贵那一届，还成立过一个配件公司，主要是销售包头金骆驼牌的电瓶，是由马世兰的妹妹马世祥管理的。城建局那时候是郭玉胜的局长，人们都叫大建委，土地、房产、规划、环卫、城建，这些单位都归建设局管。现在的营运科以前是营运室，一直都有。以前干工作没有具体的分工，一个人干好多的工作。孙秀贵那一届成立了稽查科，我是第一任科长，以前的营运和稽查是一个科室，叫营运稽查科。科里有陈斐、郗永生、李良，还专门给配备了一辆汽车。陈斐当时是团支部书记，然后是李智彦，后来是邹炯。妇联主任以前是周凤兰，后来是卢丽娟。

焦： 工会是从哪一年成立的？

王： 工会一直就有，从汽车站成立那时候就有，党的单位工人是领导阶级，有单位必须得有工会，是法定的。一开始的工会主席是张瑞兰，然后是马世兰，再后来是邹文喜，我接了邹文喜的班，马世兰待的时间最长。以前工会还负责发电影票、洗澡票等等的福利。

焦：分组承包的情况是什么？

王：江文才调来开始搞分组承包，是从1982年开始搞的，成立了五个组，开始车组核算。我们组里面有耿进、宋国安、郝瑞生，小组单项承包，成本单独核算。每个组分两台车，一台车跑公交，另外一台车跑第二产业，什么挣钱拉什么，怎么能提高待遇，怎么能改善生活，怎么能提高收入就怎么干。跑公交的车辆必须保证趟次、正点、安全、卫生、服务，这是五大指标，还有节油、票款都有指标。另外一台车就搞副业，增加人们的收入，发奖金，还要上交一部分，收入和上交是有比例的，还得交承包费。跑公交的车辆单位保养，搞副业的车辆维修费用是单位一半，自己一半，当时有一套制度，还包括合同。

焦：当时的车辆都有哪些？

王：当时汽车站基本上都是四平车，有两台哈一型大客车，又接了天津大客车，以前都是汽油车，从2002年开始有了柴油车，大1路车是山东聊城的中通车，后置发动机。

焦：汽车站的油库是哪一年建成的？

王：我来了以后就有油库了，应该是建站以后没过几年就建成的。

焦：公司都有什么荣誉呢？

王：2002年，3路公交线获得了"工人先锋号""共青团号"的称号，我有个内蒙古新闻三等奖。

焦：公司有什么大事呢？

王：公交的大事就是开通新线路、更换新车、场站建设、改善办公和候车环境，逐步的一年一年在提高。

焦：最早的1路公交线是什么情况？

王：最早的1路公交线是从桥西的集宁一中往西，有个西门站，然后是桥西二百货、五金、北道口、南站、一百货、盟医院、联营商店、盟委、铁一中、公园、民中、280医院、综合商店、新福利区、肉厂。

焦：从什么时候开始公司发展壮大起来的？

王：公司发展壮大是从1992年孙秀贵上任以来开始的。1992年，鄂尔多斯的王俊山搞起了私人公交，去鄂尔多斯考察是我和孙秀贵、马世兰、李继斗，从那儿学回来的经验，回来后开通了小3路公交线。以前是车组承包，从3路公交线开始是私人承包，接回来的中巴车是五米九长的，承包期是8年，2002年收回。后来又承包了2路，然后是4路，2路公交线的四平大客车也换成了胜利中巴车。然后就开通5路公交线，接的是大同东华车。在马怀忠那一届1999年开通了6路公交线，接的是一汽小面包车。

◎林宇英访谈录

访谈时间：2020年6月15日

访谈地点：林宇英家中

访谈对象：林宇英（集宁市公共汽车公司退休职工）

访 谈 人：焦庆印　李永霞

访谈整理：苏振峰

访谈内容：

焦：林大姐您好！我们今天来是想对您做一个有关公交发展史的访谈。

林：你们好，可以的。

焦：林大姐，您先做个自我介绍吧，您是什么时候来到公交公司的？

林：我是1969年来到汽车站的，一直到1997年退休。

焦：您工作了20多年？年代跨度挺长的，您一共经历了几届领导？

林：具体是几届我也记不清了。

李：那时候的公司领导都有谁？

林：那时候书记是谢玉明，赵福槐是站长。领导班子还有李茂林和张志华。张志华是从法院调来的。

焦：张志华那时担任什么职务？

林：那时他担任的是副书记和政工科科长。那时候也没有办公室主任就是政工科科长。

焦：那时候书记是一把手？

林：那时候叫革命委员会，革委会主任谢玉明，副主任是赵福槐，李茂林和我们在锅炉房推煤。这一届的领导班子调走以后，调来了赵世华，还有贾子明。我来了汽车站经常换经理。调来了吴书记，还有王宾、江文才、武进喜。

焦：武进喜那时候担任什么职务？

林：他担任副书记，还有刘志军、马怀忠、孙秀贵、杨恒、聂廷善，换过好多人。有的我也记不太清了，就最近这几任书记大概记得。

焦：林大姐，您在公交行业这么多年，都干过什么工作呢？

林：先是售票员，后来是驾驶员、修理工、调度员。

焦：您干过这么多的工作呢？

林：基本上什么都干过。驾驶员考了两次，第一次没考过，第二次才过的。

李：您是怎么来的汽车站？

林：我们一块儿来了十个人，有王凤英、陈秀梅、王俊英，1971年减掉了九个，我曾经下过乡，就把我留下了。1972年又来了一批知识青年，其中有魏玉华。

焦：是不是兵团来的那些人？

林：不是，兵团的人是1974年来的。后来又来了三个人，有李秀瑞、范秀莲，还有个姓张的叫什么记不清了，她后来调去榆次了。范秀莲调去了电业局，李秀瑞住在西门外，她们都比我来得晚。

焦：您刚来时，单位里有多少职工？

林：当时一共有20多个人。

焦：总共有几台车？

林：有四台车。

焦：都是四平车吗？

林：对，那时都是四平车，后来又接了两台车。

焦：是在哪一年接的车？

林：大概是在1971年左右，单位接了两台车又进了一批人。那时候的公交车是一台车六个半人的编制，单位那时很缺人。

李：那为什么缺人还要减人？

林：因为根据当时的文件，25岁以下没下过乡的全部减掉，在工作中她们都干得很不错，来到汽车站也不容易，她们也很想留下来，都去城建局说明自己的情况，但按照当时的文件规定，是行不通的。

李：您那时候一个月的工资总共是多少钱？

林：刚开始不管是从哪个单位调来的都是31块钱，后来是按原来单位的工资，调整到38块钱，给我涨了一级为43块钱。不管你是干什么的，来到汽车站都是这个工资标准。

李：当时31块钱的工资与事业单位是一样的吗？

林：不一样，比他们都少。

李：基础工资就是31块钱吗？

林：基础工资是一样的，司机最多是42块钱。1971年工资调整，劳动局90号、91号文件下来，我记得原来是哪个单位就按原单位的工资发，三级工工种改变工资不动，接近哪个级别就套用哪个工资，驾驶员、售票员分工种开工资。有时人手不够了，书记也得卖票，站长也得开车，哪儿缺人往哪儿顶，上午下了班下午跑郊区，不许讲代价，也没有加班费。1969年10月份开的郊区公交线，一共三条线路：151石油库、大土城还有巴音塔拉。加上市内线路四个车，一个车都不歇的，后来又加了六台车更不歇的了。1路公交线跑肉厂到西门外；2路公交线跑151石油库；3路公交线跑大土城，路过东大井、大东沟；4路公交线跑巴音塔拉，郊区公交线都只有一台车。

焦：后来郊区线路具体截止到哪一年不跑啦？

林：跑了两三年，人调不开了，后来不知道什么原因，大土城、巴音塔拉都不跑了，只跑1路、2路公交线。2路公交线还跑151石油库，路过榆树湾、三号地、石匠房、平地泉、西三号地、136储备库，沿路都有公交站牌。1992年孙秀贵开通了市内2路公交线，只跑到三号地，线路开通前我也参与了筹备工作，规划线路，增设公交站牌。

焦：林大姐，您工作20多年当中，汽车站发生过哪些大事呢？

林：最大的事故就是在136储备库附近，火车与公交车相撞的事故。

李：这是哪一年的事情呢？

林：是在1975年以后，具体哪一年我也记不大清了（准确时间为1976年12月18日，地点为西三号村东铁路道口）。当时的公交车司机是李美华，她是天津知青。

焦：当时车上伤亡了多少人？

林：当场死了4个人，受伤的人也很多（死亡3人，受伤11人），售票员是王宏林，后来算为工伤，李美华的胳膊也断了，不能再开车了，后来又回了天津。还有一个压伤小姑娘的事故，这场事故花了二三十万元，司机叫薛春梅，后来被拘留了。汽车站那时一年的营运收入才十几万元，事故赔偿就使汽车站濒临破产了。

焦：那时的工人福利是什么情况呢？

林：那时的福利还是比较好的，只要干得好，盖小房的时候一招手人们都去帮忙，上午上完班儿，下午集中在一起盖小房。就连分秋菜的时候，土豆、白菜、萝卜都帮忙送到家里去，不用自己操心。

李：这些福利都是单位给发的吗？

林：对，都是单位给发的，适当的扣点儿钱，大部分都是单位出了。还有过年的福利，肉呀、油呀、花生呀、苹果呀等等，都发的相当好。还有煤炭，两个职工一车煤，这些都不用自己操心。王印海那时候是出纳，给职工们发奖金，有时领的奖金很多。

焦：那几年的汽车站有没有感人的事迹？

林：李茂林在有一年下大雨的时候，穿着雨衣、雨鞋，拿着雨伞到我家里，说这个房不能住啦，下雨太危险了，到单位里边住吧，我当时特别的感动。

李：这应该是哪一年的事情？

林：是在 1972 年的时候，当时我家老头也不在，我自己和孩子，还有老母亲。那时汽车站有宿舍，男女分开住，我记得男宿舍住的有武少东、高文顺。女宿舍也有很多人，都是小姑娘，晚上下班晚了很危险，不让回家就住宿舍。那时候的宿舍就在平房，第一间是门房和票务室，看大门的是吕宝峰，连烧锅炉带看大门，第二间是财务室，第三间和第四间是宿舍。平房是我们自己盖的，就连厕所、篮球场也都是我们自己盖的。以前南面是北大庙，汽车站的南面车库是北大庙的一部分，后来北大庙拆除了，汽车站修了车库、厕所、篮球场。当时汽车站连大门都没有，西面是配件库，南面有三个车库，办公都在车库里，大门是在 1970 年才安装的。杨旺是从兵团回来的，有一次汽车站的油库漏油了，很危险，如果着了火，可了不得，他是共产党员，急忙跳下去阻止了漏油。那时领导与工人一起工作，看不出哪位是领导哪位是工人，当时汽车站只有二十几个人，李茂林是书记，没有卖票的了，他就带上票兜卖票，当时也分不出是领导还是职工，哪个岗位缺了人都得往上顶。后来有了几个女司机，有王玉梅、苏秀梅、牛金池等，这下汽车站的司机就不缺了。

李：那时汽车站有没有支部？

林：党支部、团支部都很健全。

李：那时的党员都有谁？

林：党员有张志华、李茂林、赵福槐，他们都是党支部成员。团支部有个姓胡的，叫胡什么我也记不太清了，年头有些太长了。团支部书记一开始是我，后来崔庆成从兵团回来，担任了团支部书记。

焦：汽车站有没有受过什么重大的表彰或者奖项？

林：集体奖有优秀团支部，是由集宁市颁发的，个人表彰也很多。

焦：当时汽车站的福利搞得好吗？

林：当时汽车站发的有皮袄、皮裤、皮帽子、大头鞋，这些都是司机和修理工必需的劳保，售票员有帽子、大头鞋。

焦：那这些福利是多长时间发一次？

林：是按年发的，两年一套，售票员还有工作服，布料就是劳动布，也没有别的，颜色就是蓝色的，当时的女售票员按规定不允许梳长辫子。

焦：哪一届领导调来进行了大改革？

林：进行改革的是江文才同志，具体的时间我也记不太清了，差不多是在1985年以前。当时江文才把过去所有的制度都给打破了，职工的劳保也不管了，把线路分为五个组，马三虎和我是夫妻，分在了一个组（第五组）。我们组是最惨的一个组，老弱病残、孕妇和没人要的都在我们组。其他组的司机和修理工都是自由组合，但后来最优秀的也是我们第五组。我们组跨行业的业务也做，一开始不让跨行业，公交车就得跑公交，后来就不管了，开始跨行业跑运输，拉面、拉菜、拉葱，到山西应县拉人，逮什么拉什么，只要能挣钱就行。

李：挣回的钱是不是归了汽车站了？

林：给汽车站备案，剩下来的就是自己的流动资金，有流动资金就能出去收麦子，再加工成面粉，也没有奖金。别的组都能到外面拉上旅游的能挣上奖金，我们挣不上奖金，只能去巴盟收麦子，收上麦子回来加工成面粉，每人分两袋面，剩余的换茄子、青椒、西红柿等蔬菜。面也有了，菜也有了，工资照发，后来奖金也多了，福利也多了，领导就插手不让干了。

焦：当时应该是挺活套的？

林：当时特别活套，只要你有渠道，就能给单位挣回钱，但前提是公交车不能少跑。那时只有1路公交线，每个车组出一台车，在保证线路的情况下，剩下的车可以跑运输。当时的公交车辆总数应该有十七八台车，每个组有三台车，保证一台车跑公交，剩余的两台车，一台车轮流跑郊区公交线，一台车可以跑运输。把线路任务完成后，有剩余的车辆都可以出去挣钱，娶亲的也可以用车。

焦：林大姐，您当时通过什么渠道可以去巴盟跑运输？

林：当时也没有什么特殊的渠道，盟医院的门口有卖猪崽儿的，当时的交通车辆很缺，我们去对他们说可以拉上猪崽儿到巴盟临河卖，拉一个猪崽儿八块钱，可以带一个人不要钱，拉到那里能卖到三四十块钱。拉猪崽儿时就把公交车上的座位都拆除了，都放到后面，到了目的地，把猪崽儿卸下车，然后再把座位装回去，跑一趟就把油钱挣回来了。回来时不可能空车回来，我们就去巴盟的八一公社、五一公社收麦子、收蔬菜，相当于现在的配货车。麦子拉回来送到加工厂，麸皮就给了加工厂，加工费是1斤三分钱，从巴盟收麦子是三角三分钱。职工发不出奖金，就一人分两袋面，每个组各算各的账，领导如果要的话也给他们分，但是得给成本钱。

李：当时有没有什么制度？

林：有制度，但是不封顶，能挣多少挣多少，有本事爱咋挣。出车以前必须打报告，必须告知去哪儿干什么去，必须得可靠保险，不允许胡作非为。后来有奖金了，就得上交汽车站，交给出纳，必须和经理打招呼，想干点儿别的买卖资金不够，单位还得帮忙，可以和汽车站借款。

焦：这样的情况搞了几年？

林：大约搞了三四年吧，非常不错。

李：后来为什么搞不下去了？

林：后来上面说这是割资本主义尾巴，不让这么搞下去了。

李：谁不让这样搞的？

林：上面的文件下来不让搞的，因为是跨行业生产，不安分守己的跑公交、跑营运，出去搞资本主义。我们是拉车不看路也都成了“唯生产力论”黑干将，人们都不敢乱来了，能卖票的卖票，能开车的开车，能干什么就干什么。后来江文才还想走原来的旧路，人们都没有信心了，后来奖金也没了，人们的生活质量也上不去了，人心都涣散了。他也找我谈话，我说我就是一名工人，干活挣钱养家，什么资本主义、“拉车不看路”，我通通都不懂。

焦：汽车站的哪任领导最有特点？

林：赵福槐是最有魅力的领导，和李茂林、张志华关系很好。王宾调来后看车轱辘印，有的车倒出来又开进去，在里面儿打扑克，线路上都没车，包月票的乘客就不干了，有肉厂的、绒毛厂的，都去市委、市政府告状。后来杨恒调来也热闹了一阵儿，但谁来了都叫不起套了，不像以前积极性很高。1992年，孙秀贵调来汽车站筹备2路公交线，找我帮忙，又调来个郜燕。当时2路调度室在榆树湾，我们都住在那里，我是最老的一个职工，放在了最远的调度室。当时其他单位都干得热火朝天，都有奖金，只有汽车站是最穷的一个企业。

◎李卷成访谈录

访谈时间：2020年5月30日

访谈地点：李卷成家中

访谈对象：李卷成（原集宁市公共汽车站职工，后调离，现已退休）

访 谈 人：焦庆印

访谈整理：苏振峰

访谈内容：

焦：李大爷您好！公司想写一个公交发展史，今天来是想问问您有关公交发展的情况。

李：行，想问什么就问吧。

焦：汽车站是在1964年成立的吗？

李：对，是1964年成立的。

焦：您是在哪一年调来汽车站的？

李：我以前是在市政维护队开压路机的，维护队是1959年10月份成立的，1964年10月份维护队的压路机停工了，就把我从三岔口借调到汽车站了，一开始不让开车，只是修理工，在维护队领工资，汽车站上班。

焦：当时工资给的高吗？

李：不高，刚来的时候只有36块钱，后来涨到了43块钱。

焦：在1964年是谁当的站长？

李：当时是薛旭初，但他不是站长，是负责人。

焦：那他负责了多长时间？

李：不到一年他就调走了，他调走后调来李云盛，李云盛就是书记了。

焦：李云盛当了几年书记？

李：也就是一到两年的事，又调来谢玉明，谢玉明也是书记，当时没有站长，汽车站只有书记。

焦：那时候有多少职工？

李：就十几个人，那时候有相片，一看相片就知道了，就是欢送郭玉生同志的那张合影照片。

焦：那时候有几个科室？

李：那时候单位的人太少了，没有什么科室，人手不够城建局的人就过来义务劳动，帮忙卖票。后来调来了王玉梅、牛金池、田玉娥，跑两个车只有三个售票员。

焦：谢玉明当了几年书记？

李：他当了两三年书记，他调走后就成了李茂林，李茂林来了不久我就调走了。

焦：李茂林在任的时候谁是站长？

李：谢玉明在的时候，赵福槐是副书记没有站长，他是从城建局调过来的，李茂林在的时候赵福槐还是副书记，待了有五六年吧。

焦：您是在哪一年调出汽车站的？

李：应该是在1975年，我有个二姑娘是1974年出生的，在她一岁的时候我调出去的。

焦：李茂林待了多长时间？

李：估计是三年时间吧，他调来我就调走了，他后来调去自来水了。李茂林刚走费学忠来当了几年经理，后来又调来武进喜当经理，武进喜又当了几年书记。

焦：您调走以前是谁当的经理？

李：那时候只有书记和副书记，谢玉明是书记，赵福槐是副书记，赵福槐待的时间比较长。

焦：李云盛在任的时候有没有副书记？

李：没有，薛旭初在的时候有个张维是技术员，他主要是搞技术。汽车站安排张少清、赵全虎、王勇、张成世去呼市考驾照，张成世有驾驶本就没去考，后来又加了个袁宏和李培文。张成世后来不干了，王勇领上本也不干了。

焦：刚开始的公共汽车是什么车？

李：四平大客车，我在的时候都是四平车，我调走以后单位接了两个天津大客车。

焦：在您调走的时候单位一共有几台车呢？

李：我调走时一共有12台车，一开始只有两台车，后来差不多每年都往回接两台车。三号、四号车是牛衍江和张成世去接的，五号、六号车是赵全虎和李德根接的，七号、八号车是我和赵福槐去接的，那时都是去东北四平客车厂接车，头两个车是火车发过来的，后来批不下车皮，都是去亲自开回来的。

焦：您调走的时候有多少职工呢？

李：我调走的时候大约有40多人吧，兵团下来的人挺多，汽车站也筹了一批人，刘大个和李玉柱、邹文喜都来了。李美华开车跑郊区，正走到西三号村东铁路道口车辆熄火了，火车与公交车相撞了，李美华的胳膊也断了，后来又回天津去了。

焦：当时公交车的票价和线路是什么情况？

李：一站地三分钱，两站地五分钱，四、五站就八分钱了，到终点站肉厂是一角六分钱。以前是两个车对发，肉厂到一百货，就是现在的五洲商场，那时还走铁一中、贾家村、焊条厂，以前都是马车走的路，一直到肉厂，后来延线到桥西五金二百货，又跑到桥西一中。后来接了四个车跑两条线路，五洲商场是终点站，跑肉厂一个车，跑桥西一中一个车，在五洲商场那里还租了个木头房，后来木头房以 300 块钱的价格卖给了化工厂。还有一趟车跑北站、红楼那里，跑了半个月基本没人坐车，线路就取消了。

焦：那时候汽车站的办公室有几间？车库有几间？

李：那时候没有办公室，车库就相当于办公室，以前一共就四个车库，三个干部。一开始只有薛旭初，后来调来个王子谦，他是会计，又调来了张维，只有他们三个人，在车库里把两个桌子对起来就是办公室，还有个床，领导有时还要值班。那时候汽车站要啥没啥，连院墙都没有，后来义务劳动拓土坯，盖起了院墙，后来才盖了三四间办公室。

◎杨有慧访谈录

访谈时间：2020 年 5 月 29 日

访谈地点：公交公司办公室

访谈对象：杨有慧（乌兰察布市公交公司 9 路公交线驾驶员）

访 谈 人：焦庆印

访谈整理：苏振峰

访谈内容：

焦：杨师傅您好，感谢您在休息天能接受我们的访谈。

杨：你好，今天是我轮休，家里也没什么事，正好能接受你们的访谈。

焦：杨师傅，您是什么时候来到公交公司的？

杨：我是退伍之后，于 2000 年来到公交公司的。

焦：哦，杨师傅以前还当过兵？

杨：对，当了 13 年的兵，从 1986 年到 1998 年。

焦：您当的是什么兵种？

杨：我是汽车兵。

焦：那和现在的公交司机这个专业很对口啊？

杨：是啊，也许是机缘巧合吧。

焦：当兵时您获得过什么荣誉吗？

杨：荣立过个人三等功。

焦：那这份功劳应该来得不容易吧？

杨：当时是在军区进行汽车兵演练，发生了一起事故，榴弹炮的牵引环砸中了我的腰部，我忍着疼痛艰难的完成了演练任务。后来部队认定我为伤残，还给我发放了军残证，并为我记了个人三等功。

焦：那您现在腰部的情况怎么样呢？

杨：现在基本上没什么大问题，只在变天时偶尔会有些疼痛。

焦：那您一定要好好保养。

杨：谢谢你的关心，我会保养好身体，在公交战线上奋斗到退休。

焦：杨师傅，您来到公交公司被分配到了哪个岗位？

杨：我先被分配到了办公室，后来去票务室数过票款，然后被安排当了驾驶员。

焦：我听说您在行政上班时做过许多的好人好事？

杨：我觉得也不算什么好人好事吧，只是每天的日常工作，当过兵的人一般都爱干净，没事儿的时候帮忙打扫一下卫生什么的。

焦：您真是太谦虚啦，我记得那时候数票款，中午一次、晚上一次，等下了晚班，您还护送那些女职工们回家，有这回事吧？

杨：对，那时数完票款也挺晚了，我顺路把女同志们都送回了家，也是考虑到她们的安全问题。

焦：您真是考虑的很周全啊！咱们再谈一谈您上车当驾驶员的事儿吧。

杨：好，跑车我干的时间最长了，从2003年起，先跑的1路公交线，2004年又去了3路公交线，直到2008年9路公交线开通，我就一直在9路公交线没有变动。自从成为一名一线驾驶员，我始终牢记着“安全运行，服务至上”的理念，力求服务好每一位乘客。在车队中力所能及的帮助每一位同事，有人家中有事我便加班帮他们跑车；有的车辆中途抛锚了，正赶上我收车，我加班把出故障车辆上的乘客都一一送到目的地，才收车回家。

焦：您在驾驶车辆上有什么心得吗？

杨：我先后驾驶过多种车型，每换一辆车我都会认真学习其相关性能，并及时总结。要想服务好乘客，必须要有过硬的驾驶技能和车辆维修技术，我经常与修理师傅沟通交流，学习基本的修理知识以提高自己的驾驶维修水平。在轮休时家里没事儿的情况下，我会到公司的修理厂学点儿技术，及早地排除安全隐患，确保车辆的状况良好，以保证行车安全。

焦：作为一名优秀的共产党员，您在工作中是怎样发挥先锋模范作用的呢？

杨：我觉得身为一名党员，就要把身份亮出来，把职责担起来，这样才无愧于胸前的党徽。我每天出车都提前到岗，认真检查车辆的安全部件，发现有安全隐患及时排除。行车中集中精力、稳驾慢行、安全礼让，坚持“服务为本，乘客至上”的原则，把乘客安全地送到目的地是我的责任，也是我最大的成绩。

焦：杨师傅，您在公交行业干了这么多年，稳驾慢行，服务热情，获得的荣誉应该不少吧？

杨：是有一些先进的荣誉，有公司颁发的，也有市区级单位颁发的。

焦：那劳动模范是哪一级组织颁发

的呢?

杨：2014 年我被评为乌兰察布市劳动模范；2015 年被内蒙古自治区政府评为劳动模范。

焦：您从一名普通驾驶员成长为自治区的劳动模范，二十年如一日，为公交事业默默奉献，您的初心是什么?

杨：我出生在兴和县的一个农民家庭，从小家里很穷，饱尝了生活的艰辛。来到公交公司后，我就暗自发誓，一定要努力工作、服务社会。这些年我始终以雷锋为榜样，扶危帮困，弘扬新风。

焦：作为劳动模范，您认为在今后的工作中应当如何更好的发挥劳模的示范引领作用?

杨：我觉得应该不断提升自身的能力水平，与同事们分享自己的经验心得，帮助同事一起进步。只有提高了每一名驾驶员的安全意识，才能提高整体的安全意识，同时还要通过自己的不懈努力去激发和引导更多的人传播正能量，从而给我们的工作和生活带来更多的和谐幸福。

焦：好的杨师傅，今天的访谈就画上圆满的句号吧。再次感谢您能接受我们的访谈，愿您在今后的工作中能继续发扬劳模的精神，再次取得好的成绩，谢谢!

杨：谢谢！我也很荣幸能参加这次访谈，我会再接再厉、继续前行，续写好我的公交人生。

交警提示
本场站属公交专用停车场，
社会车辆禁止入内，违者罚款．
集宁区交警大队
交警提示
本场站属公交专用停车场，
社会车辆禁止入内，违者罚款．
集宁区交警大队
YUTONG
蒙J 08656D
0689

第三编 乌兰察布市公交公司企业文化

第一章 公司现存历史物件及图片

60年代，集宁市公共汽车站职工在公交车前留影 （乌兰察布市公交公司 供图）

60 年代，集宁市公共汽车站职工在公交车内留影　（乌兰察布市公交公司　供图）

60 年代，集宁市公共汽车站职工合影　（乌兰察布市公交公司　供图）

60 年代，正在运送乘客的公共汽车 （乌兰察布市公交公司　供图）

集宁市公共汽車已在市区正式服务运行，它受到了广大乘客的热烈欢迎。
本报記者摄

60 年代，《乌兰察布报》刊登集宁市公共汽车正式服务运行 （乌兰察布市公交公司　供图）

1974 年 9 月，集宁市公共汽车站领导去北京看望武少东（前排左二）留影 （乌兰察布市公交公司　供图）

70 年代，集宁市公共汽车站职工在办公室前留影 （乌兰察布市公交公司　供图）

1974 年，武少东（左图前排左六）（右图前排左三）考入北京钢铁学院欢送留影 （乌兰察布市公交公司　供图）

80 年代，公司职工互相拜年留影　（乌兰察布市公交公司　供图）

80 年代，公司职工加油留影　（乌兰察布市公交公司　供图）

1995 年，公司职工葛海军（右）、贺炎琴（左）夫妇在承包车前留影　（乌兰察布市公交公司　供图）

80 年代，公司第 6 车组职工留影　（乌兰察布市公交公司　供图）

80 年代，公司领导与职工家属座谈　（乌兰察布市公交公司　供图）

80 年代，售票员工作留影　（乌兰察布市公交公司　供图）

80 年代的调度室　（乌兰察布市公交公司　供图）

80 年代的办公室　（乌兰察布市公交公司　供图）

1993 年春节，公司职工在 2 路公交车前合影 （乌兰察布市公交公司 供图）

90 年代，公司职工在岱海旅游留影 （乌兰察布市公交公司 供图）

90 年代，公司职工在黄花沟旅游留影 （乌兰察布市公交公司 供图）

90 年代，公司职工在黄花沟旅游留影 （乌兰察布市公交公司 供图）

90 年代，公司职工在岱海旅游留影 （乌兰察布市公交公司 供图）

90年代，公司职工在黄花沟旅游留影　（乌兰察布市公交公司　供图）

90年代，公司职工在黄花沟旅游留影　（乌兰察布市公交公司　供图）

90年代，公司职工在呼和浩特市旅游留影（乌兰察布市公交公司　供图）

90年代，公司职工在岱海旅游留影　（乌兰察布市公交公司　供图）

90年代，公司职工在呼和浩特市旅游留影　（乌兰察布市公交公司　供图）

90 年代，公司职工旅游留影　（乌兰察布市公交公司　供图）

90 年代，公司职工在呼和浩特市旅游留影　（乌兰察布市公交公司　供图）

90 年代，公司职工联谊会留影　（乌兰察布市公交公司　供图）

90 年代，公司职工联谊会留影　（乌兰察布市公交公司　供图）

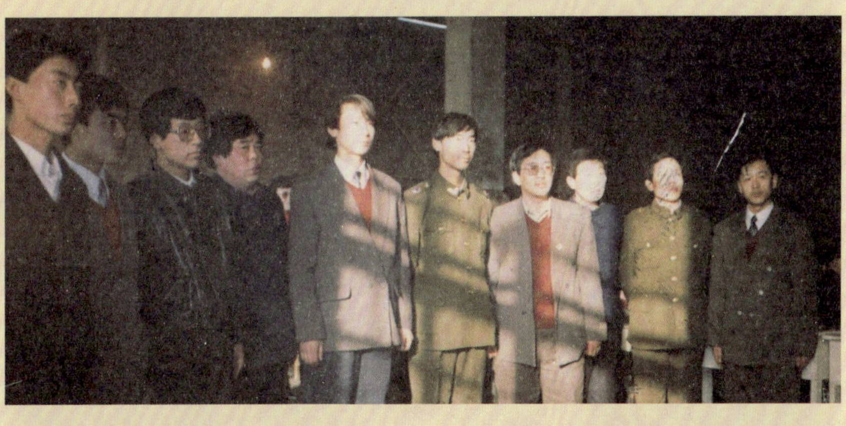

90 年代的 2 路公交车站牌 （乌兰察布市公交公司 供图）

1995 年 7 月 1 日，4 路公交车开通剪彩仪式 （乌兰察布市公交公司 供图）

90 年代，公司职工在“东风四平”车前留影 （乌兰察布市公交公司 供图）

90 年代，集宁市表彰先进单位留影 （乌兰察布市公交公司 供图）

90 年代，公司职工在公交车前留影 （乌兰察布市公交公司 供图）

90 年代，公司第 4 车组获得“红旗车组”留影 （乌兰察布市公交公司 供图）

90 年代，公司职工参加集宁市建委系统联谊会留影（乌兰察布市公交公司　供图）

90 年代的办公室　（乌兰察布市公交公司　供图）

90 年代，公司乘务员工作留影　（乌兰察布市公交公司　供图）

90 年代，公司职工在调度室前留影（乌兰察布市公交公司　供图）

90 年代，驾驶员在公交车内留影　（乌兰察布市公交公司　供图）

90 年代，工作中的调度员　（乌兰察布市公交公司　供图）

90 年代的办公室 （乌兰察布市公交公司 供图）

90 年代，公司职工郭军胜（右）、肖丽萍（左）夫妇在承包车前留影 （乌兰察布市公交公司 供图）

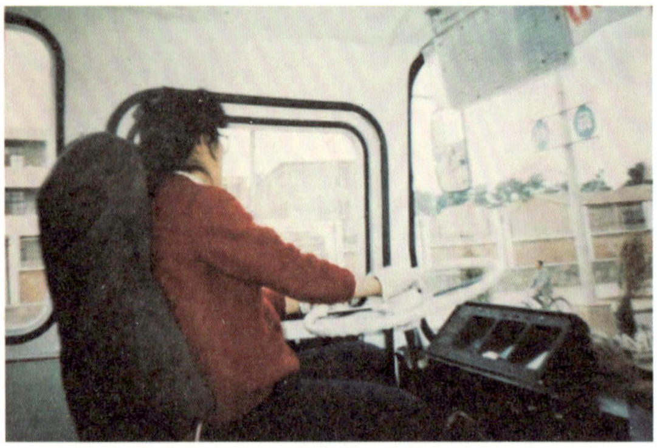

90 年代，公交司机驾驶 4 路公交车工作照 （乌兰察布市公交公司 供图）

90 年代，公司第 6 承包组人员合影 （乌兰察布市公交公司 供图）

90 年代，公司职工在公交车内留影 （乌兰察布市公交公司 供图）

90 年代，公司职工在公交车前留影 （乌兰察布市公交公司 供图）

1999 年的 6 路公交车　（乌兰察布市公交公司　供图）

2001 年，公司开通市区内第一条无人售票线（乌兰察布市公交公司　供图）

2001 年 7 月，新落成的公司住宅综合楼（乌兰察布市公交公司　供图）

2012 年 8 月，公司开展党员干部下基层转作风办实事一对一帮扶活动　（乌兰察布市公交公司供图）

2000 年，公司职工在公交车前留影（乌兰察布市公交公司　供图）

90 年代的“中通”牌柴油公交车　（乌兰察布市公交公司　供图）

80 年代的“北京”牌公交车及内部结构 （乌兰察布市公交公司 供图）

90 年代的“长安”牌 6 路公交车 （乌兰察布市公交公司 供图）

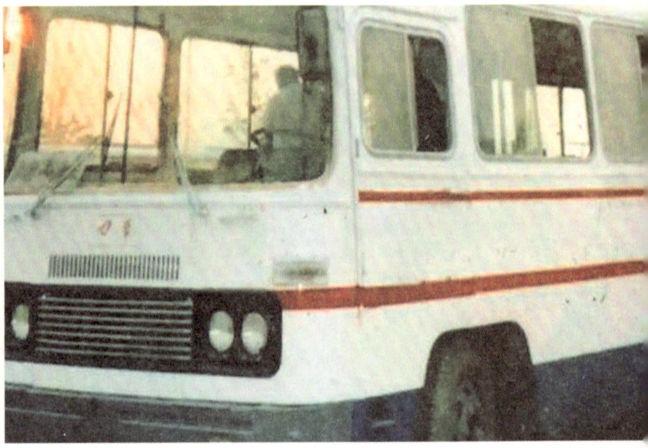

80 年代的“四平”牌汽油公交车 （乌兰察布市公交公司 供图）

90 年代的“长安”牌 7 路公交车 （乌兰察布市公交公司 供图）

90 年代的“胜利”牌 3 路公交车 （乌兰察布市公交公司 供图）

2006 年的“牡丹”牌公交车　（乌兰察布市公交公司　供图）

2006 年的“牡丹”牌公交车内景　（乌兰察布市公交公司　供图）

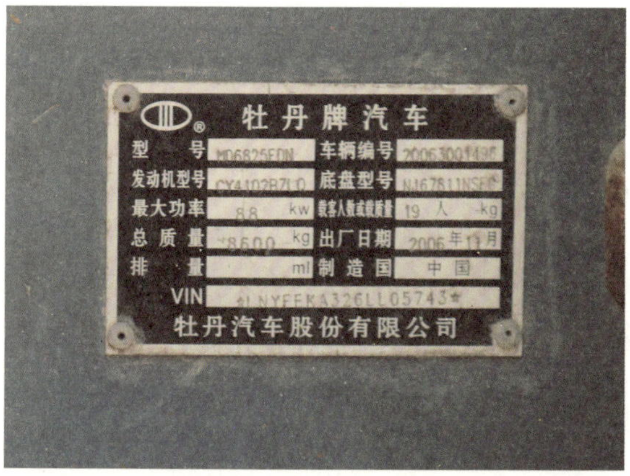

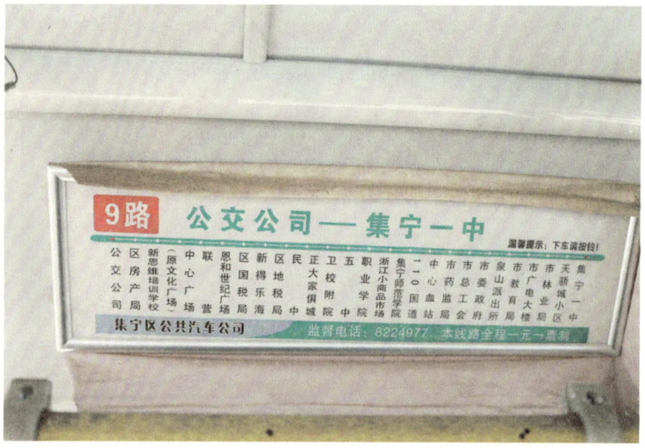

2006 年的“牡丹”牌公交车铭牌及线路图（乌兰察布市公交公司　供图）

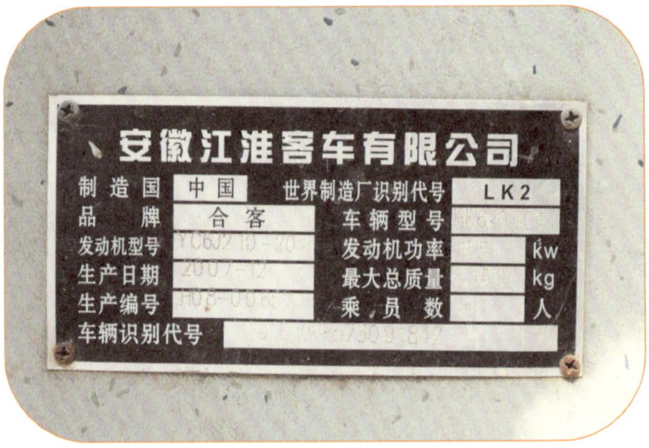

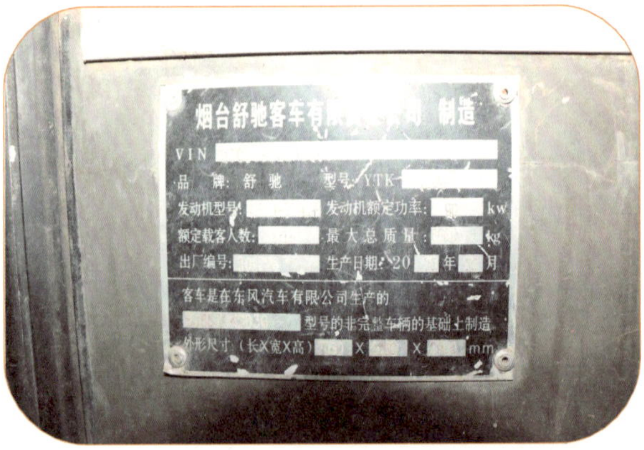

已报废的公交车辆及内景（乌兰察布市公交公司 供图）

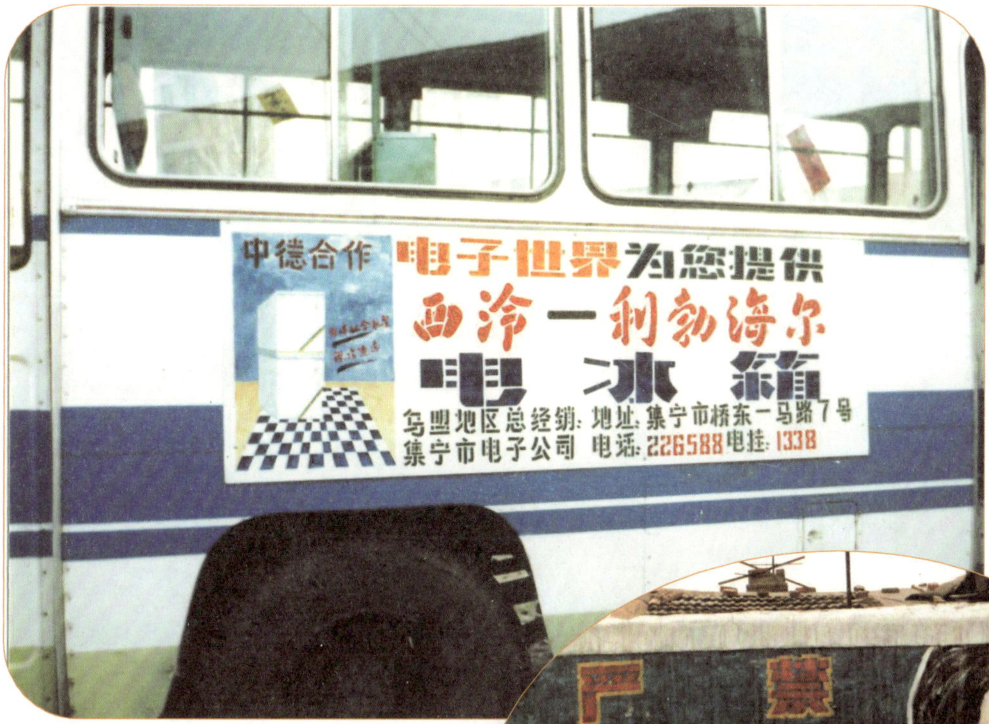

90 年代，广告部承揽的广告标语
（乌兰察布市公交公司　供图）

70 年代的“四平”牌公交车方向盘及仪表盘　（乌兰察布市公交公司　供图）

70 年代的空气压力表　（乌兰察布市公交公司　供图）

70 年代的气喇叭开关　（乌兰察布市公交公司　供图）

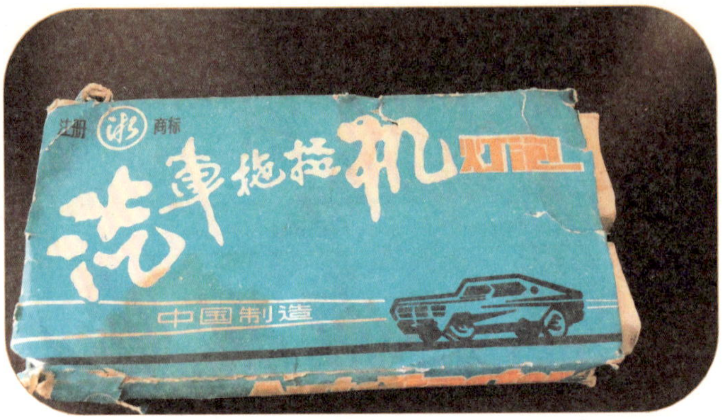

70 年代的汽车拖拉机灯泡　（乌兰察布市公交公司　供图）

70 年代的汽车拖拉机灯泡　（乌兰察布市公交公司　供图）

70 年代的转向开关　（乌兰察布市公交公司　供图）

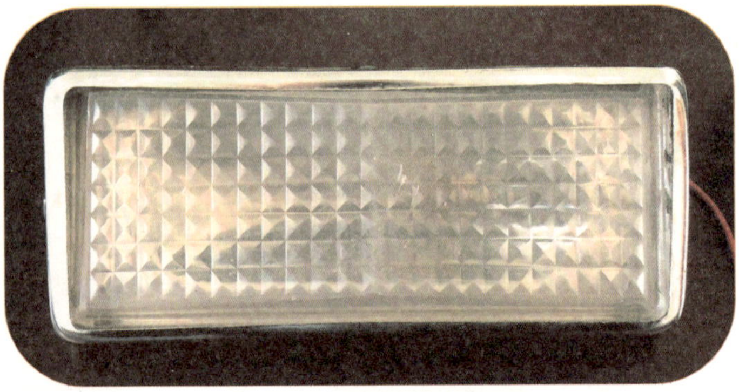

80 年代的公交车顶灯　（乌兰察布市公交公司　供图）

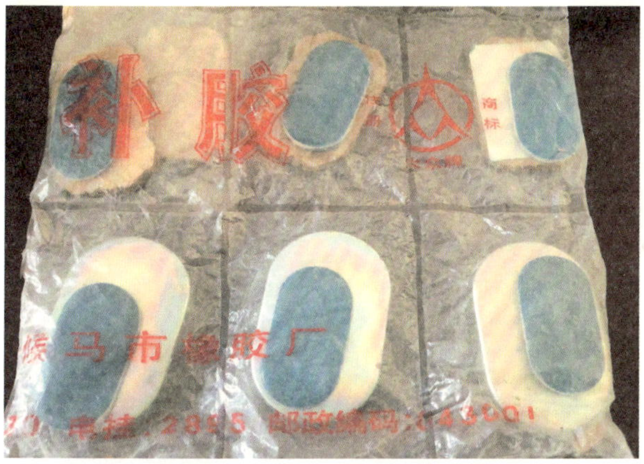

70 年代的修车补胎胶　（乌兰察布市公交公司　供图）

70 年代的火花塞扳手　（乌兰察布市公交公司　供图）

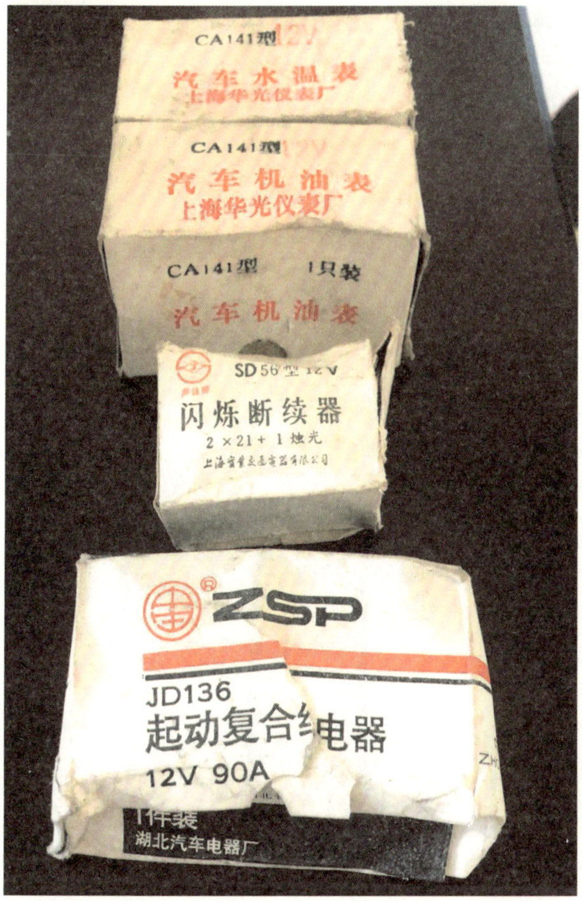

80 年代的水温表、机油表、闪烁断续器、起动复合继电器　（乌兰察布市公交公司　供图）

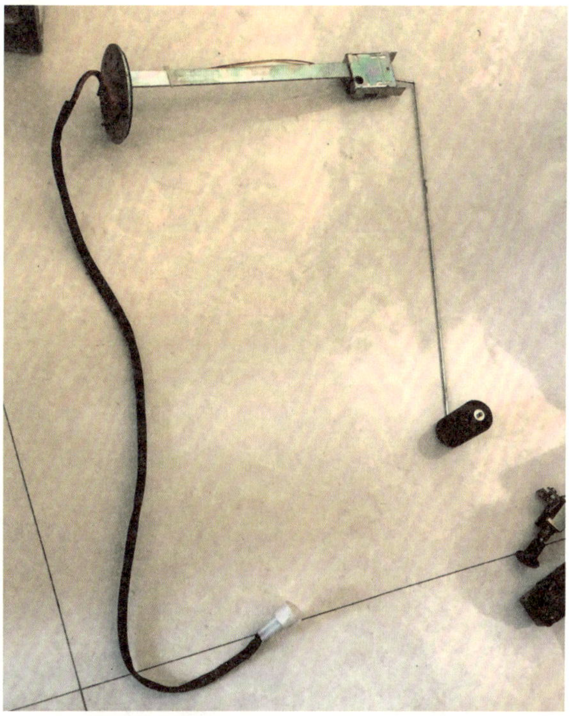

80 年代的油浮子　（乌兰察布市公交公司　供图）

80 年代的“四平”牌公交车尾灯　（乌兰察布市公交公司　供图）

70 年代的公交车保险　（乌兰察布市公交公司　供图）

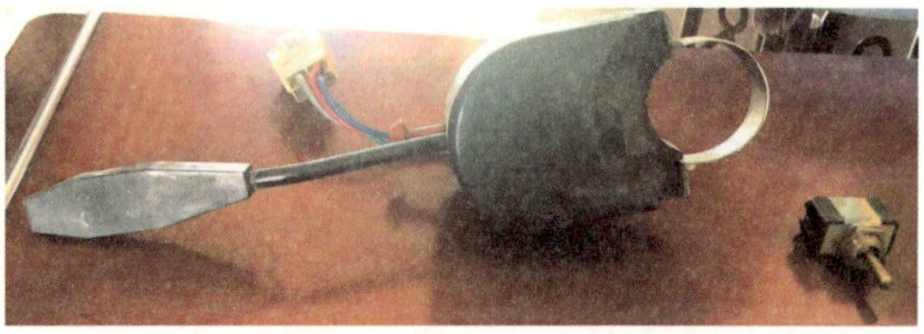

80 年代的转向开关　（乌兰察布市公交公司　供图）

80 年代的热熔散光器 （乌兰察布市公交公司 供图）

80 年代的机油传感器 （乌兰察布市公交公司 供图）

80 年代的化油器 （乌兰察布市公交公司 供图）

80 年代的票夹板 （乌兰察布市公交公司 供图）

90 年代的车辆年检标志 （乌兰察布市公交公司 供图）

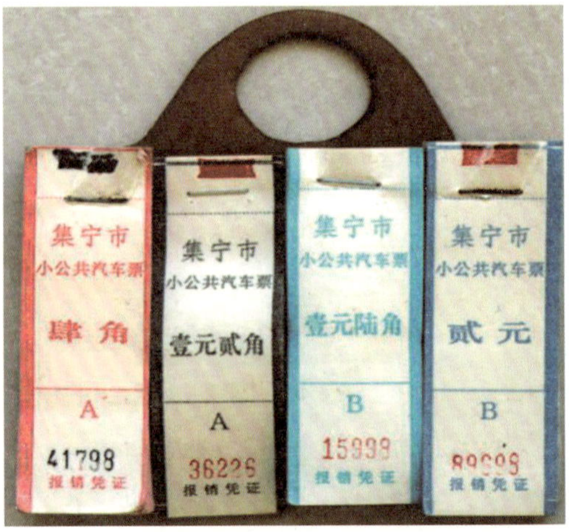

70 年代的车票夹 （乌兰察布市公交公司 供图）

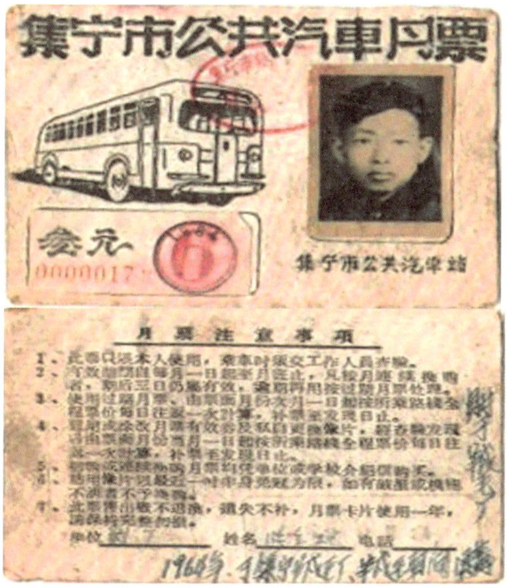

1964 年的公共汽车月票　（乌兰察布市公交公司　供图）

90 年代的公共汽车月票　（乌兰察布市公交公司　供图）

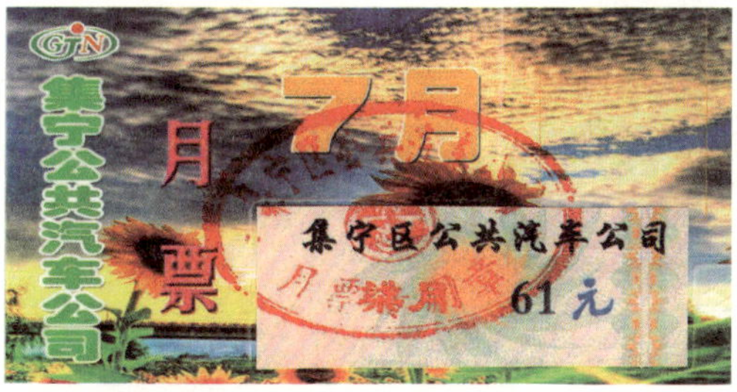

2015 年的公交汽车月票　（乌兰察布市公交公司　供图）

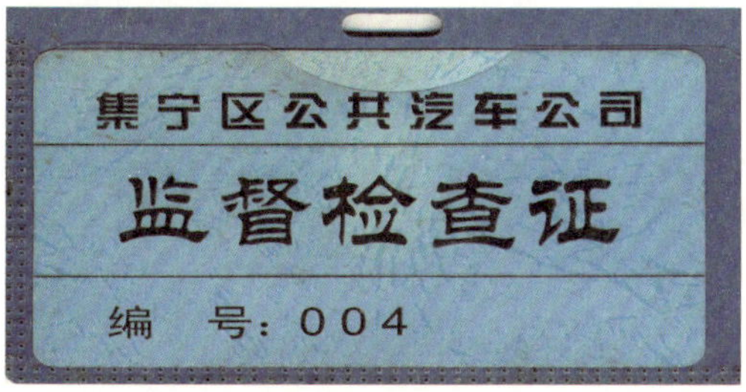

2004 年的监督检查证　（乌兰察布市公交公司　供图）

2003 年的 7 路公交车月票　（乌兰察布市公交公司　供图）

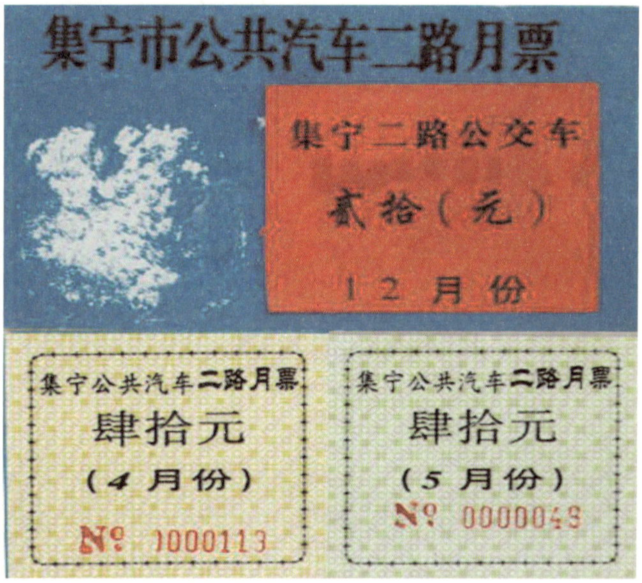

2001 年的 2 路公交车月票　（乌兰察布市公交公司　供图）

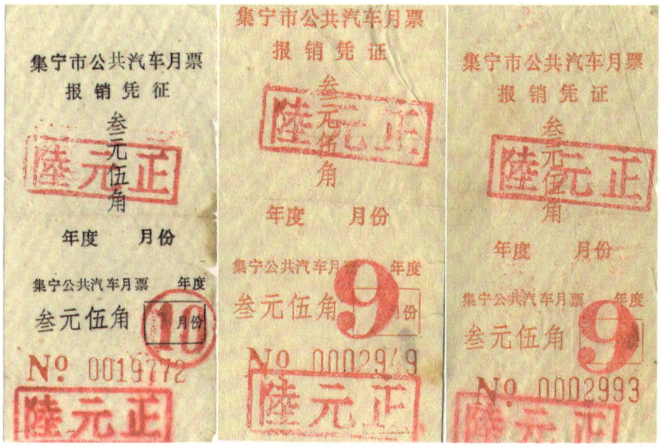

70 年代的公共汽车月票　（乌兰察布市公交公司　供图）

2013——2015 年的公共汽车月票　（乌兰察布市公交公司　供图）

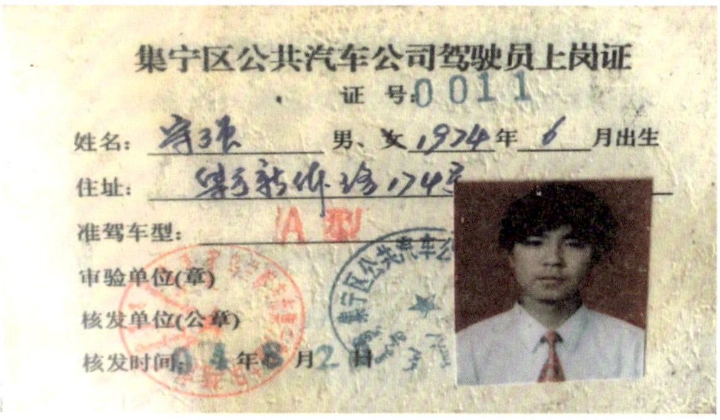

2004 年的驾驶员上岗证　（乌兰察布市公交公司　供图）

2001 年的监票员证　（乌兰察布市公交公司　供图）

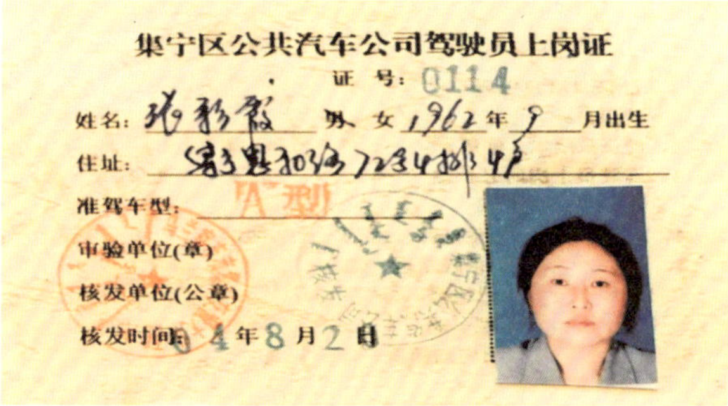

2004 年的驾驶员上岗证　（乌兰察布市公交公司　供图）

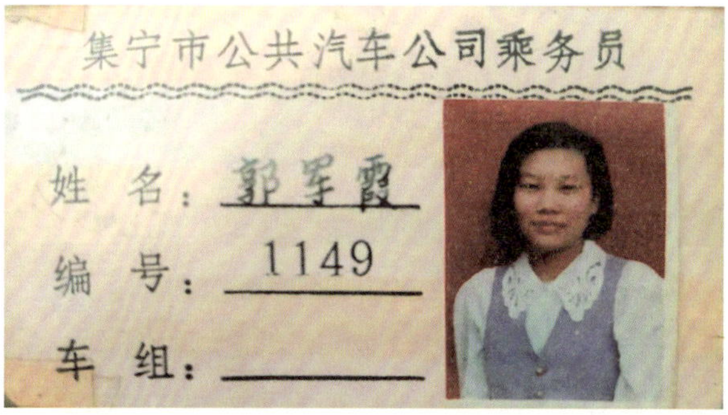

90 年代的乘务员证　（乌兰察布市公交公司　供图）

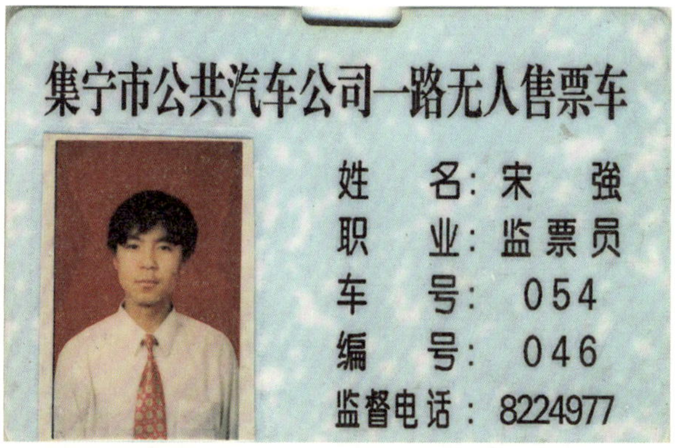

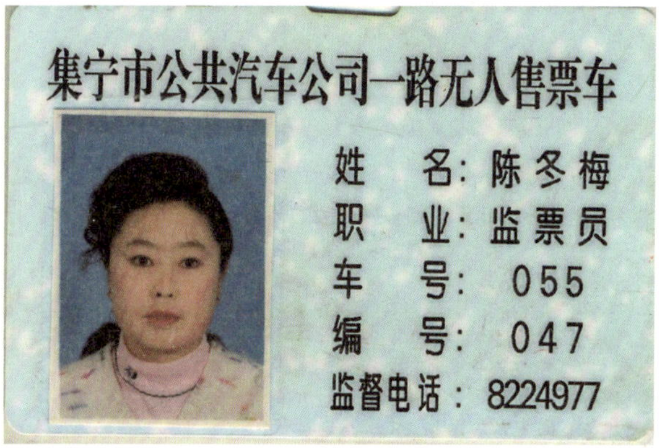

2001 年的监票员证　（乌兰察布市公交公司　供图）

2004 年的驾驶员上岗证封皮　（乌兰察布市公交公司　供图）

2012 年的公交稽查证　（乌兰察布市公交公司　供图）

70 年代的分电器里的白金　（乌兰察布市公交公司　供图）

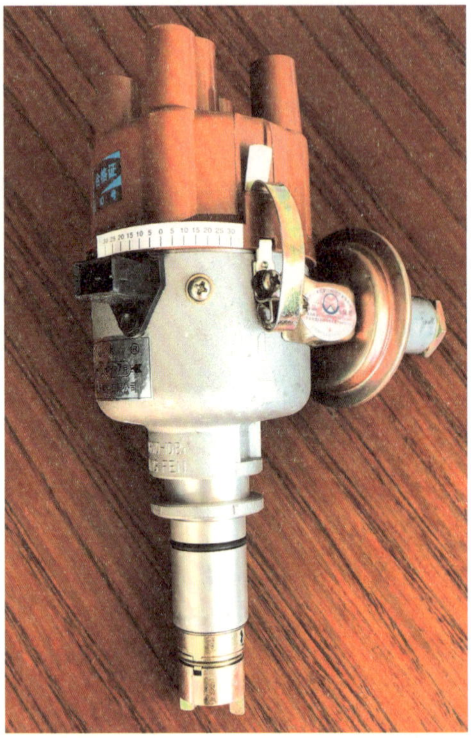

80 年代的分电器　（乌兰察布市公交公司　供图）

90 年代的电动汽油泵及点火开关　（乌兰察布市公交公司　供图）

80 年代的机械汽油泵　（乌兰察布市公交公司　供图）

80 年代的化油器　（乌兰察布市公交公司　供图）

80 年代的点火线圈　（乌兰察布市公交公司　供图）

70 年代的公交车顶灯　（乌兰察布市公交公司　供图）

70 年代的油表　（乌兰察布市公交公司　供图）

70 年代的电流表　（乌兰察布市公交公司　供图）

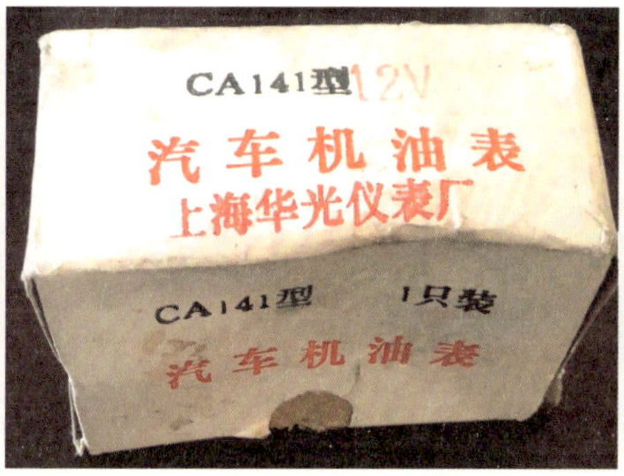

80 年代的机油表　（乌兰察布市公交公司　供图）

90 年代的公交车后门显示器　（乌兰察布市公交公司　供图）

90 年代的里程表　（乌兰察布市公交公司　供图）

70 年代的火补胶工具　（乌兰察布市公交公司　供图）

1982 年的职工工作证　（乌兰察布市公交公司　供图）

90 年代的职工胸牌　（乌兰察布市公交公司　供图）

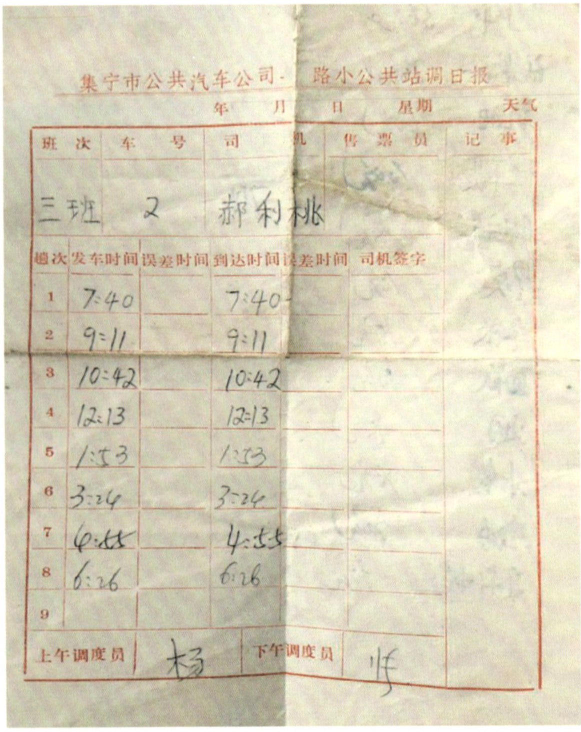

90 年代的调度路单　（乌兰察布市公交公司　供图）

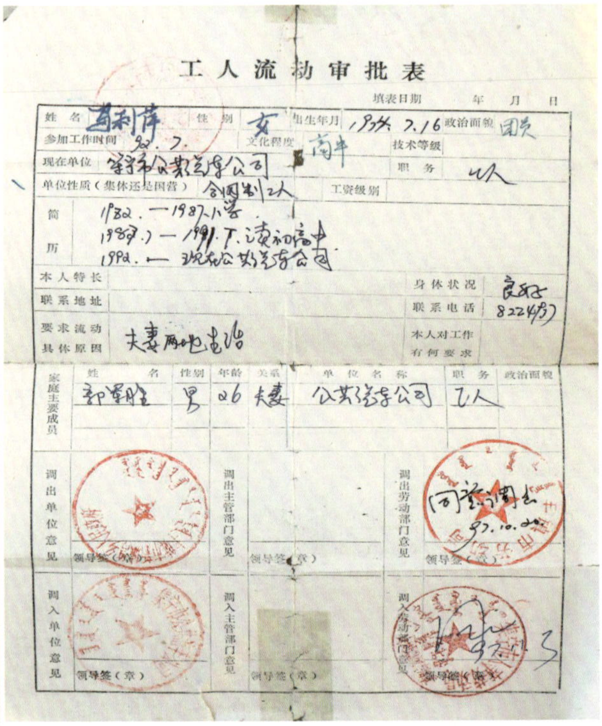

90 年代的工人流动审批表　（乌兰察布市公交公司　供图）

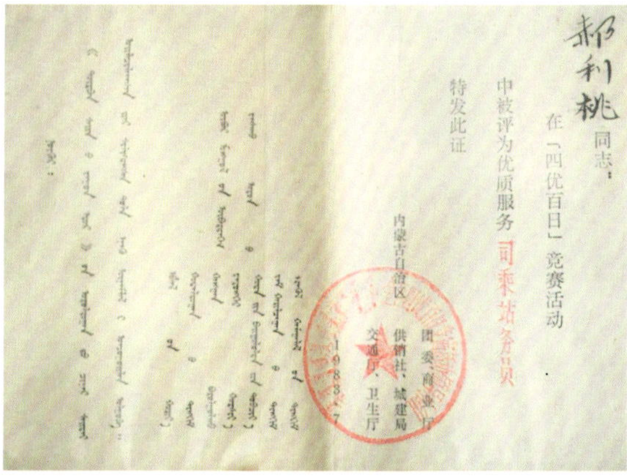

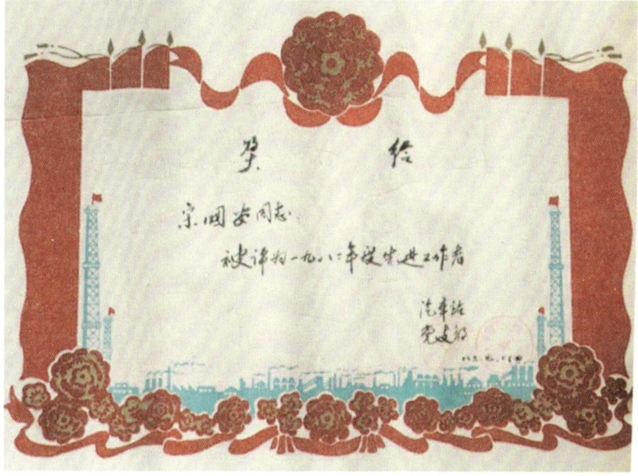

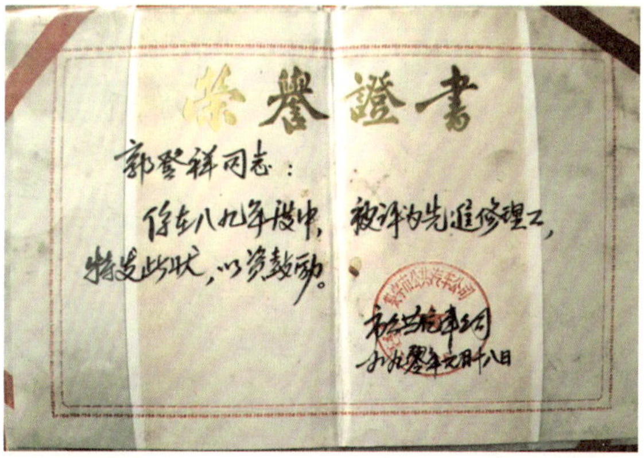

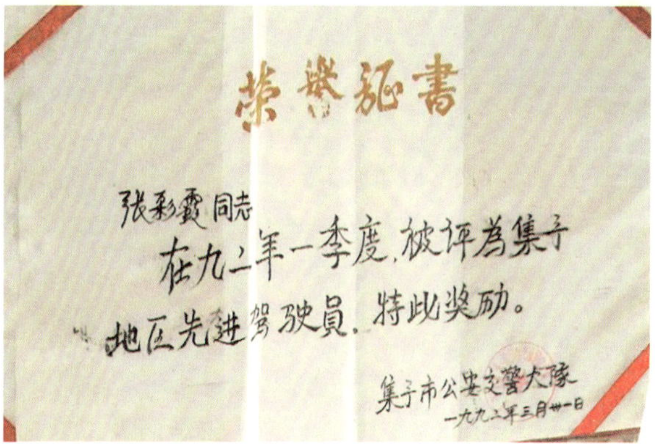

1983—1994 年的职工荣誉证书（乌兰察布市公交公司　供图）

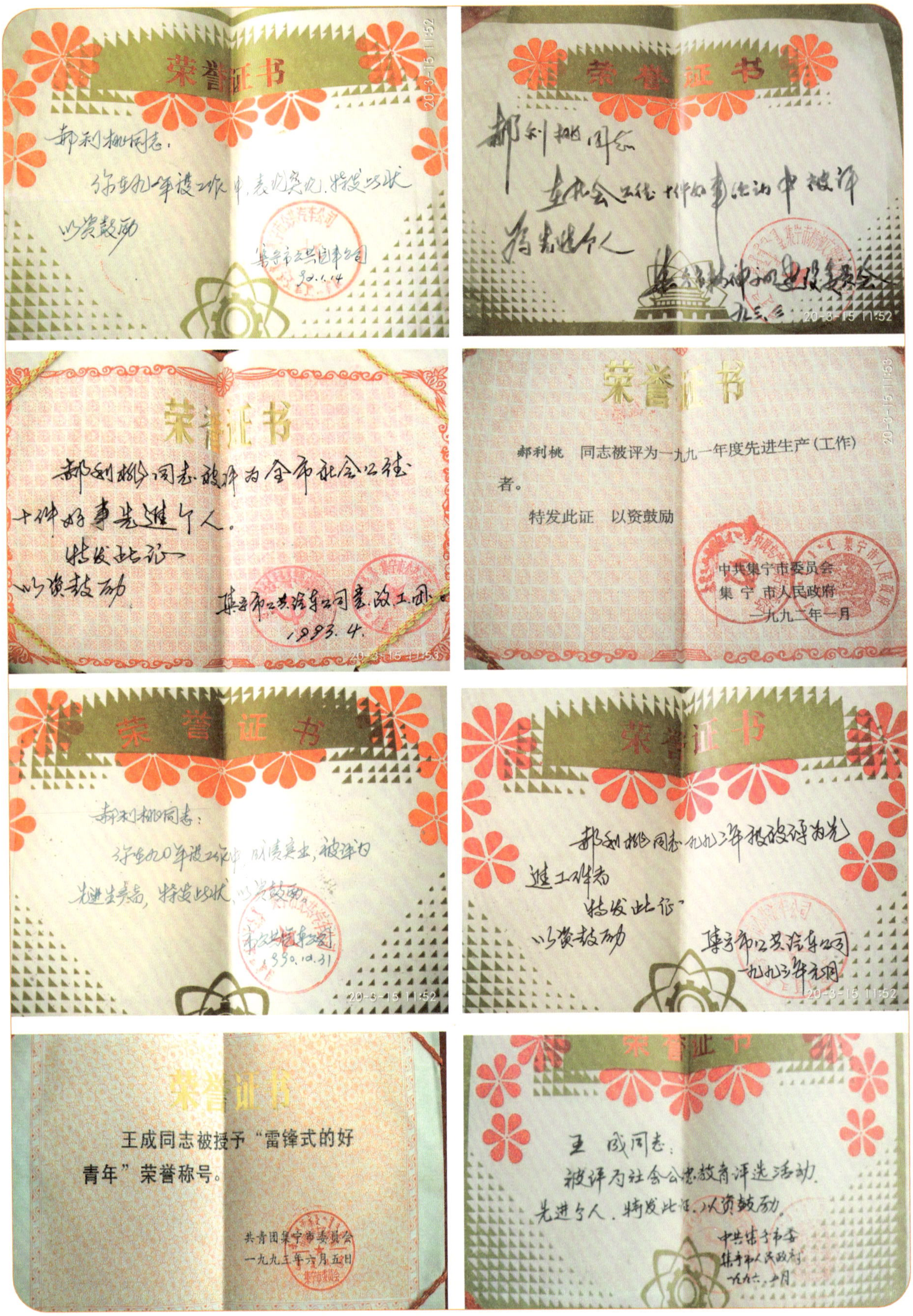

90年代的职工荣誉证书（乌兰察布市公交公司　供图）

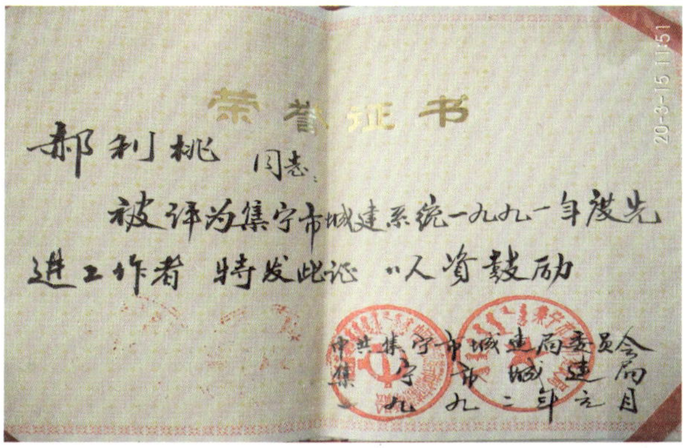

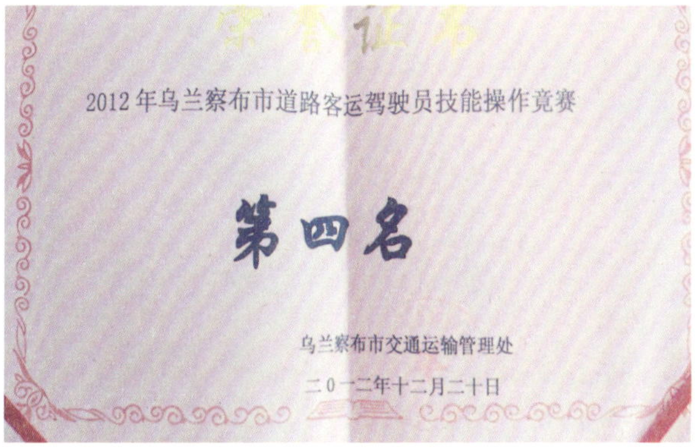

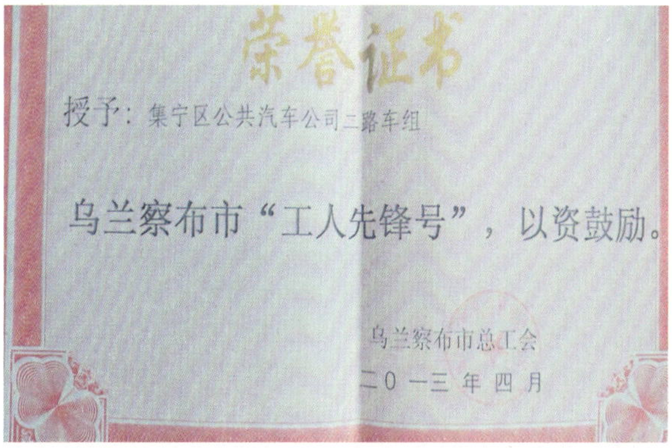

1990—2013 年的职工荣誉证书 （乌兰察布市公交公司　供图）

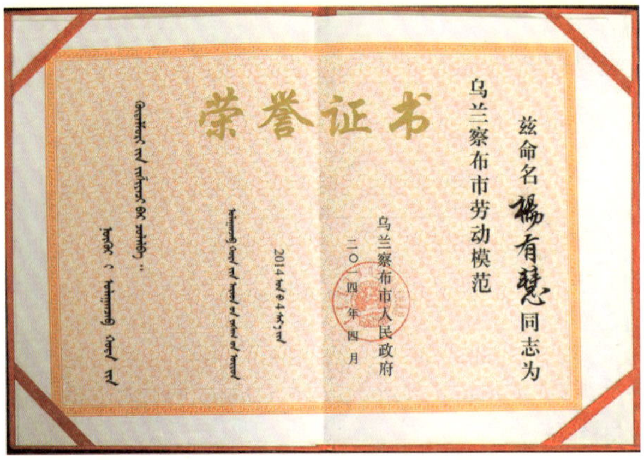

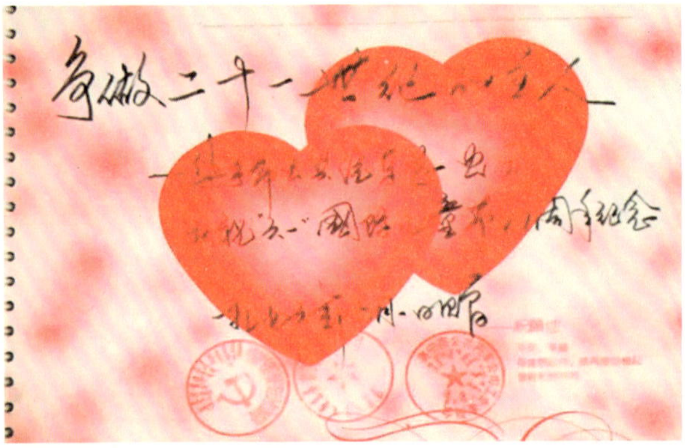

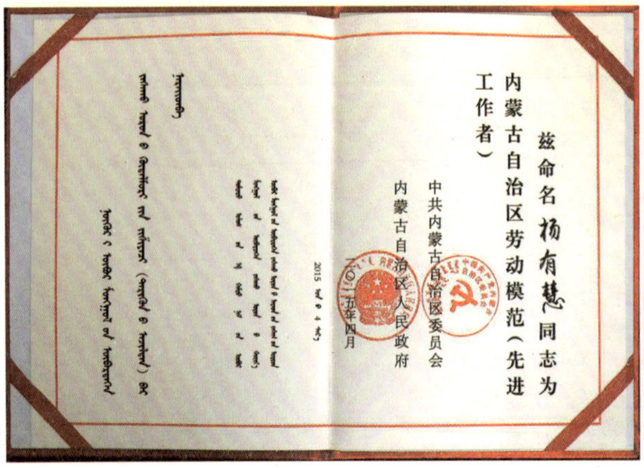

1996—2016 年的职工荣誉证书 （乌兰察布市公交公司 供图）

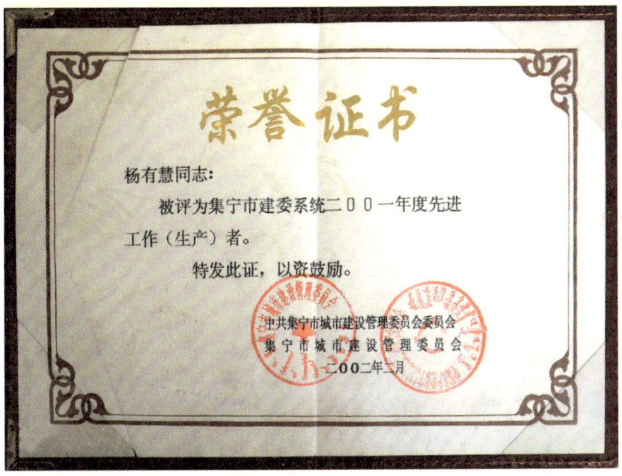

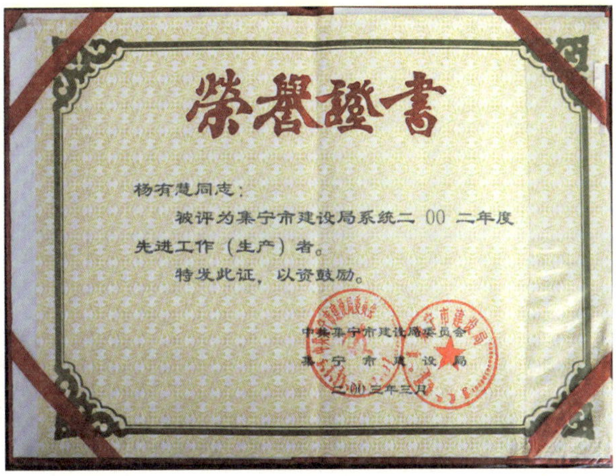

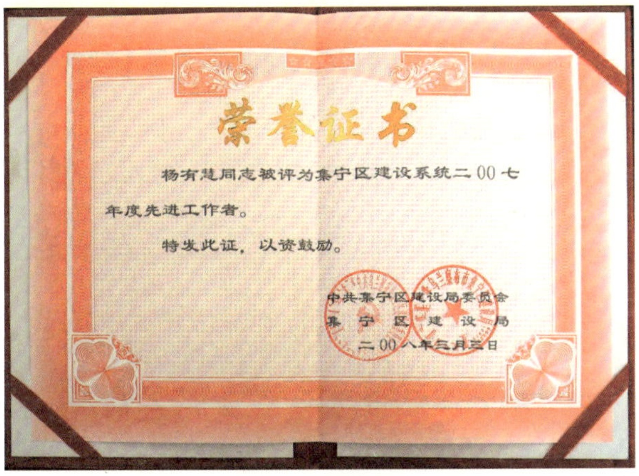

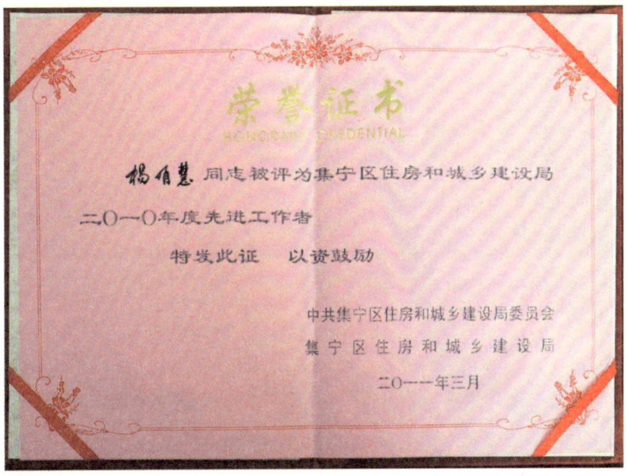

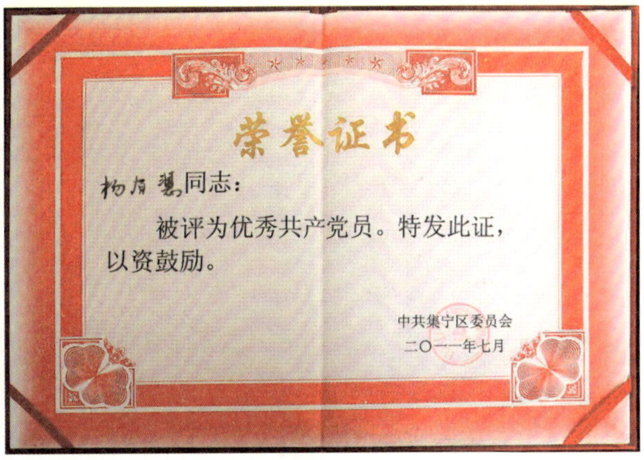

2002—2011 年的职工荣誉证书（乌兰察布市公交公司　供图）

1994—2002 年的公司荣誉证书 （乌兰察布市公交公司 供图）

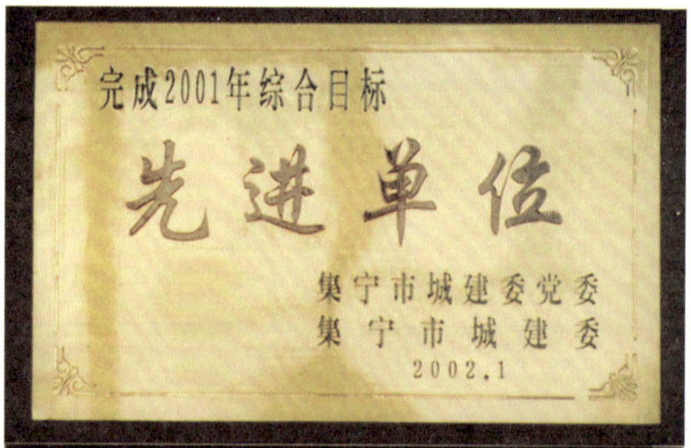

90 年代的职工荣誉证书封皮
（乌兰察布市公交公司　供图）

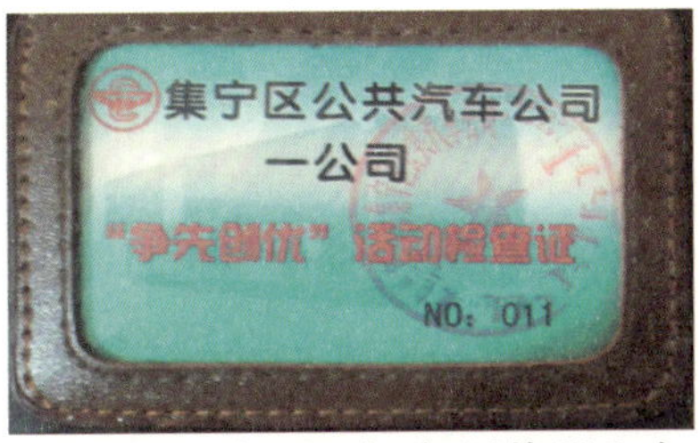

2012 年的“争先创优”活动检查证　（乌兰察布市公交公司　供图）

2016 年的职工代表大会代表证　（乌兰察布市公交公司　供图）

2016 年的职工荣誉奖牌
（乌兰察布市公交公司　供图）

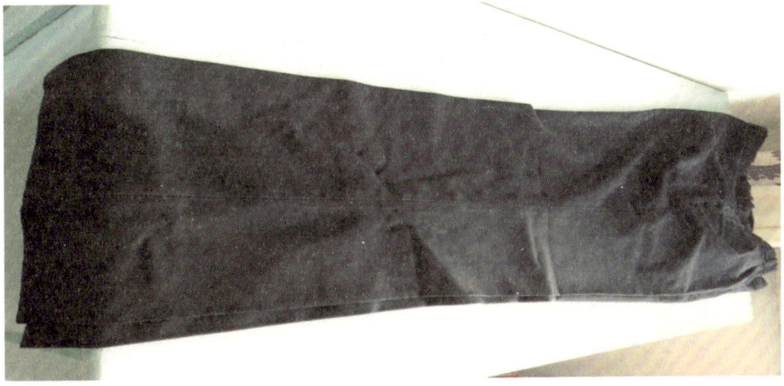

90 年代的工裤　（乌兰察布市公交公司　供图）

90 年代的工装　（乌兰察布市公交公司　供图）

第二章 公司文娱活动

集宁区公共汽车公司参加集宁区首届职工足球赛

2017 年 11 月 18 日，集宁区公共汽车公司组织部分职工参加了集宁区第一届职工足球赛，赛制为五人制，外加领队、候补队员及教练员各 1 名。

乌兰察布市集宁区教育科技体育局、集宁区总工会在中心城区笼式足球场主办了集宁区首届职工足球赛。全区共 8 个代表队参加了足球赛，每队 10 余名运动员。集宁区公共汽车公司共 8 人参加了此次比赛，并获得了集宁区第一届职工足球赛第六名。

2017 年 11 月 18 日，集宁区首届职工足球比赛现场 （乌兰察布市公交公司 供图）

乌兰察布市公交公司第一届职工趣味运动会

2019 年 10 月 25 日，乌兰察布市公交公司第一届职工趣味运动会颁奖仪式（乌兰察布市公交公司供图）

2019 年 10 月 25 日，公交公司组织干部职工在第一分公司开展了第一届职工趣味运动会，公司领导干部、科室负责人、分公司行政人员及部分休班驾驶员参加了包括拔河比赛、两人三足等活动在内的多个趣味项目。公司总经理崔德，副总经理陈沫、王茂东、田峰、诺铭等人也参与到活动中，与广大职工共同比拼。

乌兰察布市公交公司参加集宁区第三届职工杯五人制足球赛

2019 年 12 月 3 日，乌兰察布市公交公司 5 名队员和 1 名领队、1 名候补队员及 1 名教练员，共 8 人参加了集宁区第三届职工杯五人制（笼式）足球赛。公司获得了集宁区第三届职工足球赛第五名。

2019 年 12 月 3 日，在集宁区第三届职工杯五人制足球赛开赛前，公司干部职工合影留念（乌兰察布市公交公司　供图）

乌兰察布市公交公司参加集宁区首届职工冬季冰雪运动会

2019 年 12 月 25 日，参加集宁区首届冬季冰雪运动会的参赛队员合影留念 （乌兰察布市公交公司 供图）

2019 年 12 月 25—27 日，由区总工会、区文化旅游体育局主办的集宁区首届职工冬季冰雪运动会在大河湾滑雪场举办，此次活动共 42 个单位、338 名运动员参加比赛。

首届运动会共分 5 个比赛项目，乌兰察布市公交公司派出 10 名优秀选手参加雪地自行车和冰上运动比赛。公司工会组织近 50 名职工积极参与活动。

乌兰察布市公交公司召开 2020 年迎新春联欢会

2020 年 1 月 19 日，乌兰察布市公交公司 2020 年迎新春联欢会结束后，公司领导干部与演职人员合影留念 （乌兰察布市公交公司 供图）

2020 年 1 月 19 日，乌兰察布市公交公司在第二分公司举办了 2020 年迎新春联欢会，健身舞《燃烧我的卡路里》拉开了整场联欢会的序幕。

此次联欢会，公司全体干部职工自编、自导、自演了舞蹈、歌曲、合唱、乐器演奏、“三句半”、小游戏“你来比划我来猜”“蒙眼吃香蕉”“抢椅子”等 17 个精彩的节目。

双拥共建促和谐 巾帼爱心进军营

庆祝“八一”建军节

2020 年 7 月 31 日，公司参加双拥共建活动现场　（乌兰察布市公交公司　供图）

为庆祝中国人民解放军建军 93 周年，2020 年 7 月 31 日，“八一”中国人民解放军建军节前夕，乌兰察布市公交公司、集宁区妇联、集宁区退役军人事务局、集宁战役红色纪念园，走进乌兰察布市武警支队，深入开展“鱼水情深、礼赞忠诚”双拥共建活动，举行“十佳优秀官兵”“十佳军嫂军属”颁奖仪式，给官兵们送去节日的祝福，共叙军民鱼水情。

公司工会主席卢丽娟，副主席张顺玲携“巾帼文明岗”“三八红旗手”集体成员为武警官兵献上合唱《毛主席的光辉·翻身农奴把歌唱·阿佤人民唱新歌·洗衣歌·恭祝毛主席万寿无疆·都有一颗红亮的心》。

丰富职工生活　保障优质服务

2020 年 9 月 16 日，乌兰察布市公交公司与中国联合网络通信有限公司共同举办了第二届职工趣味运动会。

2020 年 9 月 16 日，乌兰察布市公交公司第二届职工趣味运动会现场　（乌兰察布市公交公司　供图）

集宁区委党委宣传部部长续集红、集宁区人大常委会副主任张哲慧、乌兰察布市总工会权益和保障部部长禄树星、集宁区总工会党组成员副主席安鑫、乌兰察布市公交公司总经理崔德及中国联合网络通信有限公司乌兰察布市分公司副总经理叶东兴出席活动。

此次运动会有“旱地龙舟”“心心相映”“车轮滚滚”“待人接物”、拔河等 5 项活动，每个公司各派两队选手进行比赛。

第三章 媒体报道、文学作品

一、知名媒体、名人作品

全国首家公交指纹识别仪在乌兰察布市启用

2014 年 9 月 5 日 《乌兰察布日报》评论

近日，有乌兰察布市集宁区市民王先生向记者反映：“听说最近公交公司在给老人们换乘车卡，如果要换，我们需要准备些什么呢?”

9 月 1 日，记者来到集宁区公共汽车公司办理业务窗口，看到已经有老人排队等待办理指纹输入业务。

随后，记者采访了集宁区公共汽车公司邹书记。邹书记表示，全国首家老年人指纹输入系统在我市 9 月 1 日已经开始使用。新的乘车卡不是以往的卡片，而是将乘车老人的指纹录入公交指纹识别仪里。老人们不需要准备任何资料，只要把已发放的乘车卡带上，到公交公司输入指纹即可。

邹书记还表示，现在是安装阶段，预计 10 月份正式启用。现在天气逐渐转凉，老人们有时行动不方便，所以希望老人选择合适的时间来办理，如果一个月办不完，可以延长办理时间。办理指纹输入期间，老年乘车卡还可使用。

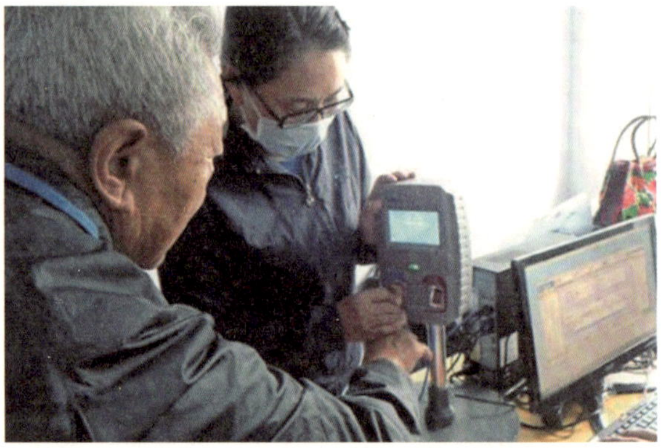

指纹输入 （乌兰察布市日报社 供图）

内蒙古集宁公交5月1日将进入刷卡时代

2015-03-30 作者：云娜 来源：《乌兰察布晚报》

2015年3月25日，记者从内蒙古自治区乌兰察布市集宁区公共汽车公司得知，2015年5月1日起，集宁区所有旧版纸质公交月票将全部更换为公交IC卡，标志着集宁区即将步入公交刷卡时代。目前，普通公交IC卡已开始办理。

内蒙古自治区乌兰察布市集宁区公共汽车公司总经理助理马世兴介绍说，公交IC卡分为普通卡、成人月票卡、儿童月票卡三种。市民可持本人身份证到集宁区各建行营业网点办理（自助网点除外）。

成人月票卡从2015年4月10起开始办理，每月定额充值60元，限乘120次，只限当月使用，月底自动清零，不予累计，最多可一次性充值半年。

儿童月票卡（1.2米~1.4米儿童可办理）从4月份起，于每月24日至月底办理，每月定额充值40元，限乘120次，只限当月使用，月底自动清零，不予累计。此外，儿童月票卡在建行开卡充值后，需要到公共汽车公司原月票办理网点授权后方可使用。三个月票办理网点为公共汽车公司，原集宁一中南门16、17路公交车终点站，金泰苑小区12路公交车终点站。

普通卡现已开始办理，刷卡乘车每次扣除1元。市民首次办理建行公交IC卡，一次性收取工本费每张20元，每年收取账户管理费10元。为配合集宁区公交IC卡推广，建行推出优惠活动，2015年凡签约建行电子银行套餐并激活，免收普通卡、月票卡工本费20元。

记者了解到，除23路公交线外，新公交IC卡适用于集宁区所有公交运营线路。同时，65岁以上老年人免费乘车卡将继续使用。

集宁区部分公交车站牌“华丽变身”

2015-08-11　正北方网

8 月 6 日上午 9 点半，记者在集宁区乘坐 4 路公交车途经如意大街北师大集宁附中时，发现 4 路公交车站牌焕然一新。

记者下车了解情况，正在等车的王阿姨告诉记者：“结婚 20 年我一直住在北口，最开始这边只有 4 路公交车可以乘坐，站点立个简陋的站牌，等车时遇到刮风下雨没地方躲避。现在好了，换了新的公交车站牌，不仅可以遮风挡雨，还有坐着休息的地方。以前不知道也不懂得‘五城联创’是什么，现在看来就是为我们老百姓的利益着想，不仅美化了生活环境，还方便了我们的生活，‘五城联创’真是惠及我们老百姓的伟大工程。”

据集宁区公交公司邹副经理介绍，此次新换站牌不仅 4 路公交线这一个，辖区共新增 61 个站牌，从 7 月底开始施工，预计 8 月中旬竣工。

停靠在北师大集宁附中站的 4 路公交车　（正北方网　供图）

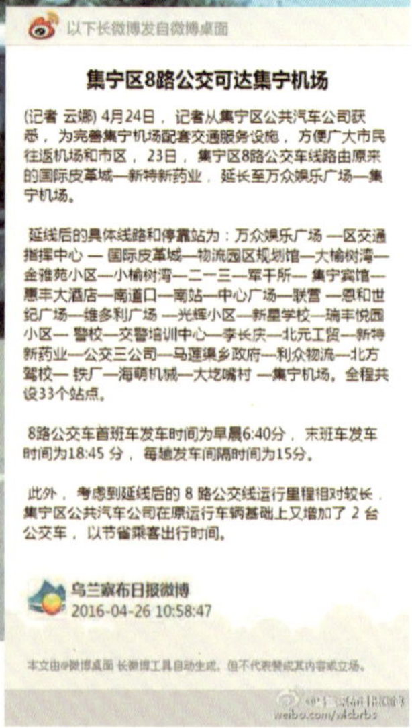

以下长微博发自微博桌面

集宁区8路公交可达集宁机场

(记者 云娜) 4月24日，记者从集宁区公共汽车公司获悉，为完善集宁机场配套交通服务设施，方便广大市民往返机场和市区，23日，集宁区8路公交车线路由原来的国际皮革城—新特新药业，延长至万众娱乐广场—集宁机场。

延线后的具体线路和停靠站为：万众娱乐广场 —区交通指挥中心 — 国际皮革城—物流园区规划馆—大榆树湾—金雅苑小区—小榆树湾—二一三—军干所— 集宁宾馆—惠丰大酒店—南道口—南站—中心广场—联营 —恩和世纪广场—维多利广场 —光辉小区—新星学校—瑞丰悦园小区— 警校—交警培训中心—李长庆—北元工贸—新特新药业—公交三公司—马莲渠乡政府—利众物流—北方驾校— 铁厂—海萌机械—大圪嘴村 —集宁机场。全程共设33个站点。

8路公交车首班车发车时间为早晨6:40分，末班车发车时间为18:45 分，每趟发车间隔时间为15分。

此外，考虑到延线后的 8 路公交线运行里程相对较长，集宁区公共汽车公司在原运行车辆基础上又增加了 2 台公交车，以节省乘客出行时间。

乌兰察布日报微博
2016-04-26 10:58:47

本文由@微博桌面 长微博工具自动生成，但不代表赞成其内容或立场。

乘客赠送的锦旗及 9 路公交车（乌兰察布市公交公司　供图）

发现真善美 传递正能量

来源：乌兰察布文明网　发布时间：2016-03-31

2016 年 3 月 2 日杨女士拿着一面锦旗送到公交公司真诚感谢 9 路 410 号司机李忠武的拾金不昧，也感谢公交公司培养出的好司机。

事情发生在 2016 年 2 月 1 日下午两点左右，杨女士带小孩从联营上车到小商品下车，下车时将一个黑色手提包丢在座位上，当时正值人流低潮，车上只有五、六个人，李师傅从反光镜观察车内情况时发现了手提包，李师傅把包拿到工作台，到调度他看了包里的东西，试图找到联系失主的方式，包里有几件小孩衣服，一个钱包，钱包里有现金若干和数张银行卡，一部手机，他通过手机联系了失主并约好还包的地点。

当李师傅把包还给失主时，失主从钱包里拿出五百元作为感谢送给他，李师傅拒绝了，他说“作为一名公交司机，把捡到的东西归还失主是应该做的，不用谢”。

千百年来“拾金不昧”作为一项传统美德，在潜移默化中不断传承，而李忠武正是这一传统美德的传承者之一。

“拾金不昧”其实是反映一个人，一个公司，一个企业的道德水平的一面镜子，李忠武同志拾金不昧的行为充分表现出了一名公交司机的高尚人格品质，崇高的职业道德，是公司的荣誉，也是大家学习的榜样。公司对拥有这样的员工感到骄傲，在此号召全体员工学习他拾金不昧的精神，以集体的利益为重，以自己的职业为荣，为创建全国文明城市贡献自己的一份力量。

45 块智能公交电子站牌亮相集宁街头

来源:《乌兰察布晚报》 发布时间：2017-07-17

这两天，很多市民都发现，集宁街边多了一种新式的公交站牌。原来，这是集宁区打造的智能交通平台的一个组成部分——智能公交电子站牌。

记者在察哈尔西街看到，新型智能公交电子站牌以一整块液晶显示屏取代了传统静态站牌，不仅更加醒目，外观也更加具有民族特色。

据集宁区公共汽车公司工作人员介绍，公交电子站牌主要是为满足乘客、管理部门、公交企业的不同需求而设立的综合计算机自动化运用和智能显示系统。通过这种站牌的电子屏幕，可以看到该条线路下一辆乃至该线全部公交车的运行情况，即车当前所到站、预计什么时间到达本站、车上的人员拥挤状况、该车是否出现故障等信息，便于乘客安排自己的出行计划。同时，乘客还可以通过站台上的显示屏及时了解政府各有关部门发布的便民信息。另外，如出现突发性事件，公交电子站牌将成为政府紧急信息发布的有效平台，成为城市突发公共事件应急系统的组成之一。

智能公交电子站牌 （乌兰察布市晚报社供图）

“现已安装落地式和悬挂式 LED，以及 LCD 智能公交电子站牌 45 块，主要分布在市区恩和大街、工农北路、民建大街等主要街道。目前正在调试阶段。”集宁区公共汽车公司工作人员说。

据介绍，智能交通平台包括智能公交营运调度系统、公交视频安全监控平台、智能电子站牌系统、公众出行信息服务平台。它利用先进的信息技术、通信技术、计算机技术、控制技术等对传统交通运输系统进行深入改造，加强对人、车辆、线的综合管理，整合企业各类资源、数据共享，以提高系统资源的使用效率及系统安全。同时通过准确快捷的信息归集和处理，为管理层决策提供数据支持，最终实现单车、单人、线路的收益平衡核算和各类指标的统计。

工作人员表示，智能公交电子站牌集成了计算机、通讯、电子地图以及现代控制技术，将城市中分散的站牌有机地组成一个网络，为乘客乘车提供更好的服务。 （记者 云娜 编辑 何亚楠）

张文书：用心扮演好自己的角色

来源：乌兰察布文明网　发布时间：2018-01-29

“我已经做了 20 多年的公交驾驶员，可以说是开了小半辈子的车，大家都说干一行就要爱一行，而我爱一行就要干好一行”，谈及自己的职业，张文书的脸上洋溢着无以言表的兴奋。20 多年来，她勤练车技，驾驶的 1 路车未发生过一起责任事故，用自身的实际行动诠释了“乘客至上，安全第一”的真谛。

认真工作的张文书　（乌兰察布文明网　供图）

◎工作出色，接管分公司

初见张文书时，她正拿着扫把在公交场站清扫积雪，身形微胖、齐肩短发，有着成熟女性的干练和韵味。如今，她退居二线，成为集宁区公交公司第二分公司的经理，由之前管理一辆车到现在的 140 多辆，驾车经验、管理方法，无一不在考验着她。

1992 年，张文书到集宁区公交公司工作，第一份差事是售票员，3 年后她考取驾照，正式成为一名公交驾驶员，因为自小就喜爱车，所以对于这份职业尤为热爱，即使辛苦也乐在其中。张文书告诉记者，每天披星戴月，早出晚归是她最直观的感受，早上天蒙蒙亮的时候就出发上班，提前到达场站检查车况，晚上收最后一班车才回家，自己大部分的时间都在车上度过，陪伴着她的除了机车的轰鸣，来回反复的线路，就只有一身的职业病。

在公司领导和同事的眼中，张文书对待工作认真负责、一丝不苟。众多驾驶员中，她的车总是最干净的，别人用墩布擦，她就用布子擦，工作台、座椅、扶手等，仔仔细细都要擦个遍。空暇时间还和同事们开辟了一块小菜地，每到轮休日，她都主动打理场站和小菜园，她的用心，领导和同事都看在眼里。

2015 年，第二分公司经理职位空缺，领导有意让她接手管理。听到这个消息，她抉择两难，想着自己没有丝毫的管理经验，不确信能否胜任，但又不好辜负领导的信任。正在她为难的时候，领导打来电话直接任命她为分公司经理。“有什么困难及时沟通，大家都相信你的工作能力”，领导的支持给了她很大的信心，让她舍弃开了20多年的公交车，开始适应一个新的角色。

◎**管理公司，另辟蹊径**

由管理一辆车，到管理140多辆车，由生疏到游刃有余，这其中她付出了不少努力。回想起新上任时的情景，“开会”成为最让她头疼的事情。由于自己不善言辞，第一次开会，提前两天的时间做准备，会上一字一句地读稿子上的内容，司机们暗自讥笑和不懈的眼神中，满是对她的不认可。想着这样也不是个办法，既然不擅长形式主义的东西，她就另辟蹊径，减少开会的次数，从实际出发，发现问题，解决问题。

每天清晨，在司机们还未到的时候，她早早就来到公司，看看哪辆车卫生不干净、哪辆车缺防冻液、司机开车前有没有什么不好的小习惯等等，晚上司机收车后，她才回家。慢慢地，她发现每天早起跟车会发现许多切实存在的问题，抓住容易忽略的细节及时处理，效果显著。

在日常工作中，她总是以自己的亲身经验为例，和驾驶员分享自己的心得体会。据她介绍，起初公交公司办理的老年卡出示票证即可乘车，一次遇到一个老人，上车既不买票也不出示证件，她多次要求配合工作，老人依然态度强硬，并与她起了冲突，一路上都骂骂咧咧，还扬言要投诉。面对老人的蛮不讲理，她非但没有硬碰硬，反而好言相劝，向老人阐明道理，老人也渐渐意识到了自己的错误，并且以后上车都主动出示乘车卡。所以，她一直告诫驾驶员，遇到类似的情况一定不要以暴制暴，换一种方法，既避免了矛盾激化，又解决了问题，何乐而不为。

为团结群体，她以身作则，夏天除草种树，冬天扫雪，她总是第一个拿起铁锹去挖坑，拿起扫把去扫雪的人。为了增添生活情趣，她在公司外围开辟了小菜园，到了夏天，队员们都可以吃到健康绿色的蔬菜。在她的带领下，队员们关系氛围和谐融洽，大家也越来越认可她的工作能力。

◎**安全至上，服务为本**

众所周知，作为公交车驾驶员，安全至关重要，但在开会时，张文书首先强调的反而不是安全。为了让司机开车安心，乘客坐着舒心，第一要就是保持良好的心态，不与乘客起冲突、不计较，保证开车心情良好；其次是卫生，由于驾驶员在车上的时间长达13个小时，卫生状况的好坏直接影响到乘客与驾驶员的心情；再者就是团结，只有队伍里的人互相团结，彼此之间理解包容，才能干好工作。而能够做到以上几点，基本也就达到了“安全第一”的目的。在她的正确引导下，第二分公司的驾驶员们很少出现责任事故。

工作中的好领导也是生活中的“知心大姐”。今年夏天，热力公司管道维修导致道路堵塞，公交车只能整改线路，2路车尤为明显，之前司机都在“雪原”终点站调度室吃饭，现在终点站改为电杆厂，司机们吃不上饭，她就连续每天中午给司机送饭、提水，偶尔路过超市还给买两颗西瓜，她的做法同事们看在眼里，记在心里，现在见面都亲切地称呼她“张姐”。

随着时间的推移，时代不断变迁，公交车由最初只有1路、2路公交线，到现在的36路公交线，以前道路坑坑洼洼，到现在条条柏油路，车上为老弱病残让座的现象也屡见不鲜。作为一名普通的公交人，她见证了城市的发展，市民及驾驶员素质的不断提高，内心由衷地高兴，她说：“不管是做驾驶员，还是管理分公司，从事任何一个职业，扮演任何一种角色，都要有责任心，将自己该做的事都做好”。

(编辑 赵肖梅)

2019年1月份集宁区预计全面启用新的公交刷卡系统 实现呼和浩特—集宁城区两城共享一卡

2018-12-17 内蒙古新闻网 编辑：薄涛

12月13日上午，记者在乌兰察布市公交公司了解到，公交车刷卡系统即将更新换代，预计于2019年1月份全面启用新的公交刷卡系统。随着新刷卡系统的升级，各类公交卡也将更新换代。

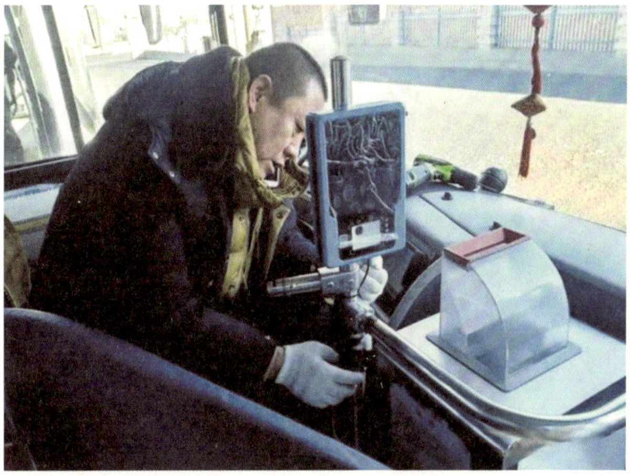

工作人员安装新的刷卡系统 （内蒙古新闻网 供图）

在一路公交车上，公交公司的工作人员正在安装第一批新的刷卡测试机，新机器湛蓝色的外观看起来十分抢眼。除了保留旧机器的刷卡区以为外，新的机器新增了二维码识别区，不久之后，二维码付款乘坐公交即可实现，市民再也不用担心出门忘记带零钱了。

据公交公司的工作人员介绍，刷卡系统更新换代后，公交卡的种类也更加丰富了，包括四种实体卡，敬老卡、爱心卡、儿童卡、普通优惠八折卡，和两种虚拟卡，银联闪付、App支付。

凡持有银联卡均可免密支付，只需要轻轻一触即可完成一元票价支付，安全方便。App 支付，需要下载公交指定 App，使用 App 扫描公交收款二维码即可支付一元票价。微信二维码以及支付宝扫码支付方式也正在申请办理中，不久将会投入使用。

"刷卡系统的升级，可实现两城一卡，呼和浩特，集宁城区两城共享一卡，我们集宁的公交卡去呼市乘坐公交也可以刷卡，从 2019 年 1 月份开始，我们会逐步取消原有的月票卡，将使用新的乌兰察布市公交八折卡，并且新卡只在第一次办理时收取 10 元的卡片工本费，之后不会再收取任何费用，市民可以随充随用，非常方便，避免了像之前办月票有时间的限定。"乌兰察布市公交公司通勤科周利坤科长说。

据悉，新的公交支付系统使广大市民的出行更加便捷，进一步提升了城市公共服务水平。支付方式更大地科技化、现代化、多样化，实现支付无忧。

公交卡种类：

1. 敬老卡：只适合集宁区常住户口 65 周岁（含）以上人群使用，适合一元制公交线路使用（免费）

2. 爱心卡：只适合集宁区常住户口盲人、伤残军人、伤残警察、离退休老干部人群使用，适合一元制公交线路使用（免费）

3. 儿童卡：只适合身高 1.4 米以下的学生或儿童使用（半票）

4. 普通优惠卡：此为八折优惠卡，适合一元票制公交线路使用，可与呼市公交两城共用。　（记者　朱旭敏）

公交进入"电动时代"首批 140 辆新能源电动公交车抵达集宁

来源：乌兰察布新闻网　发布时间：2020-12-01

11 月 30 日，首批 140 辆新能源纯电动公交车抵达集宁区，标志着我市城市公共交通发展迈向低碳环保、高效节能的绿色时代。

眼前，这批新能源纯电动公交车外形简洁大气，一改传统老款公交的燃气动力，采用纯电动动力，起步和停车都比较平稳。纯电动驱动使得车辆运行零污染、零排放，绿色环保更增添了城市魅力。

车内乘坐空间加宽，光照充足，视野更好，同时配备了空调、USB 充电接口、电子线路显示屏、海绵座椅、柔性扶手、人数统计仪等设施，实用性、舒适性显著提升，科技感十足。部分车辆还采用了一级踏步结构，乘客只需跨一步台阶便可上车，上下车更加安全方便。

值得一提的是，为提升新能源纯电动公交车在整个运行中的安全性，车辆配备了 360 度无死角显示仪，对车内情况进行监控。"行驶过程中，司机的一举一动都会被系统抓拍，对驾驶员的一些不规范驾驶行为自动识别、分析、预警并实时传输至监控平台，平台及时采取措施，以此来保障乘客安全。”市公交公司总经理崔德说道。

据介绍，目前，已有 140 辆新能源纯电动公交车运达集宁区，后续将有 337 辆公交车抵达。12 月 10 日前将全部到位。预计明年 1 月初全部投入使用。

随着国家基础设施的不断完善以及新能源汽车产业的飞速发展，构建“智慧公交”体系已成为解决城市交通安全、道路拥堵、环境污染等问题的重要措施。为此，我市深入贯彻落实“创新、协调、绿色、开放、共享”发展理念，把新能源汽车的应用作为解决城市公共交通事业发展的关键措施紧抓不放。这批新能源纯电动公交车的投入运营，将对改善市民出行环境、加快城市建设步伐、提升城市形象起到积极推动作用。（记者　滕佳）

11 月 30 日，首批 140 辆新能源纯电动公交车抵达集宁　（段建宁　摄）

乌兰察布市 477 辆新能源纯电动公交车亮相 开启绿色环保出行新时代

2021 年 1 月 14 日　来源：人民网内蒙古频道

1 月 14 日，乌兰察布市公交公司举办了新能源公交车上线运营启动仪式，477 辆新能源纯电动公交车正式投入运行，这标志着乌兰察布市公交系统从此迈入绿色环保出行新时代。

477 台新能源纯电动公交车的投运，是集宁区推动“碳达峰、碳中和”落地见效的重要实践，也势必会进一步推动绿色生活发展方式的形成，对地区经济社会行稳致远具有重要意义。此次投入使用的新能源纯电动公交车具有无尾气排放、噪声低、行车稳定性好、安全性能高等优势，对改善群众出行条件、推进节能减排、提高公交出行率、缓解城市交通拥堵具有重大意义。

“听说传统的公交车现在全换成纯电动公交车了，就想过来体验一把。”市民陈大爷与朋友打算一同坐着公交观赏新区美景。“现在开车操作起来方便多了，车上的噪音也小了很多。”9路公交车司机师傅笑着说，新能源公交车车身比原公交车要高一些，在行驶时视野更开阔，安全系数也提高了不少。

笔者看到，新能源纯电动公交车车身颜色明亮、大气，车内设施科技感十足，功能设施也较以往有了很大提升。一级踏板的上车方式极大提高了老人乘车的安全性，车厢内32张皮制座椅提升了乘客坐车的舒适度，在前排单人座椅下方还配备了USB接口，车顶的两块电子显示屏让乘客可以实时了解车辆运行信息。

“新能源纯电动公交车采用的是自动挡模式，车辆起速快且平稳，减轻了驾驶员劳动强度，提高了乘客乘车舒适度。”新能源纯电动公交车驾驶员告诉笔者。此外，新能源纯电动公交车还引进了智能驾舱的设计理念，气囊减震通风、自加热司机座椅可确保驾驶员冬暖夏凉，更加人性化。同时安装了驾驶区防护隔离设施，保护驾驶员不受外界干扰。

科技影响世界，科技改变生活。在公共交通领域，每一次交通工具的变革，都会改变人类的出行方式，并为人们的生产、生活带来极大便利。接下来，公交公司将全面践行“绿水青山就是金山银山”的理念，以更加坚决的态度、更加务实的举措，加快大美乌兰察布、绿色乌兰察布生态文明建设，为打造绿色、生态城市环境注入新的活力。（张国欣）

2021年1月14日，新能源纯电动公交车上线仪式现场　（于宝　摄）

内蒙古乌兰察布市477辆新能源纯电动公交车亮相

2021年1月14日　来源：中新网内蒙古

乌兰察布市公交公司14日举办了新能源公交车上线运营启动仪式，477辆新能源纯电动公交车正式投入运行，这标志着该市公交系统从此迈入绿色环保出行新时代。

此次投入使用的新能源纯电动公交车具有无尾气排放、噪声低、行车稳定性好、安全性能高等优势，对改善群众出行条件、推进节能减排、提高公交出行率、缓解城市交通拥堵具有重大意义。据悉，这些新能源纯电动公交车采用自动挡模式，车辆起速快且平稳，能减轻驾驶员劳动强度，提高乘客乘车舒适度。此外，新能源纯电动公交车还引进了智能驾舱的设计理念，气囊减震通风、自加热司机座椅可确保驾驶员冬暖夏凉，更加人性化。同时安装了驾驶区防护隔离设施，保护驾驶员不受外界干扰。

内蒙古乌兰察布：33条线路的477辆新能源纯电动公交车投入使用

2021-01-14　央视新闻客户端

1月14日上午，477辆新能源纯电动公交车在内蒙古乌兰察布市正式投入运行。这标志着当地公交系统从此迈入绿色环保出行新时代。

乌兰察布市公交公司对33条线路所有老旧车辆进行淘汰，全部更新为新能源车辆。此次投入使用的新能源纯电动公交车具有无尾气排放、噪声低、行车稳定性好、安全性能高等优势，对改善群众出行条件、推进节能减排、提高公交出行率、缓解城市交通拥堵具有重大意义。

（总台央视记者　刘晓波　呼和牧仁　敖日格乐　张哲）

写在全市公交车更换新能源纯电动车之际

文/晓　寒

花开花落
呵护着春夏秋冬
风里雨里
迎送着男女老少

你是一道道
冲出黎明的霞光
你是一条条
穿梭街衢的游龙

多少次
我是你站牌下不弃的等候
多少年
你是我日子里忠实的仆人

上车落座　总有回家的感觉
困顿疲惫　总有温馨的提示
服务热情始终如一
披星戴月义无反顾

1964—1992　整整 28 年
全城 1 路已成为羞涩的历史
新时代　40 路全新电动
大写了乌兰察布的风流

舒适便捷平安的出行
扮靓了咱百姓的生活
若枚枚洒脱跳动的音符
再次奏响了山城的乐章

自从与你相识
我们的出行少了顾虑与孤单
自从与你结缘
我再也没有迷失过回家的路

长途客运站场站　（周晓晶　摄）

青玉案·公交人礼赞

文／炫　飞

萧萧车马红尘驻，四野没，峥嵘路。锦瑟年华谁与慕？

岁非盈晦，历经寒暑，只为行人处。晨曦相伴昏鸦暮，风雨不归道无阻。

难忘初心情已许，为公天下，千家共浦，百姓城衢渡。

城市的守护者

——致乌兰察布公交

文／敬　笃

你载着，春天的阳光
从始发站一路驶来
乘客的安全，倾情相托

你载着，夏日的暖风
从每一条街道路过
山城的风景，尽收眼底

你载着，秋日的落叶
从五彩斑斓中跃出
草原的乐曲，华美动听

你载着，冬天里的柔情
在童话故事中坚守
冰雪的严酷，瞬间消融

周而复始，四季轮回，风雨无阻
城市的守护者，你天使般的模样
将在时间的功劳簿上镌刻

准时、便民、快捷、安全
绿色、环保、人民至上
你的宗旨，如动人的旋律一般
响彻云霄，深入人心

平凡之路
因为你的执着而伟大
文明城市
因为你的无私而活力四射
绿水青山
因你的奉献而格外绚烂

城市的守护者
你点的灯
照亮城市的每一个角落
让每一个人都能找到回家的路

乌兰察布公交，一道流动着的风景

文 / 庞凤琴

如果说
公路是城市的血脉
公交车是流动在城市里的血液
乌兰察布公交
你就是流动在红山口的一道美丽的风景

走过六十年的艰辛历程
从 1 路、2 路到如今的 30、40 路
你拓展延伸的道路越来越多
行驶的里程也越来越远
无论风霜雨雪、严寒酷暑
平坦宽阔的马路上
总能看到你往返穿梭的身影
总能感受到你温柔的关爱与细心的呵护
在每一个站点、斑马线前
你等着，耐心地等着
总能看到脚步匆匆的行人脸上的笑容
总能听到步履蹒跚的老人由衷的一句“谢谢”
你与我们、我们与你
共同弹奏着文明城市和谐的音符

冰冷的铁面包裹着一重又一重的温暖
夏日的热情传递着一程又一程的爱
“为人民服务”是几代公交人崇高的信念
“舍小家为大家，无私奉献”是几代公交人伟大精神的体现
吃苦耐劳，勇往直前
你就是驰骋在乌兰察布草原上最美的蒙古马
沧海横流，方显英雄本色
在这场异常艰巨的疫情防控斗争中
你一丝不苟，全副武装，全力以赴
以实际行动书写着公交人的责任与担当

霸王河厚厚的冰层下春潮在涌动
红山口冰冻的土地上春意正萌发
看——
城市血脉中新的血液在流淌
山城更加英姿飒爽
一辆辆新能源电动公交车行驶在城市的街道上
一声声清脆悦耳的声音传来
9 路公交车到站了，3 路公交车到站了，22 路公交车到站了……

乌兰察布公交
一道流动着的风景
乌兰察布公交
一道流动在红山口的靓丽的风景

二、职工作品

中国梦·我的公交梦

文/陈 沫

2014年8月,“中国梦·我的梦”吟诵演讲比赛现场 （乌兰察布市公交公司 供图）

有时候我常问自己，能够承载起一个人生命的，什么样的，才叫梦想？梦想肯定不是一个简简单单的愿望，平平淡淡的想法，梦想是远大的，应该用一生去追寻……

我发现，在每一个美好的梦想背后，都蕴藏着一种价值、一种信念、一种思想、一种渴望梦想成真的激情，能够使梦想在脑海里的轮廓越来越清晰，身影愈来愈靠近。每个人所追求梦想的目标不尽相同，因为梦想永远是现实的前导。年轻便意味着拥有更多美好梦想的权力，然而梦想又是一个宏大的主题，它是生命的灵魂、心灵的灯塔、行动的航标，是引导我走向成功的良师。

刚到公交工作初期，我怀揣着一个绮丽的梦想走进了公交。那时公交的工作环境非常简陋，公交车又破又小，由于线路缺失，居民出行也是极其不方便。“千淘万漉虽辛苦，吹尽黄沙始到金”，如今这一梦想实现了，在政府的大力扶持下，在公司领导的努力下，公交日新月异，一辆辆漂亮干净的新能源汽车成为集宁区街头一道新的流动风景线。

我从事的是智能调度工作，我的梦想就是要让所有车辆按部就班地工作在自己的岗位上，并且安全的运行着，把乘客优质地，放心地送到他们要去的各个站点。有人说，调度部门如同公交公司的指挥中心，是“公交指挥系统的心脏”，作为公交事业最前线的指挥官，我们背负着巨大的责任。工作中的一言一行，一举手一投足，都直接影响到整条线路的运作，从而影响到整个车队乃至整个公司的运营情况。所以，每日工作于公交“指挥中心”的人员，是特别的辛苦和劳累。身为公交公司的调度员们，我们不仅每日要安全、准点的调度车辆，而且还要时不时地处理工作中发生的一些问题和情况，甚至还要遭受无端的指责和委屈。在大多数人看来，我们也许没有什么崇高的理想，也没有什么远大的抱负，但我们却能在自己的岗位上，为公交事业默默地奉献着自己的青春和热血。

公交，事关百姓出行，涉及千家万户。在开展党的群众路线教育实践活动中，本着立学、立说、立行的原则，对全区 65 岁以上老年人实行免费乘车。在新的征途上，集宁区公交将抓住机遇，迎接挑战，努力为市民创造一个更加安全舒适、方便快捷的出行环境。

“千里之行，始于足下”，要追逐我们的中国梦，就要从细节做起，从小事做起，从自身做起，这样，我们的付出也就找到了归宿。

是崛起的中国梦，让我们坚持信念，敢于奉献；是复兴的中国梦，让我们坚定信心，一往无前。我们知道，每一次奉献，都是在为中国梦打下牢靠的基础；每一次付出，都是在为复兴梦丰满腾飞的羽翼 。唯有奉献，才能让公交事业借着中国梦的东风，又好又快的发展；唯有奉献，才能让个人的梦想与中国梦紧紧联系在一起；唯有奉献，才能实现中华民族的伟大复兴。

中国梦是中华民族复兴之梦，也是公交人的梦，通过实现公交梦来实现中国梦，是我们公交人孜孜不倦的追求。

中国梦为公交梦的实现作了坚强的后盾，公交梦为我的梦的实现提供了宽阔的平台，我的梦为公交梦的实现给予了充分的保障，公交梦为中国梦的实现作了有力的支撑。

我会以自己的思想支撑着自己的梦想，不断突破，实现自我，愿我们的梦在我们共同努力下早日实现。

高歌猛进谱华章，砥砺奋飞正当时！

(本文荣获乌兰察布市委宣传部“中国梦·我的梦”吟诵演讲比赛“二等奖 ”；作者系乌兰察布市公交公司副总经理)

亦师亦友的肖俊昌书记

文 / 孙金林

1992 年 4 月，按照组织分配，我从集宁市绿化委员会办公室调到集宁市公共汽车公司工作。报到那天，我是第一次来公共汽车公司，当我骑车来到新体路 4 号院汽车公司大门口时，才对汽车公司有了一个近距离、更直观的了解。汽车公司在新体路西端路南的一个大院里，院内办公室坐北朝南，是一排砖瓦结构的平房，灰砖红瓦，中间是一个停车的大院；院西面是六间车库和锅炉房；院南面是两间车库、维修社的库房和一间材料库；院东面是一间油库和一间材料库。报到是在经理室，孙秀贵经理接待的我，他让我到书记室担任肖俊昌书记的秘书，负责党办日常文秘工作。

第一次见到肖俊昌书记的时候，给我的印象是，中等个头，国字形脸，脸比较白，双目狭长，目光温柔和善，给人一种老成稳重、说话慢条斯理、待人热情、长者的样子。他握着我的手，首先对我的到来表示欢迎，接着便给我简要地介绍了一下党支部的工作，并给我安排了靠窗的一个办公桌，让我先和公司团支部书记陈斐设计制作书记室的墙报。接下来的几天里，我便专心地制作墙报图版，这也是我来汽车公司后的第一份工作任务。

肖书记常常自我嘲讽：“官越当越小，车越坐越大”。他曾经担任过乌兰察布盟集宁市轴承厂的副厂长，是乌兰察布盟委组织部任命的副处级干部，这在后来我领他去乌兰察布盟档案馆找人查档案时，我亲眼看到并为肖书记复印了那份任命文件，因他想要恢复副处级待遇，以便退休后享受这个待遇。按当时的规定，副处级可以坐 212 吉普车，是小车。可后来，因为种种原因，肖书记被调到汽车公司任书记 ，成了股级干部，上下班坐公交车，如此说来，可不就是“官越当越小、车越坐越大”了吗。

在接下来的日子里，我与肖书记有了进一步的接触，对他也有了更深层次的了解。肖书记是山西省大同市阳高人，高小毕业，听说内蒙古地区搞建设需要人才，便和家乡的几个同学相约来到内蒙古，通过考试参加了工作，对于当时的内蒙古少数民族地区来说，他们这些知识分子是很受欢迎的，就这样他一步一步地通过自己的努力，成为一名国营大型企业的领导。肖书记也确实有能力、有水平，看问题比较透彻，处理问题也比较方法得当，不温不火，恰到好处。每次写党支部计划、总结和汇报材料时，总是先给你大致说一下他的思路，然后便让你自己按照这个框架去充分发挥、想象、总结，既给你拟定了目标方向，少走弯路；又放手让你有施展个人才华的空间，不束缚手脚，这对于后来我的秘书生涯的确受益匪浅。肖书记还常常告诫我，观察一个人一定不要“管中窥豹”、偏听偏信，要从全局的观念、整体地去看待一个人；处理问题要先耐得住性子，不能急躁，详细得摸清楚事情的来龙去脉后，做到知己知彼，才能有的放矢、百战不殆。从这一层面上说，肖书记是我的良师一点也不为过。

公司的人们都知道，肖书记业余时间喜欢玩，但殊不知这是肖书记开展工作的另一种方式方法，或许这也是我的一己观点。书记作为公司主管干部职工思想政治工作的主要负责人，手里的权力不言而喻，但是责任却一点也不小。如何第一时间了解摸清干部职工的思想状况、所需所求、工作矛盾、干群矛盾，单靠办公室谈话了解，批评说教，是解决不了问题的。只有和干部职工打成一片、炼成一块，在业余娱乐消遣中有目的的了解干部职工的真实情况，所想、所需和亟待解决的问题。这样才能准确把握脉络，对症下药，切中问题的关键，为下一步解决问题提供第一手资料，使干部职工中存在的问题在萌芽状态时就得到及时解决，从而为公司的行政工作、改革创新工作顺利开展奠定良好的群众基础。我在公司的几年里，在我的印象里，或是同事的介绍中，公司的干部职工都非常的尊重肖书记，没有听说过有哪一个人因公、因私和肖书记红过脸的。因此说，肖书记又是我们每一个人的“益友”。

1995 年，组织调我去集宁市规划国土城乡建设管理委员会办公室工作，因当时规划、土地、城管、房产、交通等都不单设局，统一都归到城建局管理，成为职能科室，所以起了这个名字，简称“建委”。有一次，建委党办组织局里全体党员集中上党课，等讲课的老师来了我才知道是肖书记。肖书记讲党课很有水平，他的知识面很广、也很丰富，平淡的党课在他那里讲得有声有色，深入浅出、引经据典、旁征博引，让人跟着他的思路，一步步深刻领悟到中国共产党的伟大、加强党的建设的重要性。后来，我从党办马汝春主任那里了解到，整个建委系统，要说讲党课，肖书记水平是第一的，是可以和市党校的老师媲美。

我家搬到汽车公司家属楼后，肖书记来家吃过一次饭，以后就是肖书记查档案找过我一回，就再也没联系过我，肖书记虽然走了，但他的音容笑貌至今仍记忆犹新，让人久久不能忘却……

笑谈公交的发展

文 / 焦庆印

公交事业的发展，本应是我这个公交人最关心的事，但因为单位的收入低，给我造成的社会和生活压力大，所以我一直缄口不谈。直到有一天，孙书记（公交公司老员工，司法局原纪检书记）在帮助公交公司整理发展史时，提出让我写点公交方面的东西时，我才从麻木中开始思想，为什么不把青春时的理想与实践的经历结合起来，笑谈一下公交事业将来的发展呢？

城市公交事业是城市加快人口流动的血液，公交公司是城市文明服务的一扇窗口。随着我国经济文化的提高，必然会对我们的公交服务质量提出更高的要求，也就是我们公交服务中“点和面”的问题。这里所提到的点，是我们企业服务质量高低的问题，也是我们共产党服务宗旨的问题——全心全意为人民服务。社会文明向前发展是人类进化的必然历程，科学、安全、便捷、整洁、舒适是公交发展的硬件服务设施，服务到候车有保护，上下车无障碍，营运有次序，中途有协助，服务到最后一公里。而软件服务要求从人性化、个性化、专业化入手，实现服务亲切温暖、平稳营运、有问必答、提倡“文明乘车，排队上下车，为老、弱、病、残、孕让座”等社会正能量，拒绝“危险品、易燃品、易爆品”上车，实施车上医护应急，实现车辆清洁消毒，安全正点等高端服务。“面”是相对营运范围而言的，在我们国家实现更广泛的区域经济、经济带，城乡一体化的过程中，我们营运的广度会不断地扩大，营运的深度可能会更专一。公交营运会深入乡村、深入学校、深入单位、深入企业、深入工厂，服务到某些个体以及临时性工程工地。公交服务的目标会更加明确，首先是经营成本的利润，其次是社会效益地经营。公司为了确保这两项目标会不停地调整经营策略，大车换小车、小车换大车、柴油车换汽油车、燃气车换柴油车、电动车换燃气车、氢燃料车换电动车、核能车换氢燃料车等等。

第二个发展方向应该是绿色环保。随着我国工业文明的推进，人民改善生活质量的要求会越来越高，这就会突出生活环境的问题，也就是减少汽车和工业排放有毒气体，制造温室效应，破坏大气层的问题。解决城市一系列问题的捷径，就是减少道路上车辆营运的台次数，或者改变车辆动力源，使用没有污染可以重复使用的清洁能源。目前来看，第二种方案实施起来会有一定难度，所以，减少车辆营运的台次数是个好方案。减少车辆台次数必然的发展是私家车出行趟次数减少，公交车营运网更加全面的覆盖。公交车尾气的排放要求会越来越高，动力源释放地燃烧时间越来越长。总体而言，公交营运的动力成本会越来越低，对公交的发展，政府投入会越来越大。

综上所述，本人认为公交公司发展规模会持续扩大，公交人的生计会相对稳定，公交公司服务的质量会越来越高。所以，我笑谈公交，以安抚凡人心中的贪、欲、嗔。

那些年那些人那些事

文 / 李永霞

岁月更迭，流年日深，一个风雨飘摇了五十多年的经历在逐渐被遗忘中重新拾起，时光飞逝，如流水一般勇往直前不会回头，那些从一个繁杂舞场转至另一个寂寞后台的人努力回忆着，太多已逝的美好因为伴着自己最美的时光，曾经的人，事，情还有自己的青葱岁月，曾经的荣誉，欢喜委屈或者遗憾还有自己的梦想和斗志，而这一切都将被记载，我们留不住时光，唯一留住的是那最美丽的回忆，哪怕时间扬鞭抽打年华，哪怕时光日益变迁，哪怕世事面目全非。

时光荏苒，转眼在公交工作已有十年，一路颠簸，一路成长撒满了喜怒哀乐。企业最大的特点大概就是重情重义，很多的群带亲属关系注定员工总是感性得看待问题，处理关系，所以不管对单位还是人与人之间都存在太多的感情。

刚来的时候分配在票务室，说起票务室全公司的人都会想起一个词——臭气熏天。那时候还没有新的办公楼，三十多个人挤在一个屋子里， 分成好几个大桌子，五六个人围坐一桌，分工为点钞员，把倒出来的钱顺一方向按新旧之分整理成一百张一捆交给二审，二审要再数一遍核对数目，替换新旧后交给终审，终审再数一遍确定无误，每个车的票款结清记账。

票务室的人想法都非常简单所以特别的快乐，一缕清风、几轮明月，而且根本不需要所谓的智商，只要能从 1 数到 100 就可以，几乎像机器一样每天重复着同样的动作同样的思想，动作习惯到有一个同事回家摘韭菜的时候也不自禁地数着 1、2、3……

大家在数数的时候不能说话怕数错了，就抓住倒票款箱的空档说上几句，那时候最爱听的就是她们说起以前的事情 ，什么下雨天车漏雨卖票的要给司机打伞，什么雨天过后，地板里漏泥人家乘客白裤子上车，泥裤子下车，单位组织出去玩发生有趣的事，她们也很乐意讲这些，似乎回到过去一样，每次讲完总要加上一句，我们那会儿特别开心，你们是体会不到的，我也会用羡慕的眼神看着再嚷嚷让她们继续讲。

我最大的梦想一直就是能去草原自由自在的生活，每天上班嘴里数着从 1 到 100，脑子里早就飞过草原风吹草低见牛羊了，同事看我不说话时就开玩笑问我是不是又“我心飞翔”了。票务室只上上午班下午休息，我总自嘲我的工作是达到最高境界，上午数钱数到手抽筋，下午睡觉睡到自然醒。

那时候我们晚上还要去取票款箱，2010 年的冬天是记忆中最冷的一个冬天，由其晚上，西北风刀子似的扯着枯树干枝，为不让夜间近零下 30℃的低温影响第二天的出车，修理厂的工人轮流守夜，隔半小时将车打着一次。我大棉袄里套着小棉袄，唯一冻的就是手，为不影响换取票箱的速度，不能戴手套，手拿起冰冷的铁皮箱瞬间就冻到骨头里，接二连三回来的车票箱上的两道锁，一系列的动作一气呵成，根本容不得多想手冻得没了知觉。

后来又调了几个科室，都是苦累并成长着，悲喜交加，岁月无声可日子有痕，每一天都真实地存在，公司如同一个方正的盒子，所有的悲喜，所有的平淡与激荡，写满四壁，楷体的付出，草书的纠结，以及宋体的庸常。一直觉得自己的对公司的感情还算是浓厚的，直到后来在收集老物件、拜访老职工的时候才深深地感受到那些和公司历经磨难，无论是对公司还是对曾经的领导那种任凭是一波三折或平坦通达，都会紧紧追随，不离不弃的老职工们那种特殊的感情，是岁月无法磨灭和消减的。

打开封存的记忆，让所有短暂的情绪都有迹可循，不管那些琐碎现在看来是快乐还是难过，至少是曾经真切地感受过的，再次看到，让人无限怀念和感慨。

“红色文化”专线公交车 （周晓晶 摄）

公交礼赞

——献礼乌兰察布市公交公司成立 57 周年

文 / 苏振峰

六四首开通
公交第一线
贯穿城东西
百姓笑开颜

建站初始时
条件极艰苦
公交虽简陋
重任肩上挑

春去秋来到
无数公交人
风雨共同舟
齐心渡难关

二十八年后
迎来二路线
跨越南与北
连接千万家

历经许多年
增加多条线
昔日坑洼路
今朝换新颜

改革春风至
吹动公交心
承包责任制
市场无秩序

重新再定位
回归国有制
环保新能源
公交我先行

新区搞建设
平地起高楼
街道宽又长
大厦耸两旁

路在城内外
城在路左右
路因城而远
城因路而美

线路密如织
城市连乡野
公交进农家
幸福村民乐

东至王贵沟
南眺土贵山
西接西门外
北连陈家村

车来请先行
公交显风度
人往我让行
公交有真情

老者上车来
扶之又让之
孕者上车来
帮之又安之

洒下千滴汗
奉献历甘苦
脚下载安危
责任勇担当

酸甜苦辣味
真情永不改
愿把真善美
播撒在路途

智慧公交卡
服务百姓家
助力旅游业
提升新形象

携手助创城
服务再提升
脱贫攻坚战
解决民生难

廉政进车厢
线路吹清风
5 G 快到来
低碳再发展

抗击新肺炎
公交勇当先
责任与担当
党员肩上扛

坚守第一线
党旗最鲜艳
逆行公交人
坚信爱会赢

春夏又秋冬
寒来和暑往
平凡公交人
书写新风采

五十七年载
昨日到今昔
开创新天地
造就新风尚

回首往昔日
光荣与梦想
展望新未来
创新铸辉煌

党在我心中（外六首）

文 / 苏振峰

当春天正向我们走来，
疫情在华夏大地蔓延，
多少惊慌的人们忐忑不安，
多少无畏的勇士逆行而上。

防控中党的声音传来，
白衣天使心连着心抗击疫情；
坚守中党的温暖送来，
干部群众心贴着心传递真情。

疫情无情人有情，
万众一心连着党中央，
众志成城暖民心，
疫情过后正是春暖花开时。

这样一群人

如果说“逆行”是一种勇气，
那么“坚守”便是一种信念；
如果说“义无反顾”是一种精神，
那么“众志成城”就是他们的口号！

在疫情面前无惧无畏，
在群众面前有情有爱，
这样一群人，
是活跃在防疫一线的公交人。

他们化身“战士”，
坚守在疫情防控的第一线；
他们化身“天使”，
贴心守护着小区的居民。

他们的身影，
出现在各个防控点位；
他们的装备，
只是一个单薄的口罩。
当大家足不出户，
他们却要敲门入户；
当大家阖家团圆，
他们仍在默默守护。

谁不爱这欢声笑语，
谁不想那其乐融融，
当国家被疫情笼罩，
责任与担当怎能不扛？

这样一群人，
是坚守在防控点上的公交人。
他们不是战士，
却要冲锋在前；
他们不是医护，
却要严格把控；
冲锋号吹响，
请相信他们的力量，

党旗飘扬在战场，
不论多难他们都上！

冬去春来，
待疫情散去，
让他们载您，
去看春暖花开。

歌声献给公交人

马达声响起在每个清晨，
车厢里传来温馨语音，
每时每刻、每分每秒，
相伴茫茫人海陌生路人。

欢笑声徜徉在每个夜晚，
你还在坚守最后班岗，
春去秋来、酷暑寒冬，
你的辛酸劳苦谁人能懂。

披星戴月的公交人啊！
我想为你写首歌，
歌中有我浓浓的情意，
伴你走遍城市的每个角落。

可敬可爱的公交人啊！
我想为你唱首歌，
歌中有你暖暖的笑容，
让爱在路途中滴滴洒落。

平凡的公交人

每一个清晨，
你们托起一轮旭日，
唤醒沉睡的大地。
每一个夜幕，
你们捧出一弯新月，
踏往收获的归途。

平凡的公交人，
你们没有丰功伟绩，
只在普通岗位上，
默默耕耘，
因为有了你们，
生活变得更加美丽。

每一次等候，
你们深深感动路人，
绽放亲切的笑容。
每一次委屈，
你们默默承受一切，
心里无声的哭泣。

平凡的公交人，
你们没有豪言壮语，
只在平淡工作中，
无私奉献，
因为有了你们，
生活变得更加精彩。

公交司机

迎着朝阳，
又披着星光，
每天穿梭在城市的大街小巷；
有一点累，
可心情舒畅，
因为我们对生活充满着希望。

匆匆忙忙，
但并不慌张，
看着前方双手紧握着方向；
来来回回，
一趟又一趟，
我的工作就这样重复着时光。

为了明天的希望，
公交车是梦想开始的地方。

我是一个平凡的公交司机，
我送你们去远方；
我是一个普通的公交司机，
生命安全放心上。
我是一个平凡的公交司机，
我载你们回故乡；
我是一个普通的公交司机，
我们也曾有梦想。

来往的人啊，
请理解我们，
多些包容再多一些温暖的笑脸；
谁不曾想，
多回家陪陪父母，
也许灯火就在不远阑珊处。

多少次……

多少次的闹钟响起，
开启了公交人日常的工作；
多少次的上班路上，
迎着那地平线初升的太阳；
多少次的开关总闸，
进行着发车前例行的检查；
多少次的启动车辆，
聆听者各部件细微的声响；
多少次的挂挡前行，
感受着路面上轮胎的摩擦；
多少次的转动方向，
观察着道路中流动的车辆；
多少次的开关车门，
监护着乘客们安全的上下；
多少次地点头迎送，
微笑着在心里默默地祝福；
多少次的停车起步，
等待着乘客们安稳的入座；
多少次的目视前方，
双手在紧握着生命的方向；
多少次的路段拥堵，
挪动中对乘客耐心的劝说；
多少次的坚守末班，

看到了车窗外满天的星斗；
多少次的收车下班，
结束了公交人平凡的一天。

等　待

每一次甜美的睡梦中，
公交司机等待着黎明的到来，
精神抖擞地去履行自己的使命，
热情饱满地去迎接每一位乘客。
茫茫人海中，
每一位匆匆的路人，
在候车亭等待着某一辆公交车的到来，
为了追寻美好的生活，
他们四处奔忙着。

每一次开启车门后，
公交司机等待着乘客们安全地上下车辆，
心中默默地希望他们能够一路平安。
当车辆即将起步时，
看到有奔跑着赶车的人们，
又耐心地等待着。
等待是一种付出，
从不要求得到回报。

当绿灯开始闪烁，
即将变为红灯时，
车辆也开始减速，
稳稳地停在停止线内，
等待着下一个绿灯。
当车辆行驶到斑马线前，
有行人通过时，
公交司机文明礼貌地等待着人们的通行。

调度室内，
正在忙碌的调度员，
也在等待着车辆安全准时的返回。
在坚守末班的车辆上，
公交司机等待着发车时间的到来，
安全地把下班回家的乘客们送往目的地。
夜幕下，
灯火通明的某一户人家，
公交司机的父母妻儿，
在等待着他们平安的到家。
人的一生有太多的等待，
我们要学会等待，
习惯等待。

公交人的老照片（外四首）

文 / 苏振峰

回忆如同一张张的老照片，
偶尔翻看，
它会缓缓放映，
好似电影一般，
带着时间的味道，
定格在过往的岁月中。
但在那黑白色中，
总有一些精彩的画面，
作为回忆的闪光点，
永恒的定格在那一幕。

仔细地翻看着公交人的老照片，
尘封的记忆瞬间被打开，
思绪如同肆虐的洪水奔流着，
那一张张可爱的面容，
那一幅幅熟悉的场景，
青春与阳光定格在了那一刻，
多么亲切，
如此融洽，
深深地嵌进了心底。
捧着老照片，
仿佛一回首，
就已走过了那么多匆忙的日子，
只有老照片，
仍停留在昨天，
将稚嫩青涩的脸庞，
定格在黑白的轮廓里，
使人浮想起那些岁月的悠长。

曾几何时，
在黑白与色彩的交替中，
有着许多的合影留念，
不同的时期，
不同的场地，
不同的季节，
不同的人物，
但在每个人的脸上，
都洋溢着灿烂的笑容。
那是几代公交人，
在那些意气风发的年代，
用自己的心血，
来描绘公交事业的蓝图。

可曾记得，
旧办公室前的职工情谊，
通车典礼的剪彩瞬间，
手握方向盘的回眸一笑，
公交车前的姐妹情深，
停车小憩的回首一瞥，
车厢内售票员的灿烂笑容，
聚在车前的眺望远方，
职工婚礼的嬉戏场面，
联谊会上的举杯欢畅，
手捧锦旗的荣耀时刻，

等等这些，
都珍藏着某一段动人的故事，
使人流连和感叹，
回忆美好的过往。

如今岁月更替，
无数公交人的青春，
也随之逝去，
多么想穿越到过去啊！
去重温那些美好的时光，
目睹那旧时的脸庞，
倾听那曾经的誓言。

匆匆流年似水，
淡淡铅华如镜，
在每个人的生命中，
总会遇到很多的人，
发生许多的故事，
或平淡悠扬，
或刻骨铭心，
但随着时间的流逝，
那些人，
那些事，
都变成了回忆中，
逐渐泛黄的老照片。

一路同行

在茫茫人海中，
我们一路同行，
每一段路程，
我们风雨相伴；

在条条大路上，
我们一路同行，
每一个梦想，
我们共同追寻。

我们一路同行，
编织美丽的梦，
无论何时何地，
从未停息；

我们一路同行，
放飞希望的心，
共同期待，
一个美好的明天。

看着沿途的风景，
感谢有你的陪伴，
让我们携手共进，
一路同行。

沁园春·公交

中国薯都，乌兰察布，物华天宝。望霸王河畔，大路条条；老虎山下，车轮滚滚。

春去秋来，齐渡难关，安全重任勇担当。看今朝，十九大精神，贯彻始终。

紧抓节能减排，引绿色公交新步伐。

建最美公交，靓丽风景；与时俱进，低碳发展。披星戴月，寒来暑往，甘为社会做奉献。待明日，绘公交蓝图，再谱新篇。

巾帼壮歌

庚子疫情蔓延，华夏大地防控，
公交停运值守，其中不乏芳华。

疫前霸王河畔，驾驭穿梭奔忙，
疫后社区门前，倩影伫立寒风。

昔日铿锵玫瑰，枝头绚丽绽放，
今朝淡雅幽兰，大地吐露芬芳。

古有壮士断腕，今有飒爽英姿，
巾帼不让须眉，看我神采飞扬！

公交车

公交车车轮滚滚，车轮滚滚向前行。
向前行服务百姓，服务百姓献真情。

献真情风雨无阻，风雨无阻永相伴。
永相伴寒来暑往，寒来暑往做奉献。

做奉献传递真情，传递真情心连心。
心连心与时俱进，与时俱进公交车。

公交司机的一天

文 / 苏振峰

“嗡……嗡……嗡……”，一阵手机闹钟的振铃声响动在天还蒙蒙亮的凌晨卯时，和往常一样催促着公交司机赶紧起床，开始一天的日常工作。家人们还在熟睡中，为使他们不被惊醒，通常都将闹钟的响铃调为震动。起床时也是小心翼翼的，尽量不发出声响去打扰家人的睡梦，蹑手蹑脚地洗漱完就出门上班了。

因是六点半发第一班车，所以必须在五点多起床，六点到达分公司场站。到达场站后，开始出车前的例行检查，包括车辆外观、轮胎气压、润滑油和冷却液的液面等情况，确认正常后启动车辆。在车辆预热的过程中，还要进行一项非常重要的项目（酒精测试）。测试完成后，便驾驶公交车去往始发站等候发车。

第一趟车的乘客比较少，只有零零星星的几个人，一般都是一些上早班的。早晨的车厢是安静的，人们或睡意昏沉，或静坐发呆。发第二趟车大约是在七点半左右，是早晨的高峰期，并且这趟车极容易遇到堵车的现象，尤其是在学校周边的地段。这时乘客的数量也比较多了，基本上车厢里挤得满满的，都是上班的或上学的，大家都行色匆匆，生怕迟到了。第二趟车到达始发站时，司机们开始打扫车内外卫生，疫情期间更是每跑一趟车必须要对车内进行消毒。打扫完卫生就开始吃早餐，一般都是煮个方便面或吃个焙子。吃完早餐，就该发第三趟车了，上午的乘客也不太多，基本上都是一些年老的乘客，及来回奔忙办事的。

第四趟车跑回来就开始吃午餐了，虽然吃的有些早了点，那也没办法，等下一趟车跑回来就有些太晚了。吃完饭的这一趟车是让公交司机们最犯困的，饭后肠胃蠕动会加快，体内的血液会大量集中到消化系统，使大脑供氧量下降，容易产生困意。对于公交司机这个特殊职业来说，在这一阶段是最容易出事故的，司机们在饭后的精神状态要比平时差些，这就更加要求他们高度的集中精力，避免事故的发生。司机们也想出各种方法来克服这种犯困的状况，比如擦清凉油、风油精或嚼口香糖、吃一些零食什么的。中午时分的乘客也挺多的，主要是放学的学生为主。困倦的跑完这一趟车就可以好好地休息一下了，有的在司机座位上休息，有的在车厢后面的长排座椅上休息，有的下车去调度室里休息，休息的时间大多也就是半个小时左右，午睡对于他们来说是一件奢侈的事，但他们都已养成了习惯。

休息起来的精神状态的确恢复了许多，对于下午的工作可以用饱满的热情去面对。下午的乘客还是以上班、上学的为主，再往后便是零零星星去逛街的乘客。下午申时司机们都会去加气站补充燃料，从酉时开始，他们都将迎来晚高峰，下班的放学的人来人往、熙熙攘攘，车厢里又是人满为患、拥挤不堪，各种声音嘈杂不绝，车厢外车水马龙，又开启了堵车的模式。司机们不得不眼观六路、耳听八方，以确保乘客及车辆的安全，把乘客们都陆陆续续地安全送达目的地后，便可以收车下班了。待把公交车辆在分公司场站停放好后，关闭电源总闸，司机们便结束了一天的日常工作，踏往回家的路程，与家人团聚，此时已是华灯初上。待吃罢晚饭后，或观赏电视，或含饴弄孙，或上网聊天等等，为了保证有充足的睡眠，到了亥时又该洗漱休息，去迎接明天平凡的工作。

早出晚归、栉风沐雨，他们与这座城市一同苏醒，日复一日，年复一年，日子就这样不断地重复着。一天的时间，浓缩出了公交司机多年的生活！

“建党 100 周年”专线公交车　（周晓晶　摄）

感怀荣誉

文 / 苏振峰

俗话说：雁过留声，人过留名。荣誉，作为工作的一种激励手段，是对行为素质、工作业绩的褒奖和肯定，它的本身是褒义的、正面的、积极的，但有时发生在它背后的故事是沉重的，甚至是苦涩的。荣誉不关心将来，它只能在人们的心目中，唤起对过去的回忆。

通过最近这段时间的走访，发现在公交系统的老职工家中，或多或少都有几本荣誉证书、奖状或奖章以及获奖时的照片。有个人的荣誉，也有集体的荣誉，颁发的组织有：各级党委政府、工会组织、交通部门、公交公司等，年代跨度从 1983 年至 2013 年，经历了 30 年的风风雨雨。

当我翻开一本本证书、展开一张张奖状、捧起一枚枚奖章时，在我内心深处感觉到的是历史的悠久、时代的进步、事业的发展，三者交相辉映。这是几代公交人通过努力奋斗而得到的高度赞誉，他们一生为公交事业默默奉献，做出了十分突出的贡献，但曾经的辉煌，是与他们背后的付出分不开的。

在 1983 年的“四优百日”竞赛活动中，郝利桃同志被评为优质服务司乘站务员，这是一本年代较早的荣誉证书，是由自治区多部门联合颁发的。随着岁月的流逝和时代的变迁，这本证书早已陈旧泛黄，但却是回忆那段历史的见证物。时光荏苒，郝大姐现已退休多年，但回首往事却还历历在目，那时她是一名普通的公交车售票员，在工作中始终把乘客当亲人，想乘客之所想、急乘客之所急，努力做到体贴入微的关心、热情周到的服务，遇事总是以和气耐心的态度去处理。

一分耕耘，一分收获，郝大姐通过自己努力的奋斗，得到了社会各界的认可，多次获得各部门颁发的荣誉证书，像郝大姐这样获得殊荣的同志，在公交行业还有很多，例如：“先进工作者”宋国安同志、“先进修理工”郭登祥同志、“先进驾驶员”张彩霞同志、“三八红旗手”陈冬梅同志、“雷锋式的好青年”王成同志等等，他们都在各自的本职工作中默默奉献着自己的一生。诸多的荣誉代表着一种信任和肯定，更承载着一份责任与期望，荣誉只是暂时的，奋斗才是永恒的旋律，我们要把荣誉作为继续前进的动力，来鞭策自己更好地成长进步！

霸王河欢乐世界首末站　（周晓晶 摄）

承包制的变革

文 / 苏振峰

公共交通是社会公共事业的重要组成部分，涉及广大百姓的利益。大力发展公共交通，确保公共交通的便捷、安全、可靠，是每一位公交人的责任。

集宁的公交承包制始于 25 年前，当时的公交行业连年亏损、举步维艰。在此背景下，为了减轻财政投入，公司采取了市场化的措施，允许私人个体经营公交线路。从 1994 年起，3 路公交线率先开始实行了私人承包制，当时这一步被称为商品经济进入了社会服务行业，这一改革显现出了巨大的市场活力，也带来了不小的经济效益，集宁公交也一步步向扭亏为盈迈进。

随后几年，从 4 路公交线到 8 路公交线也都相继实行了承包制。各线路的经济效益提升了，但其弊端也突显出来：有些承包者社会责任意识淡薄，片面追求经济利益，违规营运等现象时有发生，各线路之间争客源、延迟发车时间，甚至不按规定线路运行，不仅严重扰乱公交运行的时间与线路安排，乘客乘车的时间无法保证，更严重的威胁到了乘客的生命与财产安全。

2008 年以后，公司对于“统一经营、整体扭亏”提出了新的要求，逐步按年限收回各承包线路的经营权，重新回归到国有管控制。全面取消承包制后，集宁公交将全力打造新的公交形象，为提升公交行业的服务品质而不懈努力。

无人售票的推行

文 / 苏振峰

在公交车出现的几十年里，全国的公交行业经历了漫长的人工售票时期，推行无人售票是城市公共交通现代化发展的需要，也是当前公交行业普遍采用的服务方式。

无人售票公交车，使用的是一种设施和标识齐全的标准型公交车，车内不设售票员，在前门设置乘客投币箱及使用标准用语的电脑报站器，由驾驶员负责监督乘客投币和查验月票。乘客依次前门上车、后门下车，采取全程一票制，不设找零，月票通用。

无人售票作为城市公共交通企业的一项改革措施，首先于 1992 年在深圳开通了全国第一条无人售票线路，由此开启了中国城市公交无人售票的先河。从此以后陆陆续续有城市跟风效仿，如今，大多数城市都实现了城市公交无人售票，这样的变革既方便了乘客，又降低了运营成本。1996 年，深圳又在国内率先使用了公交非接触式 IC 卡系统，引领了全国公交行业收费模式的变革。

集宁公交的第一条无人售票线路，于 2001 年在 1 路公交线上实施。当时，由于是第一条无人售票的试行线路，为了顺利过渡，每辆公交车都设有一名监票人员，负责监督票款。对于这个新生事物，老百姓既好奇、又很欢迎，一时间成了他们关注的焦点和话题。有人认为无人售票是城市公交改革的重大突破；也有人认为是“洋货”不合中国的国情。但随着时间的推移，老百姓看到的是乘客上下车的井然有序，同时也享受到了公交无人售票变革的便利。

随着第一条无人售票线的试行成功，其他线路也纷纷开始转型为无人售票线路，在短短几年的时间里迅速实现了大规模覆盖。无人售票的实施，不仅为企业缩减了人力成本，也给了不少在岗人员再次选择的机会，不少的售票员利用这个机会去学习了驾驶技术，通过自己的努力成功从售票员转变为了驾驶员。转岗成功的售票员们将车厢服务与驾驶员的岗位特点相结合，为后期打造综合性高素质驾乘人员奠定了坚实的基础，此外，售票模式的更新也为企业带来了新的活力。

随着科技的不断发展，为加快推行无人售票，大力发展多种经营，2018 年，集宁公交在无人售票公交车上启用了 IC 卡收费系统，乘客们刷卡乘车方便又快捷，取得了良好的社会效益，同时也拉开了集宁公交全面推进智能化建设的序幕。

公交场站的建设

文／苏振峰

公交要优先，场站要先行。公交场站是城市公交的基础性设施之一，加强公交场站建设是城市公交可持续发展的基础与保障。国务院关于城市优先发展公共交通的指导意见中提出，要加强公共交通用地综合开发，改变土地用途的，由政府收回后重新供应与公共交通基础设施建设。对新建公共交通设施用地，按市场化原则实施土地综合开发，对现有公共交通设施用地，支持原土地使用者在符合规划且不改变用途的前提下进行开发，公共交通用地综合开发的收益，用于公共交通基础设施建设和弥补公交运营的亏损。

乌兰察布市公交公司在区委、政府的大力支持下，认真贯彻落实公交优先发展战略，加快公交场站的建设，进一步完善公交基础设施，增强公交营运生产、保障能力，扩大和延伸公交线路辐射范围，提高城市公共交通的综合能力和服务水平。

公司现有5个公交场站：位于新体路4号的公交总公司场站于1964年5月建成，占地面积4840平方米，建筑面积1422.49平方米；位于马莲渠乡李华沟村的公交综合场站于2010年建成，占地面积6758平方米，建筑面积1648.65平方米；位于学府路师范学院南门对面的公交一公司场站于2012年10月25日建成，占地面积28640平方米，建筑面积6526.36平方米；位于满达东街职业学院东门对面的公交二公司场站于2012年11月26日建成，占地面积26095平方米，建筑面积11128平方米；位于马莲渠乡政府南的公交三公司场站于2016年7月23日建成，占地面积19987平方米，建筑面积3422.36平方米。15个首末站：1.气象局首末站，停放1路公交线；2.雪原乳业首末站，停放2路、6路、30路公交线；3.卧龙山街道办事处首末站，停放3路公交线；4.卧龙山首末站，停放4路公交线；5.红星美凯龙首末站，停放5路公交线；6.公交三公司首末站，停放8路公交线；7.长途客运站首末站，停放10路、31路、33路、36路公交线；8.公交总公司首末站，停放11路、20路、23路、28路、40路公交线；9.金泰苑首末站，停放12路公交线；10.一中旧校区首末站，停放16路、17路公交线；11.公交一公司首末站，停放18路、19路、21路公交线；12.公交二公司首末站，停放22路公交线；13.霸王河欢乐世界首末站，停放29路公交线；14.黄冈公交站首末站；15.白海子镇首末站，停放38路公交线。

公交场站的建设按照统一规划、统一管理、政府主导、市场运作的方式建设，确保公交场站建设与城市公交的发展相协调，加强公交场站建设对于提升城市品位，促进城市的健康发展有着重要的作用。

公司拟于高铁站附近新建公交大型枢组站，用于枢组公交线路。公交大型枢组站的落成将对提高公共资源利用率，缓解新、旧区公交压力，避免重复线路，降低应用成本等情况有着十分积极的作用。公司重点围绕城市发展、行业改革及乘客出行需求，加大力度推进公交场站建设，不断提升公交配套设施建设步伐，努力构建综合公共交通体系。

金泰苑首末站 （周晓晶 摄）

不锈钢候车亭　（周晓晶 摄）

公交站牌、候车亭的更新换代

文 / 苏振峰

◎**公交站牌**

公交车凭借其价格优势、较大的载客能力、运行线路覆盖面广，成为城市内最重要的交通工具之一。但是由于城市内车辆众多、堵车严重，在高峰期可能很长时间都等不到一辆公交车，从而错过上班或处理其他重要事情的时间。因此能够准确掌握公交车运行的实时动态，以及运行前方路况的信息就变成了一件必要的事情。为提高公共交通服务质量，完善城市功能，提升城市品位，方便市民出行，乌兰察布市公交公司从建站初始到如今，已更新过四代公交站牌：第一代是铁皮式站牌，共分为四种颜色：红、白、蓝、黑，这种站牌容易生锈，有些站名要仔细从锈迹中寻找；第二代是不锈钢站牌，于 2004 年更换，其特点是耐腐蚀、不易产生锈蚀或磨损、易清洁且耐高温等等，这是由优质不锈钢材质的特征决定的，但风格比较单一；第三代是灯箱式站牌，于 2011 年更换，是以灯箱广告为主要表现形式的一种新型站牌；第四代是智能电子站牌，于 2017 年随智慧公交系统的发布同时更换，此次投入使用的智能公交电子站牌主要由公交 GPS 信息采集模块、公交 ERP 系统、基础数据平台、信息分析发布系统及前端实体电子站牌等部分组成。智能公交电子站牌可以显示公交车辆实时信息，包括车辆始末发班、车辆距离几站、车辆即将进站、车辆进站等精准状态，车辆即将到站时还会有语音播报提醒，实现公交信息联动，及时了解车辆位置和发车情况。为乘客进行及时信息引导，突破传统站牌的信息固态化、单一化，帮助乘客合理选乘公共交通。此外智能公交电子站牌的投用，可以更好地为乘客提供优质服务，满足市民智慧化出行的需求，也能有效提高公交运行效率，促进城市公共交通的健康发展。

智能公交站牌系统结合 GPS 监控调度系统，公交到站发布系统、多媒体信息发布系统三大主流系统，让乘客可以在等车的时候通过电子站牌实时了解后方车辆发车、到站等信息。同时电子站牌还可以播放时政新闻、广告促销、旅游线路、政府公告等信息，有效提高公交站牌的利用率。

随着 5G 网络的普及，越来越多的行业开始与 5G 接轨。智能公交电子站牌依赖网络，所以 5G 网络的普及也将促进智能公交站牌的发展。5G 网络 4G 相比，网速提升明显，按照理论数据，5G 的传输速率将可以实现 1Gb/s，比目前 4G 的速度快十倍以上。这意味着在 5G 网络可以做到低延迟或者零延迟数据传输。如果智能公交电子站牌用上 5G 物联网卡，可以实现在线监控路况信息，甚至通过触摸屏幕可以实现在线交流。此外，5G 网络还可以实现很多之前无法实现的功能。

公交站牌在城市公共交通中有着重要的作用，各种各样形式的站牌在不断推出，其设计也随着城市的变迁在变换着类型，公交站牌的更新换代也在逐步地进行着。当代的公交站牌设计不仅是简单的提供信息，而更要注重人性化的发展，现在很多城市都在极力改变出行环境，增设智能公交站牌，实时更新车辆位置信息，可以让乘客在候车中不再迷茫，充分体现了“智能交通、以人为本”的理念。

◎**候车亭**

随着城市公共交通的日益发达，公交候车亭已成为城市公共环境中一个不可或缺的重要组成部分，承载着城市交通和经济发展的重任，彰显着一个城市的经济文化水平，不同形态和设计风格的公交候车亭会带给人们不同的候车感受。在公交候车亭设计中的一个小小的创意，就能提升和改变城市的品位和形象，也能让市民的出行轻松而富有乐趣。公交候车亭是基本的城市公共设施之一，也是城市形象的重要组成部分。公交候车亭一般与公交站牌相配套，目的是方便乘客候车时遮阳防雨。候车亭的结构主要有顶棚、立柱、广告灯箱和坐凳组成，也有用隔板来代替广告灯箱的，对于道路不宽，乘客不多的城乡公交线路上的公交候车亭，一般采用亭牌一体的简易型。有创意的公交候车亭是在满足设施本身的实用功能外，在设计上融入时尚的、个性化的设计元素，以独特的形式打动人心，融合创新和灵感，创造出符合人们对生活环境以及生活品质的高要求。富有创意设计的公交候车亭既能舒缓乘客出行时的情绪和节奏，也能在候车稍作停留时感受到快乐。

目前国内城市的公交候车亭的材料基本都是清一色的金属，如不锈钢，铝合金等，工艺上以焊接为主，给人以冷冰冰的感觉。在材料运用设计上保守老套、功能上缺乏人性化。有些公交候车亭由于顶棚太短，让原本该有的遮阳遮雨的功能根本无法实现，在雨雪天乘客要查看乘车信息得要顶风冒雨，因为对功能上认识的单一化，所以也给创意带上了枷锁。在公交候车亭设计创意上，应以人性化、智能化、可持续化的设计理念，创新设计形式，结合民众生活，设计出具有娱乐性、休闲性的公交候车亭，在保证其实用功能的前提下，将艺术性和科学性融入其中，让创意和生活紧密结合。

从 2004 年起到 2019 年，公交公司陆续更换了五代公交候车亭，并在候车亭内张贴公益性广告以及城市发展的相关图片。第一代为不锈钢候车亭；第二代为白色连体式候车亭；第三代为仿古景观式候车亭；第四代为红色港湾式候车亭；第五代为绿色一体式候车亭。几代公交候车亭的更换，更加注重了外观的造型设计，别致的曲线加上对比鲜明的色彩，不仅提升了城市的形象，更彰显了城市的魅力。

如今的公交候车亭不仅仅是一种基础设施，而是一个城市的名片，可以代表城市的发展层次。造型美观，材质新颖，质量高端，且蕴含地区文化特色的公交候车亭将成为城市的点睛之笔。此外，随着城市文化的建设与发展，城市公交候车亭被赋予了文化传播功能，通过公交候车亭宣传社会主义核心价值理念和城市文化特色。同时，商业广告是公交候车亭的主要辅助功能，是公交候车亭经济价值的重要体现，利用公交候车亭作为广告媒介，可以促进城市公共交通系统的良性发展。

绿色环保公交的低碳之路

文 / 苏振峰

绿色环保公交是指除汽油、柴油发动机之外，所有其他能源的公交车，是城市低碳出行的代步工具，包括天然气、燃料电池、混合动力、氢能源和太阳能动力等各种公交车辆。其废气排放量比较低，贴近时下倡导的低碳生活，更受广大民众的喜爱。

汽车尾气中含有大量有害有毒气体，城市人口的密度大，汽车的数量多，排放的尾气就多，使人体引起各种疾病，甚至导致死亡，同时加重了温室效应。车辆的增多，使燃油的用量也多，地球上的资源不是很丰富，燃油紧缺，其用量的增多无疑加重了国民负担。燃油汽车的尾气排放是城市空气污染的主要来源，特别是两米以下的空间污染更为严重，居民健康受到了严重的危害，特别是交通警察，每天很辛苦地站在马路上，在两米范围内肺部的疾病发病率很高，如果做健康检查，交通警察的肺部疾病发病率远远高于其他群体。另外还产生了大量的热污染，普通的燃油汽车 60%会变成热能，到了夏天市区的温度会比郊区高 4~5 度，这些温度主要是因为大量汽车排放的热污染，同时还有大量的噪声污染。CNG 环保公交车是以天然气代替柴油的一种清洁燃料车，尾气中不含硫化物和铅，一氧化碳降低 80%，碳氢化合物降低 60%，氮氧化合物降低 70%。绿色环保公交车的出现在一定程度上降低了 PM2.5，减少了对环境的污染问题，真正做到了绿色环保。

公交行业节能减排任重而道远，是能源消耗和温室气体排放最受关注的行业之一。加快建设低碳公交，节能减排，走低成本、低能耗、低污染、高效率的低碳之路，是公交企业节约利用资源，保护生态环境，走可持续发展的必由之路。

从 2012 年开始，随着燃油车退出线路运行，绿色环保公交车的投入运营，为乘客提供了更好的乘车环境。这些新款绿色环保公交车一亮相就受到广大乘客的喜欢，成为城市中一道流动的靓丽风景线。

同时，节能环保也是一大亮点，很多市民在乘车和候车时感受到了这些巨大的变化。更换绿色环保公交车后，最明显的变化是再也没有冒黑烟的情况了，公共交通环境也变得更好了。

如今，新能源电动公交车已经逐步替代了天然气环保公交车。今年起，公司计划引进新能源电动公交车，更换即将下线的老旧车辆，以其零污染、低运营成本的特点，实现绿色环保公交的低碳出行。新能源电动公交车的陆续更换，将对改善市民居住环境意义重大，也是顺应历史发展的需求。

跨地区的公交线

文／苏振峰

为进一步完善集宁区公共交通建设、加快城乡公交一体化、拉动区域经济发展。公交公司在 2015 年元月 23 日开通 23 路无人售票公交线，共投入江淮大客 14 辆，从公交总公司出发，经过约 75 分钟的行程，到达位于前期三中的终点站，途径平地泉镇、达尔登大道，及沿线的近 10 个村镇。全程票价为 3 元，低于两地间客用班车五元的票价，每趟车的间隔时间也有所缩短。

首条跨地区城际公交线的开通，表明在这个经济极其活跃的地方，县域经济正逐步摆脱行政区划的制约，谋求符合经济规律的发展路径。这条公交线路是在原有的前旗客运班车运作基础上改造而来，改造前经营主体分散，以个体模式运作，受利益等因素影响，车辆普遍陈旧，旅客意见较多。2015 年，公交公司将个体运作的客运班车改造成了公司化运作的公交车，大多数个体车主看到了公交化改造的好处，先后提出要求改造，有关部门抓住时机，积极推进这项工作，改造完成后，前旗的客运班车结束了个体运作的历史。

23 路公交线的开通，实现了集宁区和前旗之间交通出行的无缝衔接，让两地群众真正享受到价格实惠、快捷舒适的出行服务，进一步改善了集宁区与前旗之间的交通状况，形成政策协调、资源共享、安全便捷、经济高效的县际城乡公交一体化运行机制，为城乡居民提供安全、便捷、经济、高效的出行服务，并推动了两地经济的发展。

2015 年 9 月 23 日，公交公司将 23 路公交线原有的 14 台即将报废的燃油车进行了更新，新投入安凯牌 12.5 米天然气大客车 17 辆，并将原终点站前旗三中延伸到天皮山工业园区，为前旗工业园区乘客的出行提供了有力的保障。

2016 年 11 月 23 日，开通 33 路公交线，由公交总公司通往前旗化肥厂，全程 40 公里，投入公交车 11 辆，票价实行 3 元一票制。33 路公交线的开通，有力地保障了前旗居民及沿线村民的出行，得到了社会各界的一致好评，取得了良好的社会效益。

一辆公交车的告白

文／苏振峰

我，是一辆公交车，准确地说我是乌兰察布市公交公司 477 辆纯电动公交车的其中一辆。我从河南郑州长途跋涉八百多公里，来到了美丽的中国薯都乌兰察布，在这里我将履行我的职责——开启绿色环保出行新时代。

我的车身主体颜色是灰色的，人们都亲切地称我为“小灰”，在我的腰部有一条绿色的腰线，展现出了我修长的身体线条，也代表了我是一辆绿色环保的公交车，听到人们对我漂亮外形的赞扬时，我都有些“心花路放”了。

在我的车厢内所有的座椅都是皮制座椅，大大地提升了乘客坐车的舒适度，有的座椅旁边还配备了 USB 充电接口，我想，在靠近充电口的座位应该会受到年轻人的青睐，因为他们的手机电量永远都不够用。司机座椅还安装了气囊减震、座椅加热、通风等功能，可确保驾驶员冬暖夏凉。我的身上还安装了由中国北斗卫星来定位的行驶记录仪，再加上 360 度环视系统，可以清晰地看到我的周围有无障碍物，如果我跑得太快即将超速时，还会发出清脆的铃铛声，来提醒司机该减速了，如果我感到周围有危险时，我会发出像警车一样的警报声，在低速行驶时，我还会发出语音提示，让人们不要靠我太近。

在我还未上岗前，我每天都看到我的前辈们——天然气公交车，进进出出地还在继续服务着乘客们，它们在即将退休的时刻还在发挥着余热。在我上岗后，我的前辈们就要退休了，看着它们一辆辆排着队开往报废车场，我和它们一一惜别。它们也即将履行最后的使命，将自己的身体拆解，用到其他有用的地方，就像人们捐献器官一样，继续发挥着余热、服务他人，为祖国做出奉献。

若干年后，我也会面临着退休，到那时也不知接替我的是什么样的公交车，我觉得应该是比我还优秀的、更加科技环保的公交车。时代在进步，将来的公交车也会紧跟时代步伐，以科技创造未来！

“建党 100 周年”专线公交车 （周晓晶 摄）

公交学员记

文 / 杨晓燕

缘起2015年，集宁区穿行的车流中赫然多了个双层公交的靓丽车影，29路一抹醒目的艳红驶入民众视野，更加惹人注目的是驾驶室里一个个明媚帅气的女驾驶员，爱慕之意油然而生，果断去驾校报考了A3驾驶证学习。

2020年集宁区城市公交又一次全面更新，一辆辆环保节能的新能源电动车取代了老式的天然气车，为蓝天碧草的集宁又添新风采。

这一次我幸运地加入了新司机上岗培训的队伍，第一天到二公司报到，张经理将我分配到29路跟随车队长学徒，初上车坐在最前排座位熟悉路线，看着师傅驾车时的飒爽英姿，内心充满钦佩和期待，期待自己早日像师傅一样把这个十米多长的庞然大物驾驭的如鱼得水。

两圈路线熟悉下来师傅便教我亲自驾驶了，真是知之非艰，行之惟艰，驾驶中控台各个按键的功能，脚下油门的力度，刹车深浅的掌握，每个路段站牌的位置，车内乘客的动向，行车中随时出现的路况，每一根神经都时刻绷得紧紧，师傅的耐心指导象定海神针一样，每每让我紧张慌乱的心绪平稳，每一天都有新的技能长进，也每一天在进步中增长着信心。

一个月的驾驶培训结束后进入规章制度和安全驾驶学习，通过学习更进一步了解到这个平凡岗位的担当与责任，作为广大市民的公共交通出行工具，不仅需要安全便捷，更是这个城市文明的形象窗口。作为一名公交车驾驶员，要时刻以自己的仪容，车貌和热情耐心的服务为乘客提供安全舒心的乘车环境，为城市文明多添一笔和谐的色彩。

29路公交车女驾驶员　（周晓晶　摄）

转眼两个月的培训期即将结束，和初来公司报到时的心情焕然两样，每天和我们一起工作劳动的领导们和蔼可敬，遇到脏、苦、累的活儿都身先士卒为我们树立表率，每一次开会学习都谆谆教诲，以全国劳模徐亚平为榜样，以创建文明城市为动力，以安全营运为宗旨，要求和激励每一位驾驶员时刻谨记我们的每日誓词：确保每一趟车辆的平安出行，确保每一位乘客的生命安全！

第四章 新时代文明实践号

“书香集宁”专线公交车内景 （周晓晶 摄）

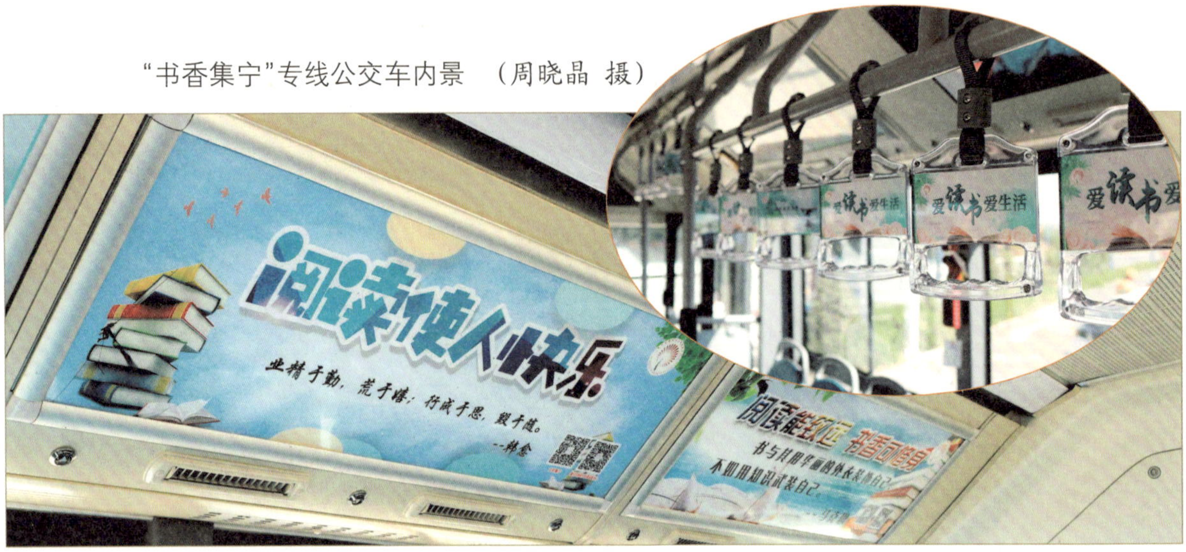

“红色文化”专线公交车及内景 （周晓晶 摄）

“习近平总书记重要讲话摘抄”专线公交车及内景 （周晓晶 摄）

“博爱”专线公交车及内景　（周晓晶　摄）

“民族团结进步”专线公交车内景　（周晓晶　摄）

“建党 100 周年”专线公交车及内景　（周晓晶　摄）

第四编 乌兰察布市公交公司新征程、新发展

第一章 公交线路及车型

(2011—2021 年)

1 路公交线：乌兰热电厂—气象局，中通新能源客车 （周晓晶 摄）

2 路公交线：雪原乳业—平地泉水世界，中通新能源客车 （周晓晶 摄）

3 路公交线：红卫桥—卧龙山街道办事处，中通客车 （周晓晶 摄）

4 路公交线：如意社区—卧龙山，中通新能源客车 （周晓晶 摄）

5 路公交线：铁路小区—红星美凯龙，中通新能源客车 （周晓晶 摄）

6 路公交线：雪原乳业—新华街办事处，中通新能源客车 （周晓晶 摄）

7 路公交线：学府花园—学府花园（环形线路），宇通客车 （周晓晶 摄）

8 路公交线：集宁机场—万众娱乐广场，安凯客车 （周晓晶 摄）

9 路公交线：加州华府—公交总公司，中通客车 （周晓晶 摄）

10 路公交线：乌兰察布高铁站—朝聚眼科医院，黄海客车 （周晓晶 摄）

11 路公交线:公交总公司—心乐乳业，黄海客车 （周晓晶 摄）

12 路公交线:乌兰商厦—金泰苑，黄海客车（周晓晶 摄）

16 路公交线:一中旧校区—霸王河一中，江淮客车 （周晓晶 摄）

17 路公交线:一中旧校区—黄旗海镇，江淮客车 （周晓晶 摄）

18 路公交线:公交一公司—江东郡，江淮客车（周晓晶 摄）

19 路公交线: 公交一公司—霸王河一中，中通客车 （周晓晶 摄）

20 路公交线:公交总公司—陈家村,中通新能源客车 (周晓晶 摄)

21 路公交线:公交一公司—韵驰驾校,江淮客车 (周晓晶 摄)

22 路公交线:公交二公司—公交总公司,中通新能源客车 (周晓晶 摄)

23 路公交线:公交总公司—前旗三中,安凯客车 (周晓晶 摄)

26 路公交线:公交总公司—家合欣苑 C 区,安凯客车 (周晓晶 摄)

28 路公交线: 公交总公司—大十号村,蜀都客车 (周晓晶 摄)

29 路公交线：霸王河欢乐世界—霸王河欢乐世界(环线)，宇通客车 （周晓晶 摄）

30 路公交线：雪原乳业—王贵沟，蜀都客车（周晓晶 摄）

31 路公交线：长途客运站—常青街道办事处，蜀都客车 （周晓晶 摄）

33 路公交线：乌兰察布高铁站—前旗三中，安凯客车 （周晓晶 摄）

36 路公交线：公交总公司—乌兰察布高铁站，宇通客车 （周晓晶 摄）

38 路公交线：中心广场—白海子，安凯客车（周晓晶 摄）

40 路公交线：公交总公司—北官房，蜀都客车 （周晓晶 摄）

K1 路公交线：集宁南站—乌兰察布高铁站，安凯客车 （周晓晶 摄）

2021 年，宇通新能源纯电动公交车替换全部老旧车辆 （周晓晶 摄）

2011—2020 年公交车型：

1.合客牌 HK6819HQ5(2011 年)；
2.黄海牌 DD6109S11(2011 年)；
3.合客牌 HK6105HGQ(2012 年)；
4.宇通牌 ZK6100HNGA9(2013 年)；
5.中通牌 LCK6105PHENV1(2013 年)；
6.安凯牌 HFF6125GZ-4C(2015 年)；
7.中通牌 LCK6125HGN(2015 年)；
8.宇通牌 ZK6808HN22(2015 年)；
9.亚星牌 JS6111SHCP(2015 年)；
10.宇通牌 ZK6116HNGS2(2015 年)；
11.蜀都牌 CDK6701CEG5(2016 年)。

2021 年公交车型：

1.宇通牌[E8] ZK6816BEVG5；
2.宇通牌[E10] ZK6106BEVG6；
3.宇通牌[E12] ZK6126BEVG3E。

第二章 公交站牌及候车亭

乌兰察布市公交公司从建站初始到如今，已更新过四代公交站牌：第一代是铁皮式站牌，分为四种颜色：红、白、蓝、黑；第二代是不锈钢站牌；第三代是灯箱式站牌；第四代是智能电子站牌。

乌兰察布市公交公司更换过五代公交候车亭：第一代为不锈钢候车亭；第二代为白色连体式候车亭；第三代为仿古景观式候车亭；第四代为红色港湾式候车亭；第五代为绿色一体式候车亭。

不锈钢候车亭 （周晓晶 摄）

红色港湾式候车亭 （周晓晶 摄）

红色港湾式候车亭 （周晓晶 摄）

白色连体式候车亭 （周晓晶 摄）

白色连体式候车亭 （周晓晶 摄）

不锈钢候车亭 （周晓晶 摄）

仿古景观式候车亭 （周晓晶 摄）

绿色一体式候车亭 （周晓晶 摄）

不锈钢候车亭 （周晓晶 摄）

绿色一体式候车亭 （周晓晶 摄）

智能电子站牌 （周晓晶 摄）

灯箱式站牌 （周晓晶 摄）

第三章 公交场站及调度

公交场站是城市公交的基础性设施之一，加强公交场站建设是城市公交可持续发展的基础与保障。乌兰察布市公交公司认真贯彻落实公交优先发展战略，加快公交场站的建设，进一步完善公交基础设施，增强公交营运生产、保障能力，扩大公交线路辐射范围，提高城市公共交通的综合能力和服务水平。

乌兰察布市公交公司大门 （周晓晶 摄）

乌兰察布市公交公司办公大楼 （周晓晶 摄）

乌兰察布市公交公司办证大厅 （周晓晶 摄）

4 路调度室 （周晓晶 摄）

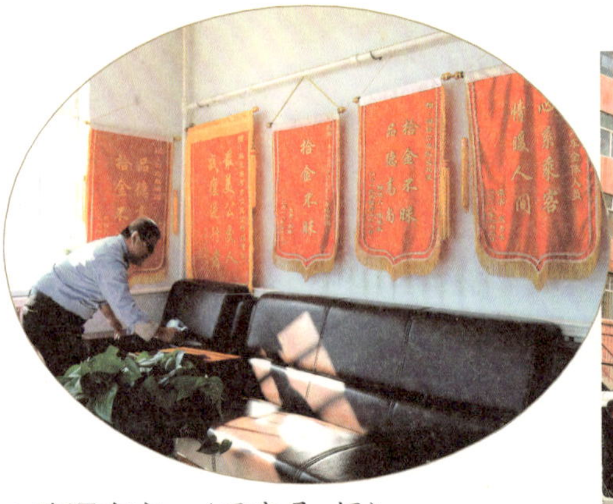

4 路调度室 （周晓晶 摄）

总公司场站 （周晓晶 摄）

29 路调度室 （周晓晶 摄）

长途客运站场站 （周晓晶 摄）

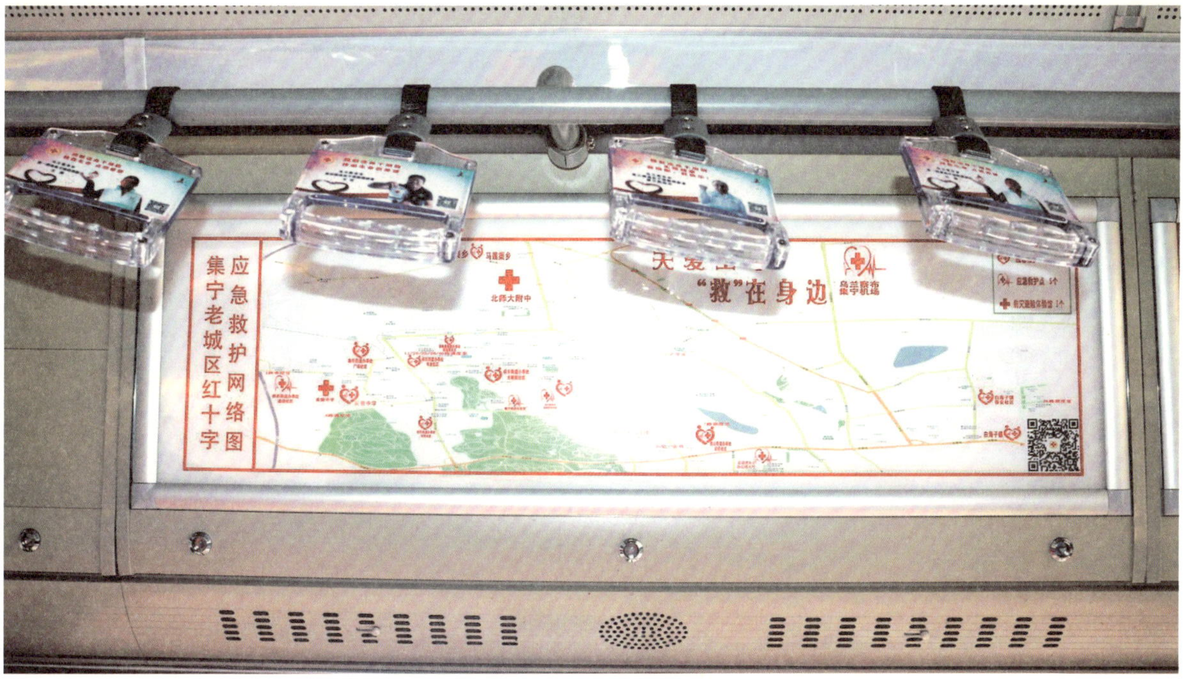

“博爱”专线公交车内的急救网络图 （周晓晶 摄）

智能调度监控中心 （周晓晶 摄）

第四章　公交管理模式

城市公交的经营管理模式应该是多种经营模式共存的一个多元发展局面。为树立公交运营管理新形象，乌兰察布市公交公司结合其他城市公交运营管理经验及公司实际情况，本着“规范化管理、公司化运作”的经营理念，探索出了一条符合公司实际情况的管理模式，并逐步在公交线路中推广实施，多种管理模式并存，以保证公交事业的稳定、持续发展。

2020 年 9 月 29 日，驾驶员在上岗前进行酒精测试　（于宝　摄）

2020 年 9 月 29 日，驾驶员在上岗前进行宣誓　（于宝　摄）

“八不一确保”安全宣誓

我宣誓
在驾驶过程中
不超速
不闯信号灯
不接打手机
不疲劳驾驶
不随意变道
不开赌气车
不与乘客闲谈
不关闭动态监控系统
确保乘客生命安全

2020 年 9 月 29 日，驾驶员在上岗前登记车辆情况　（于宝　摄）

2020 年 10 月 17 日，驾驶员与调度员正在核对路单　（周晓晶　摄）

2021 年 5 月 20 日，工作中的智能调度员　（周晓晶　摄）

第五编

乌兰察布市公交公司史料辑录　福利慰问

第一章 史料辑录

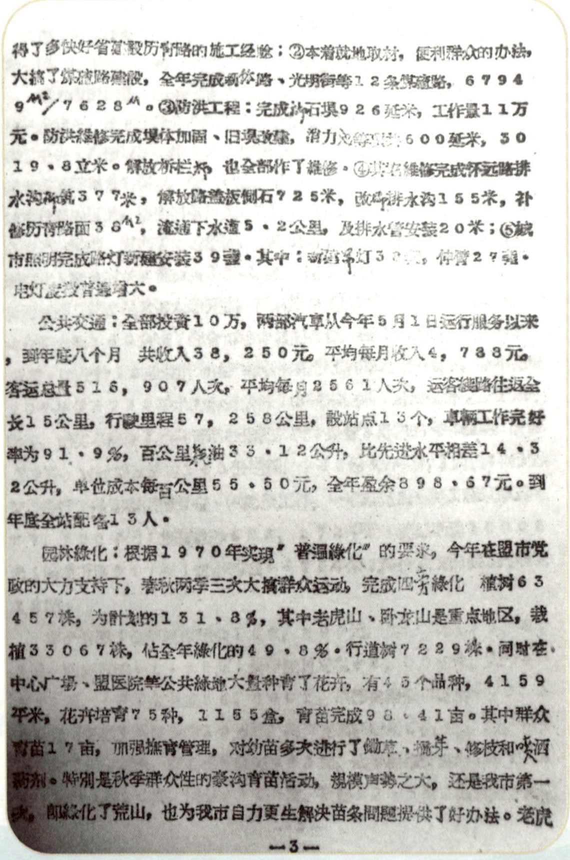

得了多快好省道路防护路的施工经验；②本着就地取材，便利群众的办法，大搞了修建路建设，全年完成新华路、光明街等12条修建路，67949m^2/7628m。③防洪工程：完成砌石坝926延米，工作量11万元。防洪维修完成坝体加固、旧坝改建，消力池修理600延米，3019.8立米。解放桥栏杆也全部作了维修。④排水维修完成怀远路排水沟砌筑377米，解放路盖板侧石725米，改砌排水沟155米，补修防护路面38m^2，疏通下水道5.2公里，及排水管安装20米；⑤城市照明完成路灯新建安装39盏。其中：新建吊灯32盏，伸臂27盏。电灯数目逐步增大。

公共交通：全部投资10万，两部汽车从今年5月1日运行服务以来，到年底八个月 共收入38，250元。平均每月收入4，783元。客运总量516，907人次。平均每月2561人次，运客线路往返全长15公里，行驶里程57，258公里，设站点13个，车辆工作完好率为91.9%，百公里耗油33.12公升，比先进水平相差14.32公升，单位成本每百公里55.50元，全年盈余898.67元。到年底全站职工13人。

园林绿化：根据1970年实现"普遍绿化"的要求，今年在盟市党政的大力支持下，春秋两季三次大搞群众运动，完成四旁绿化 植树63457株，为计划的131.8%，其中老虎山、卧龙山是重点地区，栽植33067株，占全年绿化的49.8%。行道树7229株。同时在中心广场、盟医院等公共绿地大量种育了花卉，有45个品种，4159平米，花卉培育75种，1155盒，育苗完成98.41亩。其中群众育苗17亩，加强抚育管理，对幼苗多次进行了锄草、摘芽、修枝和喷洒药剂。特别是秋季群众性的豪沟育苗活动，规模声势之大，还是我市第一次。即绿化了荒山，也为我市自力更生解决苗条问题提供了好办法。老虎

—3—

1964年，集宁市城建局工作总结 （集宁区档案馆 供图）

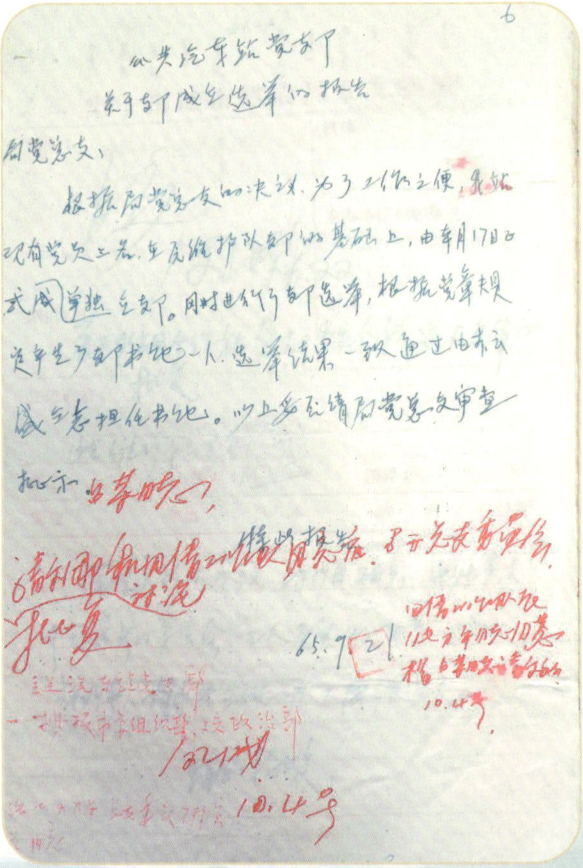

公共汽车站党支部
关于支部成立选举的报告

街党总支：

根据街党总支的决议，为了工作方便，我站现有党员三名，在交通维护队支部的基础上，由本月17日正式成立单独支部，同时进行了支部选举，根据党章规定产生了支部书记一人，选举结果一致通过由常云成同志担任书记。以上当否，请街党总支审查批示。

1965年9月21日，集宁市公共汽车站关于成立党支部和支部书记的报告 （集宁区档案馆 供图）

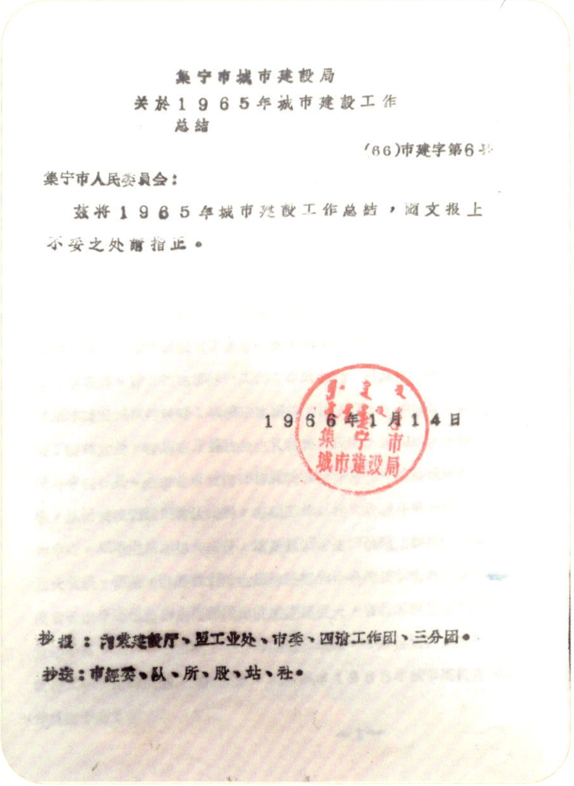

集宁市城市建設局
关於1965年城市建設工作总結

（66）市建字第6号

集宁市人民委員会：

兹将1965年城市建設工作总結，随文报上，不妥之处請指正。

1966年1月14日

抄报：內蒙建設厅、盟工业处、市委、四清工作团、三分团。
抄送：市經委、队、所、股、站、社。

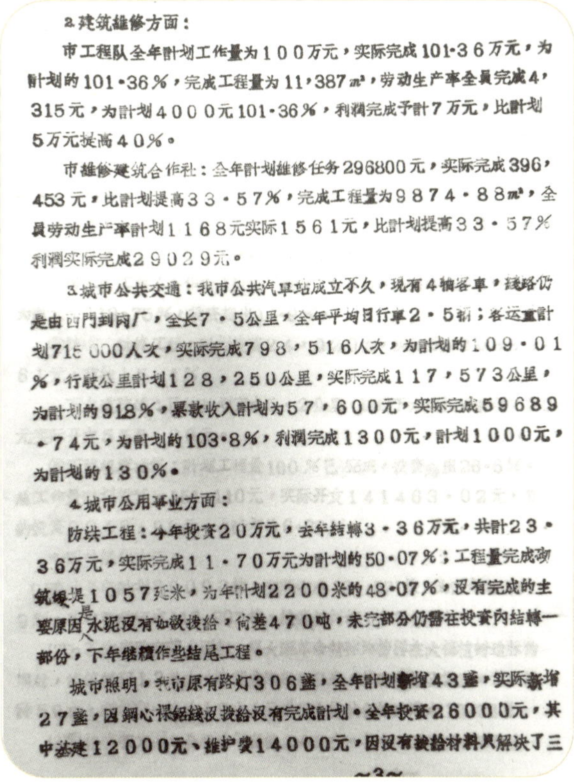

2.建筑維修方面：

市工程队全年計划工作量为100万元，实际完成101.36万元，为計划的101.36%，完成工程量为11,387m²，劳动生产率全員完成4,315元，为計划4000元101.36%，利潤完成予計7万元，比計划5万元提高40%。

市維修建筑合作社：全年計划維修任务296800元，实际完成396,453元，比計划提高33.57%，完成工程量为9874.88m²，全員劳动生产率計划1168元实际1561元，比計划提高33.57%利潤实际完成29029元。

3.城市公共交通：我市公共汽車站成立不久，現有4輛客車，綫路仍是由西門到肉厂，全长7.5公里，全年平均日行車2.5輛；客运量計划715 000人次，实际完成798,516人次，为計划的109.01%，行駛公里計划128,250公里，实际完成117,573公里，为計划的91.8%，票款收入計划为57,600元，实际完成59689.74元，为計划的103.8%，利潤完成1300元，計划1000元，为計划的130%。

4.城市公用事业方面：

防洪工程：今年投资20万元，去年結轉3.36万元，共計23.36万元，实际完成11.70万元为計划的50.07%；工程量完成砌筑堤1057延米，为年計划2200米的48.07%，没有完成的主要原因是水泥没有如数拨給，尚差470吨，未完部分仍需在投資内結轉一部份，下年继續作些結尾工程。

城市照明，我市原有路灯306盏，全年計划新增43盏，实际新增27盏，因鋼心裸鋁綫没拨給没有完成計划。全年投资26000元，其中基建12000元、維护費14000元，因没有拨給材料只解决了三

~3~

1965 年，集宁市城建局工作总结　（集宁区档案馆 供图）

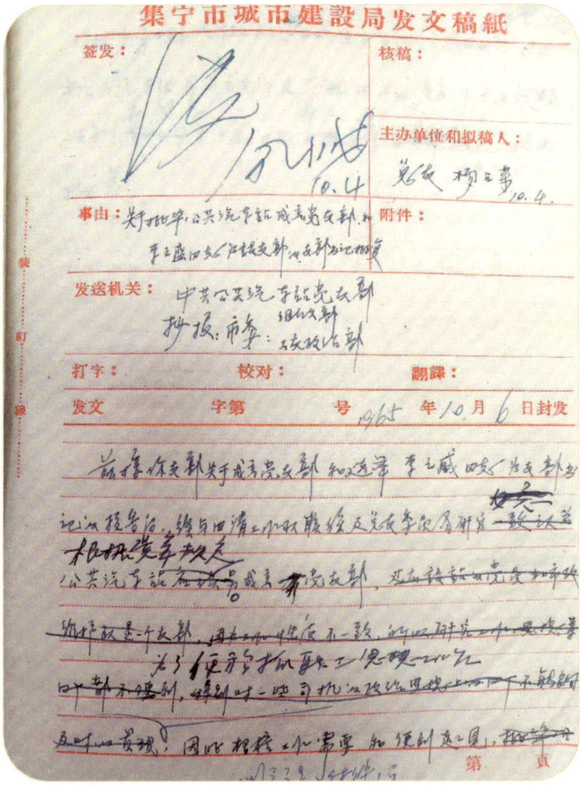

集宁市城市建設局发文稿紙

签发：
核稿：
主办单位和拟稿人：
事由：关于批准公共汽车站成立党支部……
附件：
发送机关：中共公共汽车站党支部
抄报：市委组织部
打字：
校对：
翻譯：
发文　字第　号　1965年10月6日封发

[illegible]

第　页

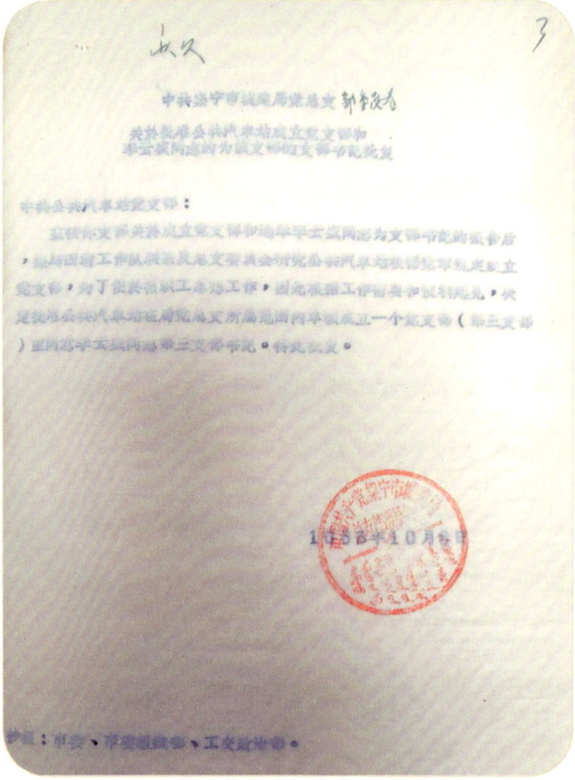

中共集宁市城建局党总支
关於批准公共汽車站成立党支部和李云盛同志为該支部的支部书記批复

中共公共汽車站党支部：

[illegible]

1965 年 10 月 6 日，集宁市城建局党总支《关于批准公共汽车站成立党支部和李云盛为支部书记的批复》（集宁区档案馆 供图）

1965 年 10 月 6 日，集宁城建局党总支关于批准公共汽车站成立党支部，李云盛任支部书记的文件　（集宁区档案馆 供图）

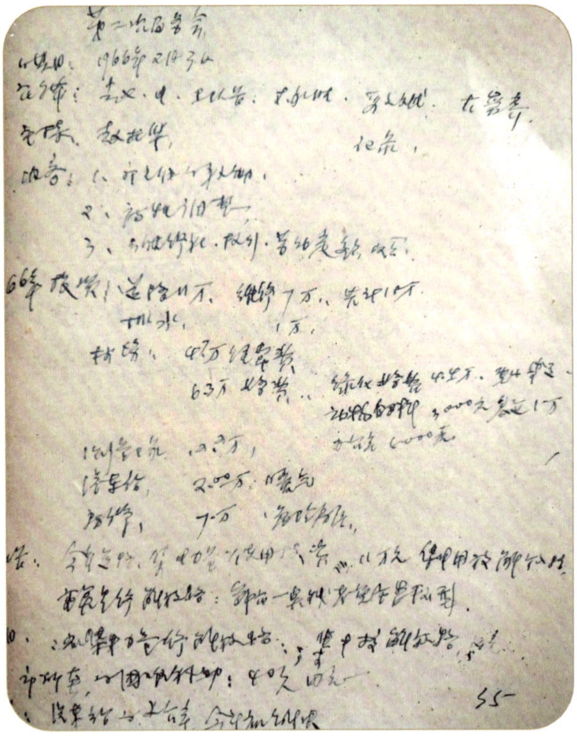

1966 年 2 月 3 日，集宁市城建局关于修建公共汽车站办公室的会议记录　（集宁区档案馆 供图）

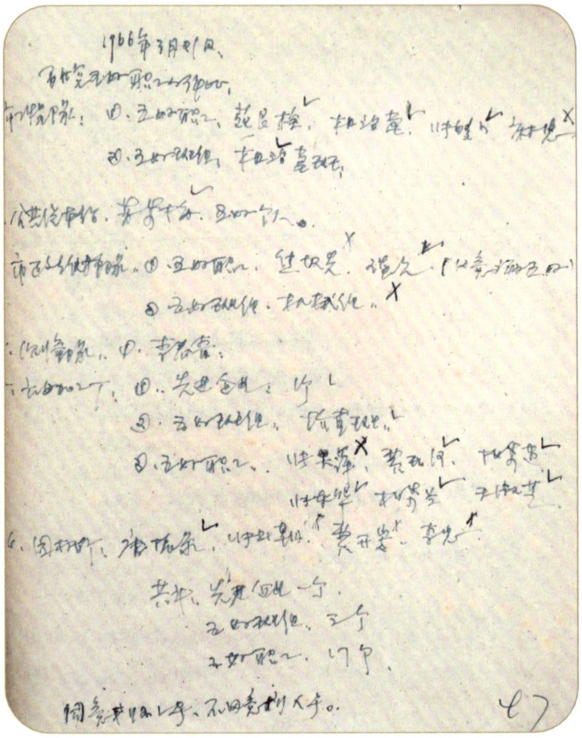

1966 年 3 月 21 日，集宁市城建局审议苏秀梅“五好个人”的会议记录　（集宁区档案馆供图）

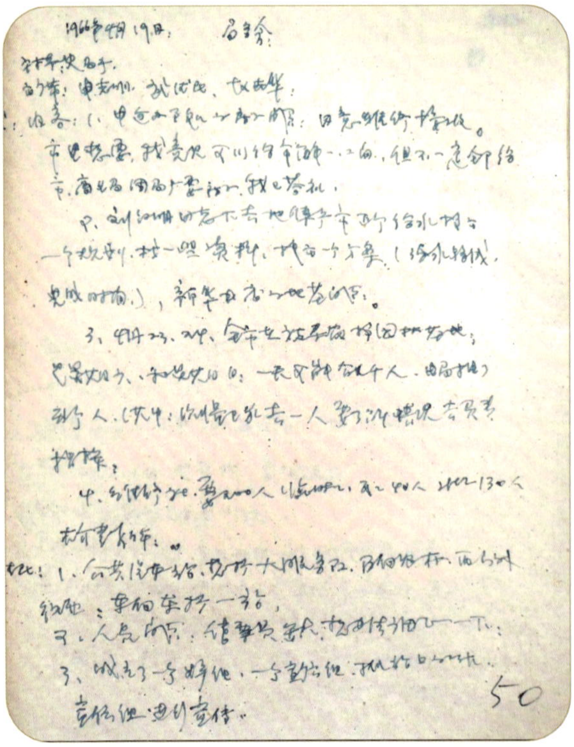

1966 年 4 月 19 日，集宁市城建局研究公共汽车站延长站点的会议记录　（集宁区档案馆 供图）

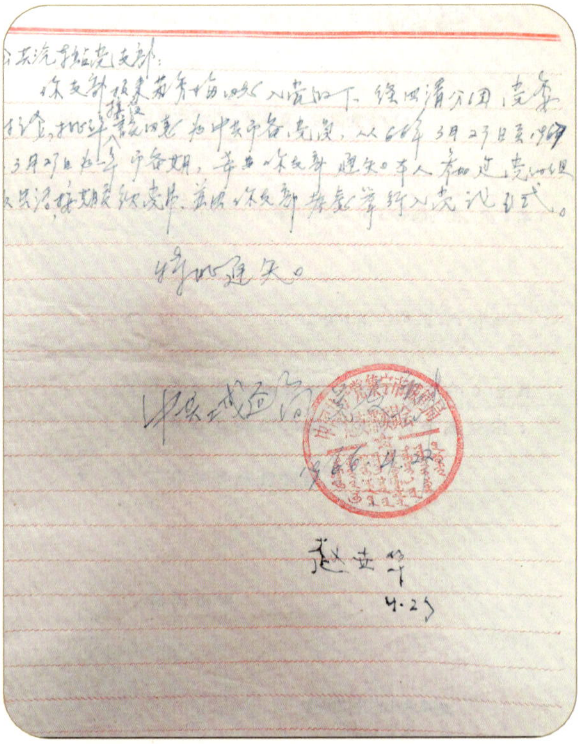

1966 年 4 月 22 日，集宁市公共汽车站职工苏秀梅成为中共预备党员的文件　（集宁区档案馆 供图）

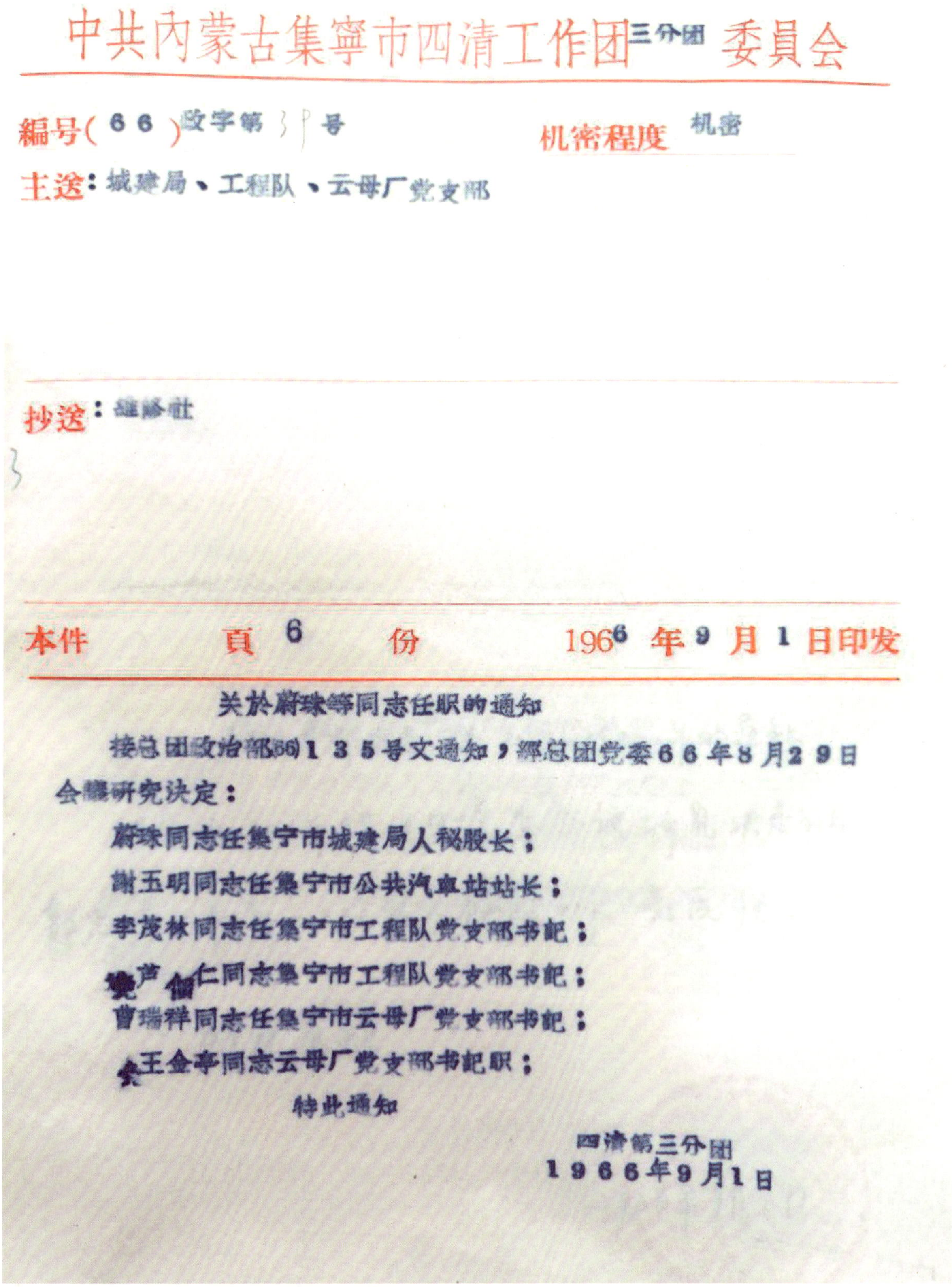

中共内蒙古集寧市四清工作团三分团 委員会

編号（66）政字第37号　　机密程度 机密

主送：城建局、工程队、云母厂党支部

抄送：缝纫社

本件 頁 6 份　1966年9月1日印发

关於蔚珠等同志任职的通知

接总团政治部(66)135号文通知，經总团党委66年8月29日会議研究决定：

蔚珠同志任集宁市城建局人秘股长；

谢玉明同志任集宁市公共汽車站站长；

李茂林同志任集宁市工程队党支部书記；

免卢佃仁同志集宁市工程队党支部书記；

曾瑞祥同志任集宁市云母厂党支部书記；

免王金亭同志云母厂党支部书記职；

特此通知

四清第三分团
1966年9月1日

1966年9月1日，谢玉明的任职文件　（集宁区档案馆 供图）

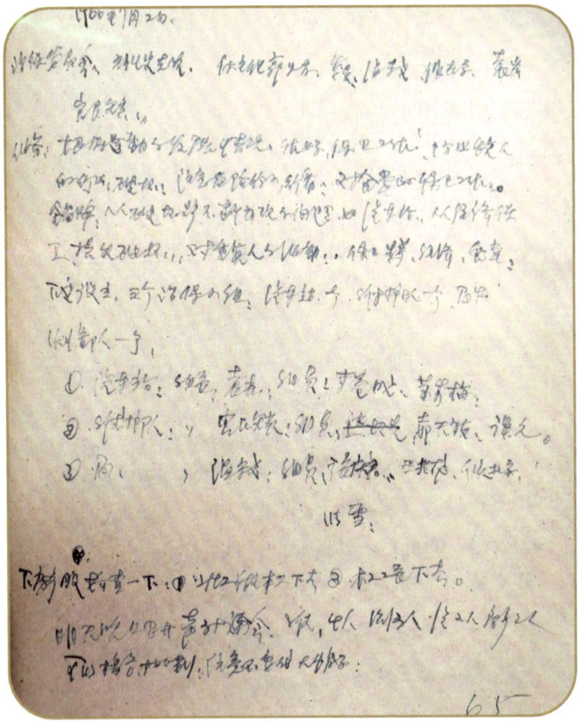

1966 年 7 月 2 日，集宁市城建局关于公共汽车站成立治保小组的会议记录 （集宁区档案馆 供图）

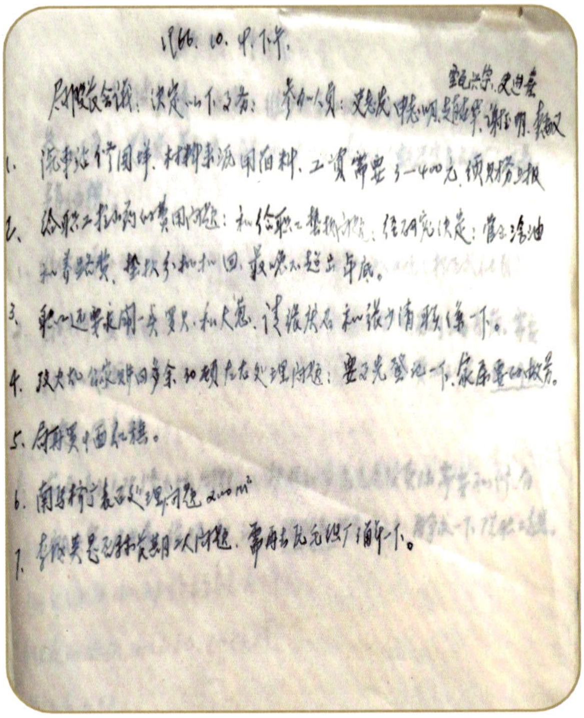

1966 年 10 月 4 日，集宁市城建局研究公共汽车站工作的会议记录 （集宁区档案馆 供图）

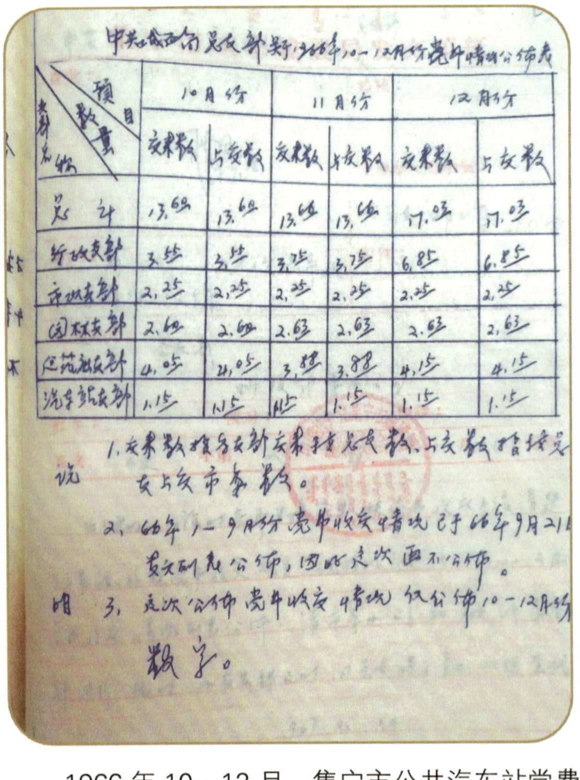

支部名称	10月份 应交数	10月份 上交数	11月份 应交数	11月份 上交数	12月份 应交数	12月份 上交数
总计	13.69	13.69	13.64	13.64	17.03	17.03
行政支部	3.45	3.45	3.25	3.25	6.85	6.85
市政支部	2.25	2.25	2.25	2.25	2.25	2.25
园林支部	2.63	2.63	2.63	2.63	2.63	2.63
建筑支部	4.15	4.15	3.88	[illegible]	4.15	4.15
汽车站支部	1.15	1.15	1.15	1.15	1.15	1.15

1966 年 10—12 月，集宁市公共汽车站党费缴纳情况 （集宁区档案馆 供图）

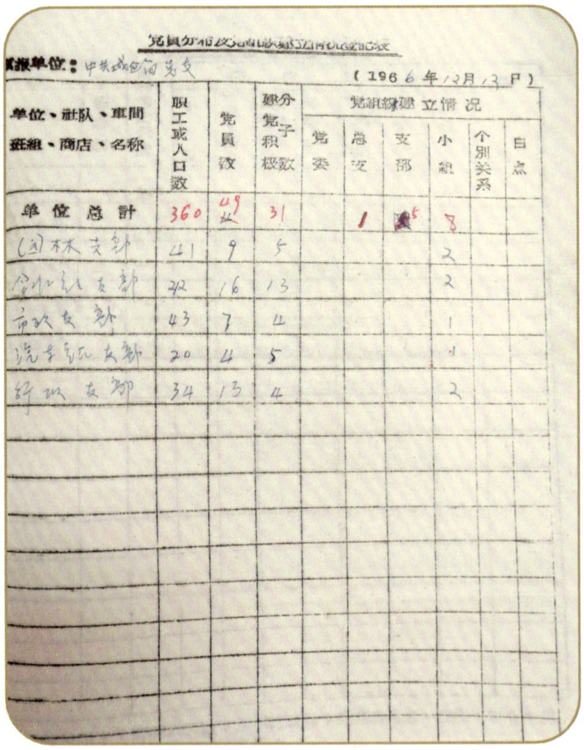

（1966 年 12 月 13 日）

单位、社队、车间、班组、商店、名称	职工或人口数	党员数	积极分子数	党委	总支	支部	小组	个别关系	白点
单位总计	360	[illegible]	31		1	5	8		
园林支部	41	9	5				2		
公用支部	32	16	13				2		
市政支部	43	7	4				1		
汽车站支部	20	4	5				1		
行政支部	34	13	4				2		

1966 年 12 月 13 日，集宁市公共汽车站支部情况 （集宁区档案馆 供图）

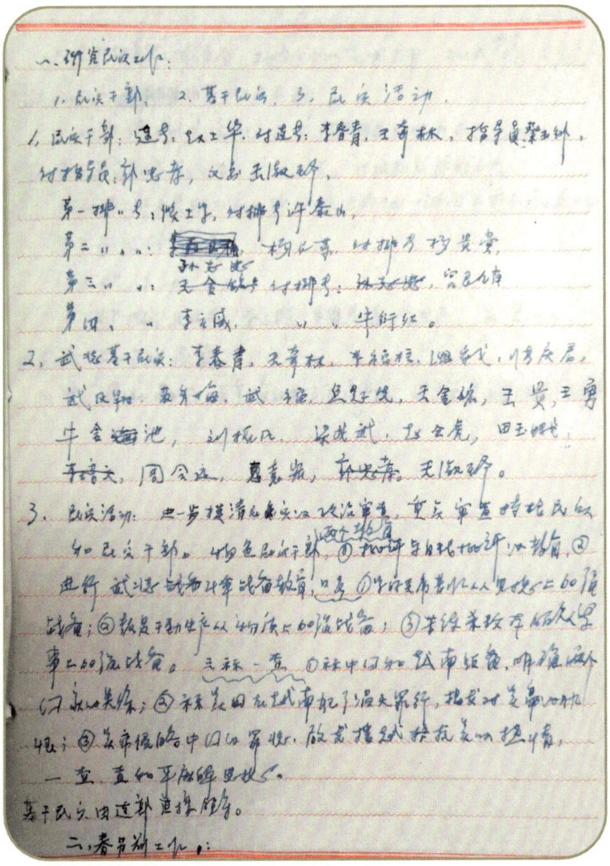

1966 年，集宁市城建局武装基干民兵情况
（集宁区档案馆 供图）

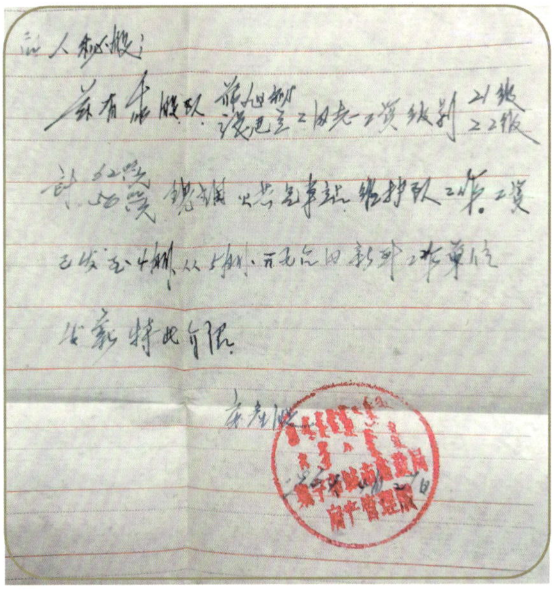

1964 年 4 月 27 日，薛旭初的人事介绍信
（乌兰察布市自然资源局档案馆 供图）

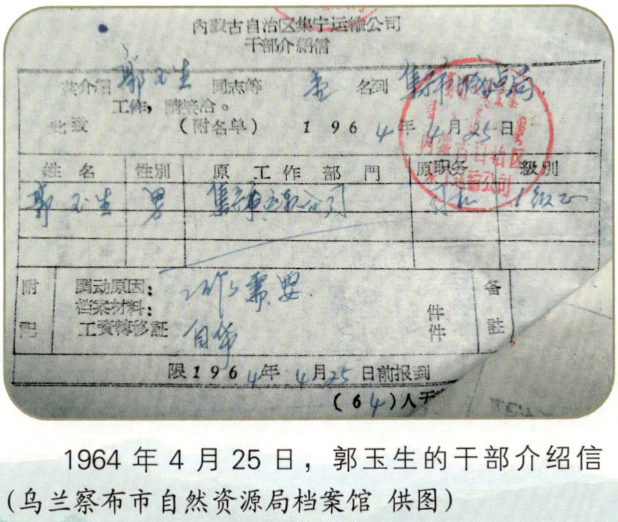

1964 年 4 月 25 日，郭玉生的干部介绍信
（乌兰察布市自然资源局档案馆 供图）

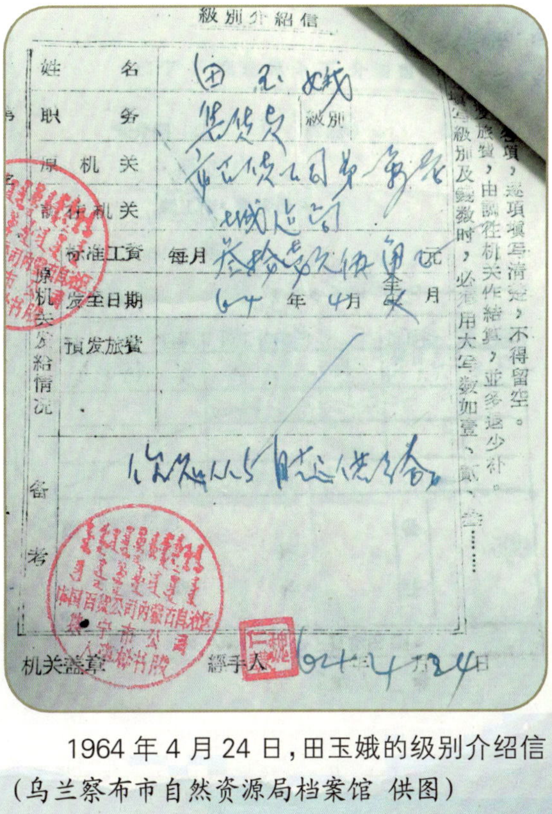

1964 年 4 月 24 日，田玉娥的级别介绍信
（乌兰察布市自然资源局档案馆 供图）

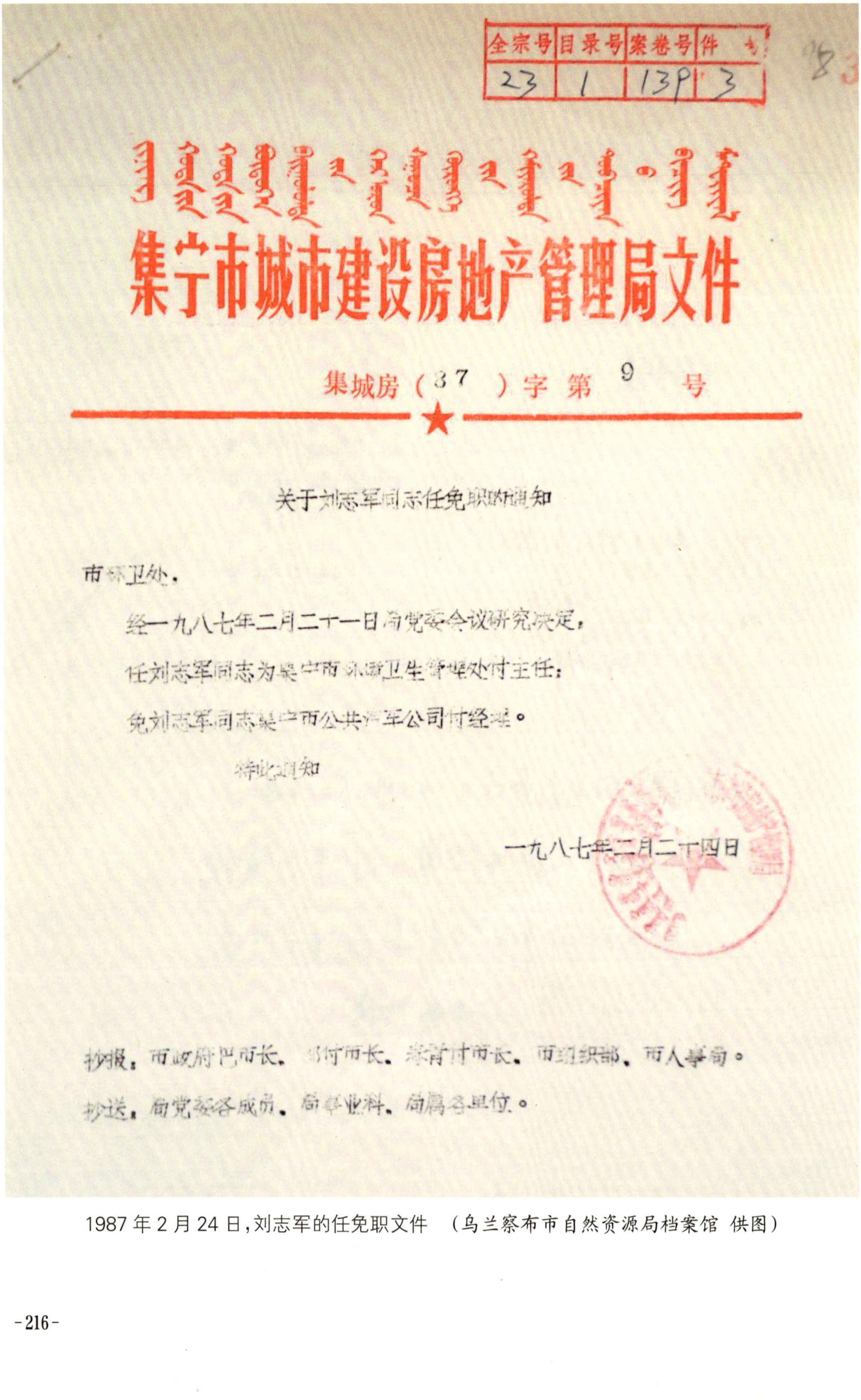

全宗号	目录号	案卷号	件
23	1	139	3

集宁市城市建设房地产管理局文件

集城房（87）字第 9 号

关于刘志军同志任免职的通知

市环卫处：

经一九八七年二月二十一日局党委会议研究决定，

任刘志军同志为集宁市环境卫生管理处付主任；

免刘志军同志集宁市公共汽车公司付经理。

特此通知

一九八七年二月二十四日

抄报：市政府巴市长、郝付市长、李青付市长、市组织部、市人事局。

抄送：局党委各成员、局事业科、局属各单位。

1987 年 2 月 24 日，刘志军的任免职文件 （乌兰察布市自然资源局档案馆 供图）

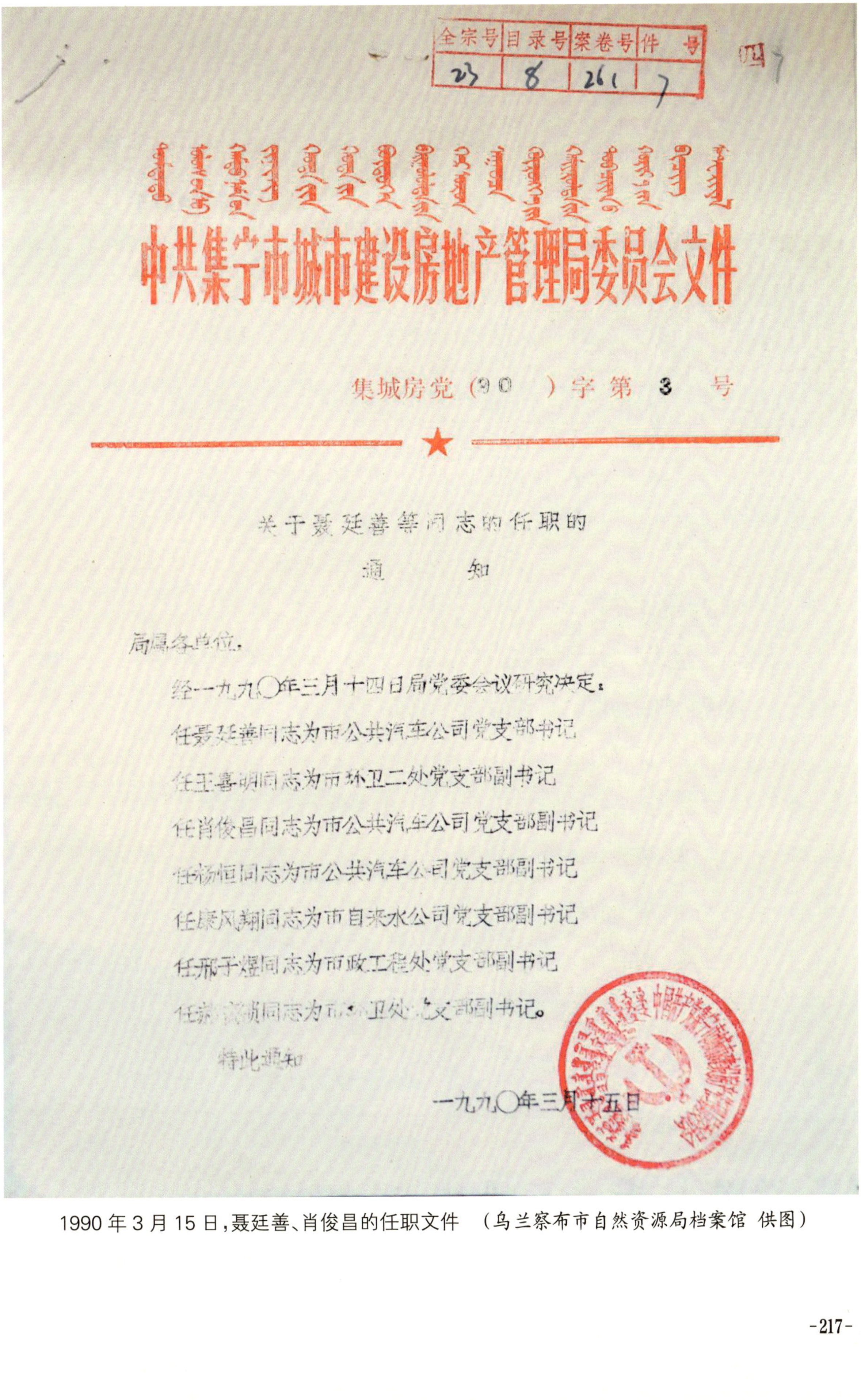

全宗号	目录号	案卷号	件　号
23	8	261	7

中共集宁市城市建设房地产管理局委员会文件

集城房党（90　）字第 3 号

关于聂廷善等同志的任职的

通　　知

局属各单位：

经一九九〇年三月十四日局党委会议研究决定：

任聂廷善同志为市公共汽车公司党支部书记

任王喜明同志为市环卫二处党支部副书记

任肖俊昌同志为市公共汽车公司党支部副书记

任杨恒同志为市公共汽车公司党支部副书记

任康风翔同志为市自来水公司党支部副书记

任邢子煜同志为市政工程处党支部副书记

任[illegible]同志为市[illegible]卫处[illegible]支部副书记。

特此通知

一九九〇年三月十五日

1990 年 3 月 15 日，聂廷善、肖俊昌的任职文件　（乌兰察布市自然资源局档案馆 供图）

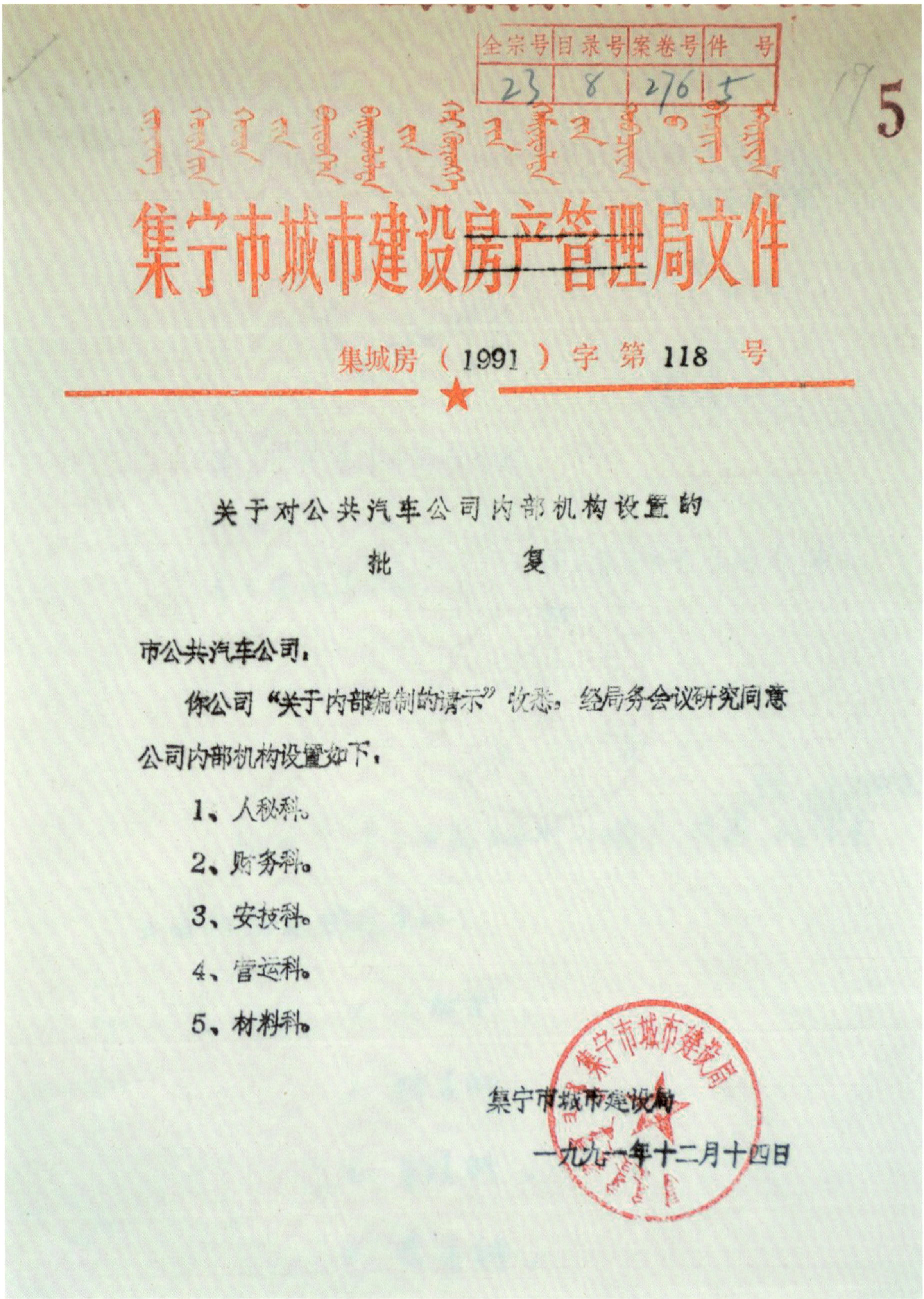

全宗号	目录号	案卷号	件号
23	8	276	5

5

集宁市城市建设房产管理局文件

集城房（1991）字第118号

关于对公共汽车公司内部机构设置的批复

市公共汽车公司：

你公司"关于内部编制的请示"收悉，经局务会议研究同意公司内部机构设置如下：

1、人秘科。

2、财务科。

3、安技科。

4、管运科。

5、材料科。

集宁市城市建设局

一九九一年十二月十四日

1991 年 12 月 14 日，集宁市公共汽车公司内设机构　（乌兰察布市自然资源局档案馆 供图）

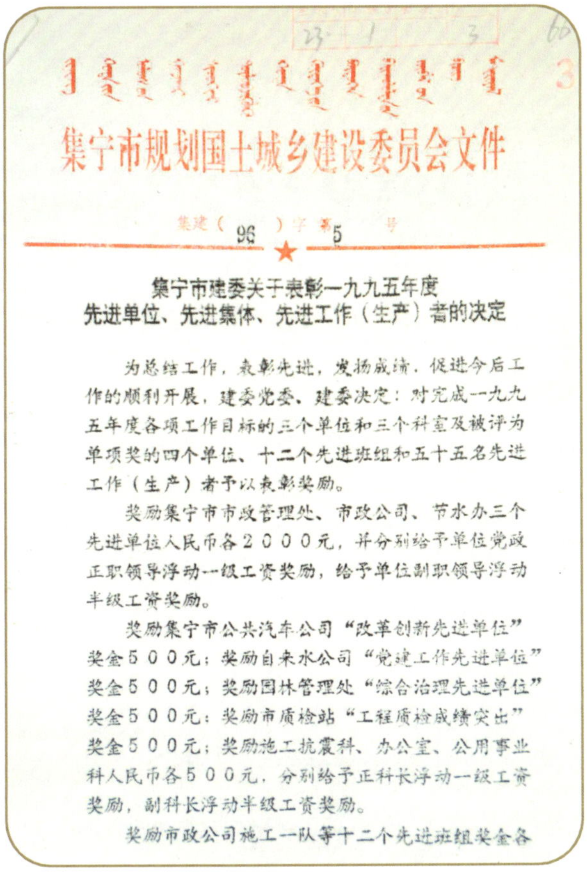

集宁市规划国土城乡建设委员会文件

集建（96）字第5号

集宁市建委关于表彰一九九五年度
先进单位、先进集体、先进工作（生产）者的决定

为总结工作，表彰先进，发扬成绩，促进今后工作的顺利开展，建委党委、建委决定：对完成一九九五年度各项工作目标的三个单位和三个科室及被评为单项奖的四个单位、十二个先进班组和五十五名先进工作（生产）者予以表彰奖励。

奖励集宁市市政管理处、市政公司、节水办三个先进单位人民币各２０００元，并分别给予单位党政正职领导浮动一级工资奖励，给予单位副职领导浮动半级工资奖励。

奖励集宁市公共汽车公司“改革创新先进单位”奖金５００元；奖励自来水公司“党建工作先进单位”奖金５００元；奖励园林管理处“综合治理先进单位”奖金５００元；奖励质检站“工程质检成绩突出”奖金５００元；奖励施工抗震科、办公室、公用事业科人民币各５００元，分别给予正科长浮动一级工资奖励，副科长浮动半级工资奖励。

奖励市政公司施工一队等十二个先进班组奖金各

1995 年，集宁市建委表彰“改革创新先进单位”（乌兰察布市自然资源局档案馆 供图）

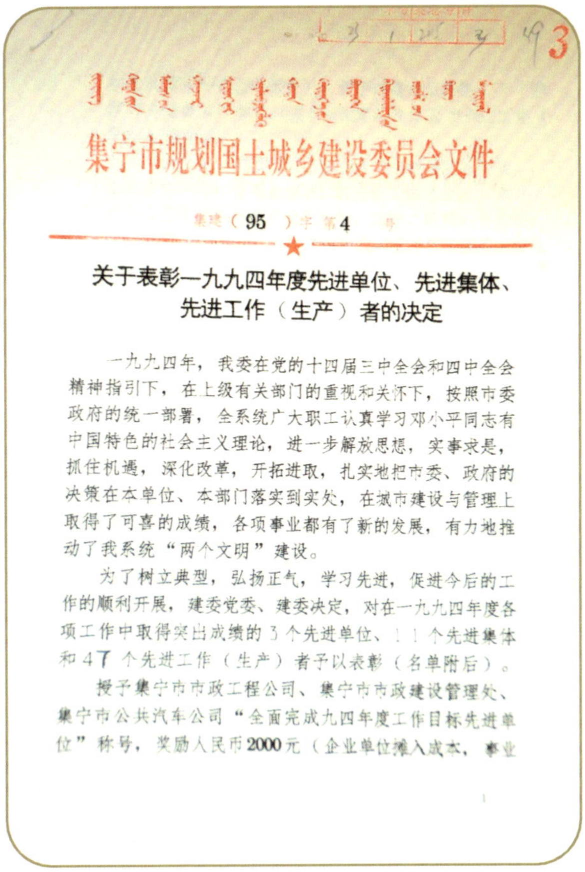

集宁市规划国土城乡建设委员会文件

集建（95）字第4号

关于表彰一九九四年度先进单位、先进集体、先进工作（生产）者的决定

一九九四年，我委在党的十四届三中全会和四中全会精神指引下，在上级有关部门的重视和关怀下，按照市委政府的统一部署，全系统广大职工认真学习邓小平同志有中国特色的社会主义理论，进一步解放思想，实事求是，抓住机遇，深化改革，开拓进取，扎实地把市委、政府的决策在本单位、本部门落实到实处，在城市建设与管理上取得了可喜的成绩，各项事业都有了新的发展，有力地推动了我系统“两个文明”建设。

为了树立典型，弘扬正气，学习先进，促进今后的工作的顺利开展，建委党委、建委决定，对在一九九四年度各项工作中取得突出成绩的３个先进单位、１１个先进集体和47个先进工作（生产）者予以表彰（名单附后）。

授予集宁市市政工程公司、集宁市市政建设管理处、集宁市公共汽车公司“全面完成九四年度工作目标先进单位”称号，奖励人民币2000元（企业单位摊入成本，事业

1994 年，集宁市建委表彰“全面完成九四年度工作目标先进单位”（乌兰察布市自然资源局档案馆 供图）

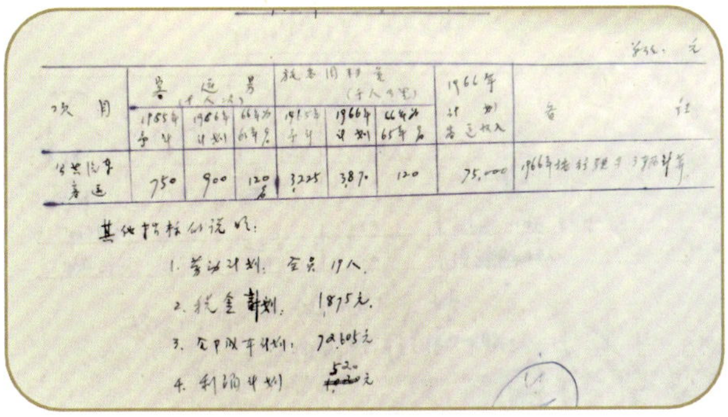

单位：元

项目	客运量（千人次）			燃料用料量（千公升）			1966年计划客运收入	备注
	1965年实际	1966年计划	66年为65年%	1965年实际	1966年计划	66年为65年%		
公共汽车客运	750	900	120%	3225	3870	120	75,000	1966年按行驶里程计算

其他指标的说明：

1. 劳动计划：全员17人。
2. 税金计划：1875元。
3. 全年成本计划：72,605元
4. 利润计划 520元

1966 年，集宁市公共汽车站工作计划统计表（集宁区档案馆 供图）

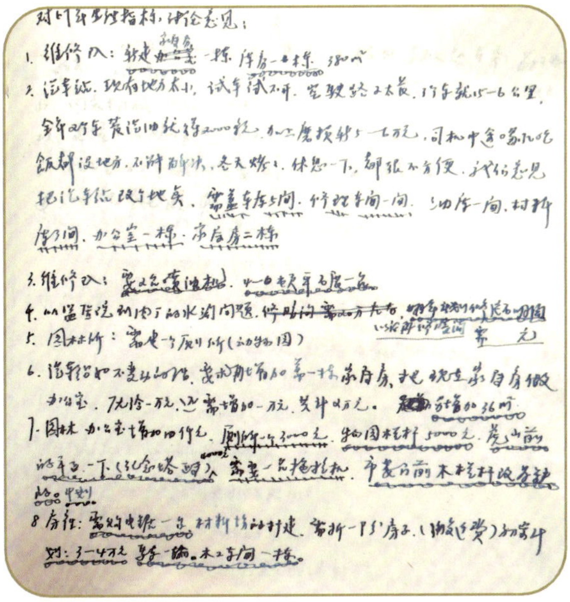

1967 年，集宁市城建局关于公共汽车站车库、油库、办公室建设的会议记录 （集宁区档案馆 供图）

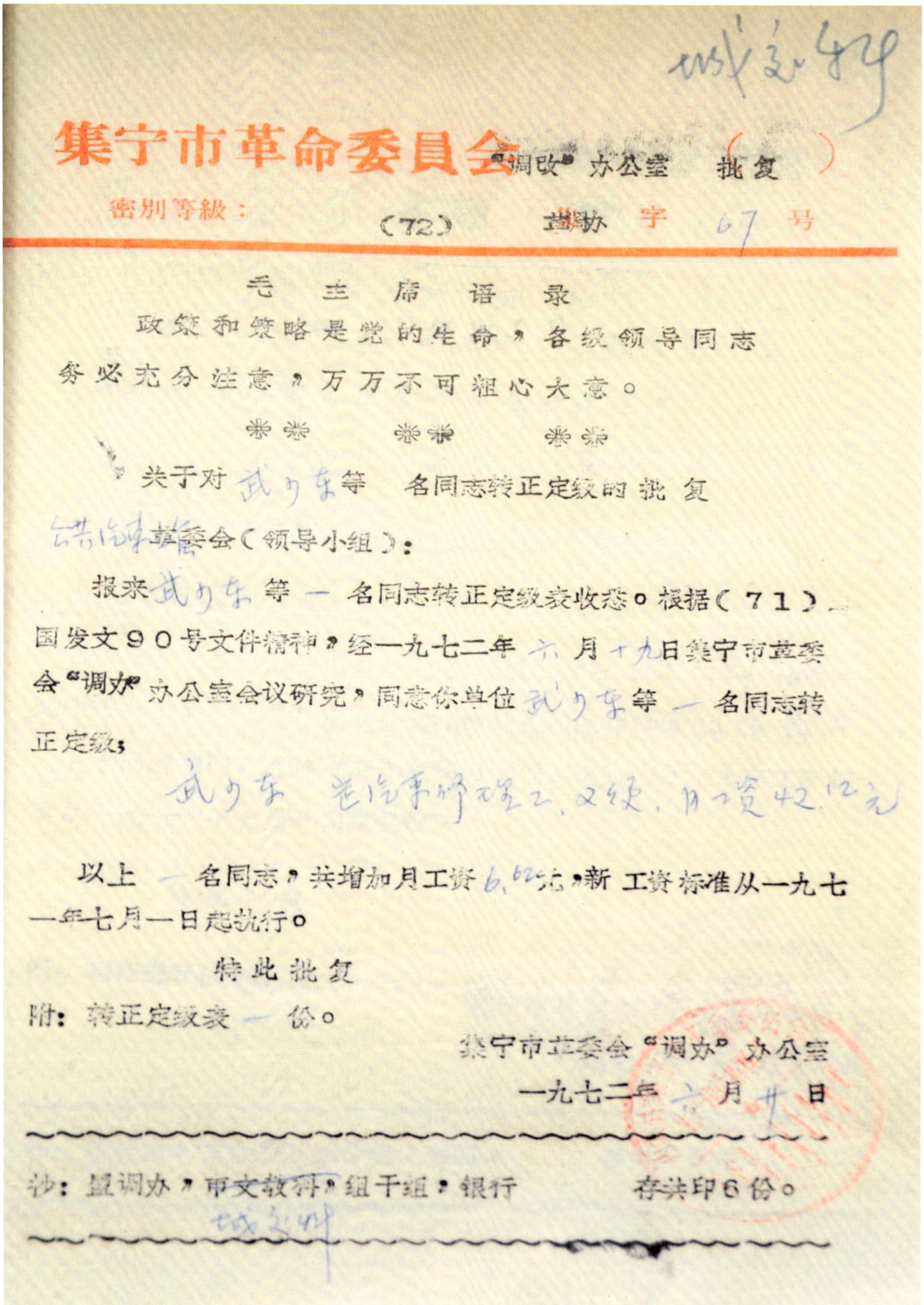

集宁市革命委員会"调改"办公室 批复（ ）

密别等級：（72）调办 字 67 号

毛主席语录

政策和策略是党的生命，各级领导同志务必充分注意，万万不可粗心大意。

关于对武少东等 名同志转正定级的批复

公共汽车革委会（领导小组）：

报来武少东等一名同志转正定级表收悉。根据（71）国发文90号文件精神，经一九七二年六月十九日集宁市革委会"调办"办公室会议研究，同意你单位武少东等一名同志转正定级；

武少东 公汽车修理工，2级，月工资42.12元

以上一名同志，共增加月工资6.02元，新工资标准从一九七一年七月一日起执行。

特此批复

附：转正定级表一份。

集宁市革委会"调办"办公室

一九七二年六月廿日

抄：盟调办，市文教科，组干组，银行 存档印6份。

1972年6月20日，武少东的转正定级批复 （乌兰察布市自然资源局档案馆 供图）

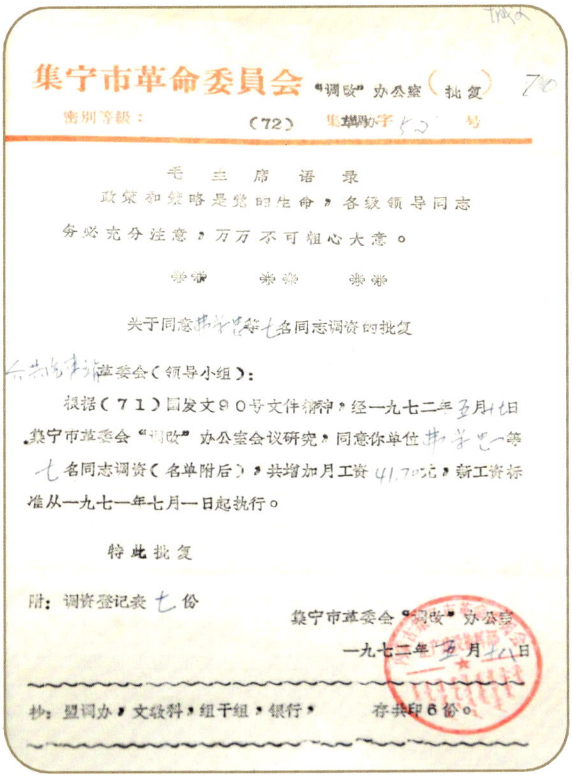

集宁市革命委员会 "调改"办公室（批复）

密别等级：　　（72）集调办字 52 号

毛主席语录

政策和策略是党的生命，各级领导同志务必充分注意，万万不可粗心大意。

关于同意费学忠等七名同志调资的批复

公共汽车站革委会（领导小组）：

根据（71）国发文90号文件精神，经一九七二年五月十日集宁市革委会"调改"办公室会议研究，同意你单位费学忠一等七名同志调资（名单附后），共增加月工资41.70元，新工资标准从一九七一年七月一日起执行。

特此批复

附：调资登记表七份

集宁市革委会"调改"办公室

一九七二年五月十八日

抄：盟调办，文教科，组干组，银行，　存共印6份。

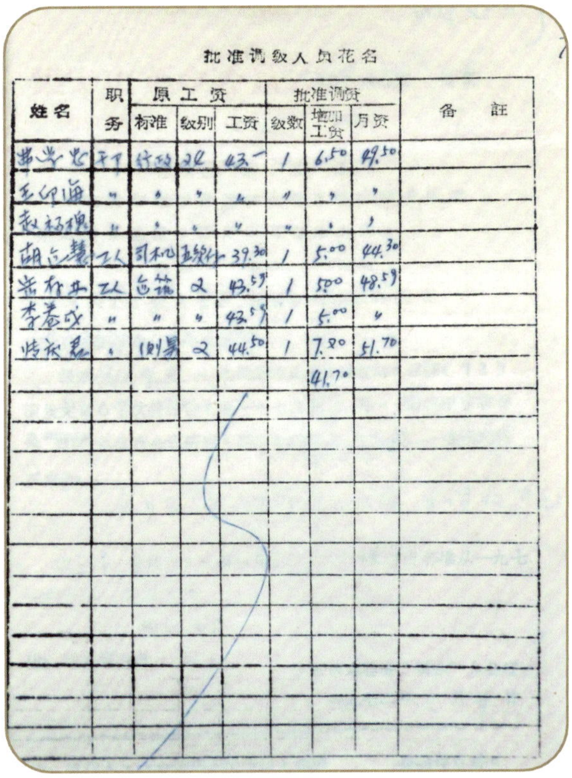

批准调级人员花名

姓名	职务	原工资			批准调资			备註
		标准	级别	工资	级数	增加工资	月资	
费学忠	干部	行政	26	43.—	1	6.50	49.50	
[illegible]	〃	〃	〃	〃	〃	〃	〃	
[illegible]	〃	〃	〃	〃	〃	〃	〃	
[illegible]	工人	司机	五级什	39.30	1	5.00	44.30	
[illegible]	工人	[illegible]	2	43.59	1	5.00	48.59	
李[illegible]成	〃	〃	〃	43.59	1	5.00	〃	
[illegible]	〃	[illegible]	2	44.50	1	7.80	51.70	
						41.70		

1972年5月18日，费学忠等7人的调资批复　（乌兰察布市自然资源局档案馆 供图）

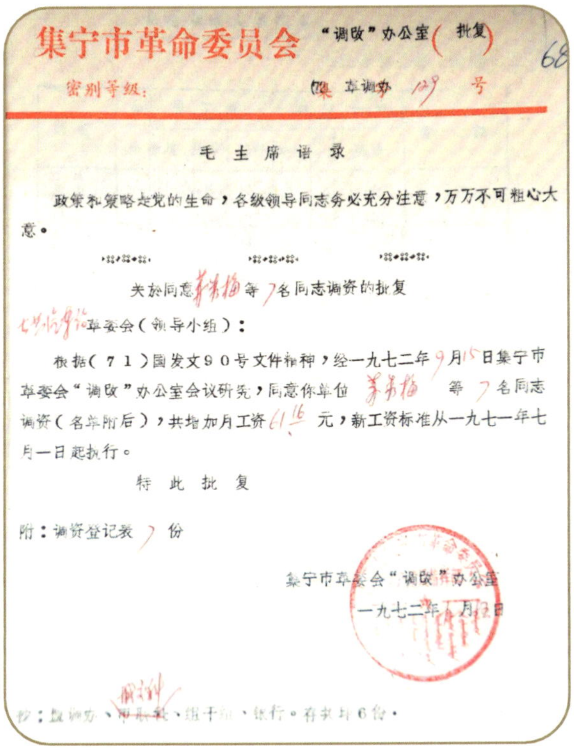

集宁市革命委员会 "调改"办公室（批复）

密别等级：　　（集）革调办 129 号

毛主席语录

政策和策略是党的生命，各级领导同志务必充分注意，万万不可粗心大意。

关于同意苏秀梅等7名同志调资的批复

七中革委会（领导小组）：

根据（71）国发文90号文件精神，经一九七二年9月15日集宁市革委会"调改"办公室会议研究，同意你单位苏秀梅等7名同志调资（名单附后），共增加月工资61.16元，新工资标准从一九七一年七月一日起执行。

特此批复

附：调资登记表7份

集宁市革委会"调改"办公室

一九七二年9月2日

抄：盟调办、文教科、组干组、银行。存共印6份。

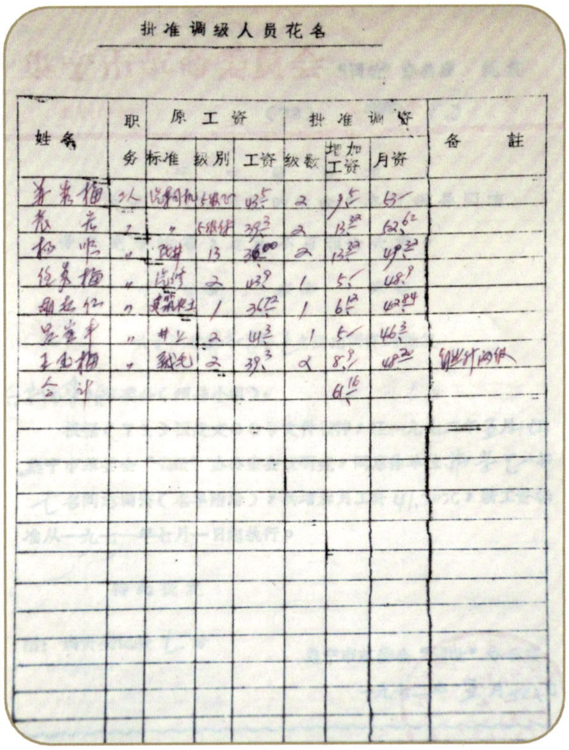

批准调级人员花名

姓名	职务	原工资			批准调资			备註
		标准	级别	工资	级数	增加工资	月资	
苏秀梅	工人	[illegible]	[illegible]	43.5	2	9.5	53.—	
[illegible]	〃	〃	[illegible]	39.3	2	13.32	52.62	
[illegible]	〃	[illegible]	13	36.00	2	13.32	49.32	
[illegible]	〃	[illegible]	2	43.9	1	5.—	48.9	
[illegible]	〃	[illegible]	1	36.72	1	6.12	42.84	
[illegible]	〃	[illegible]	2	41.3	1	5.—	46.3	
王[illegible]	〃	[illegible]	2	39.3	2	8.9	48.2	[illegible]
合计						61.16		

1972年9月15日，苏秀梅等7人的调资批复　（乌兰察布市自然资源局档案馆 供图）

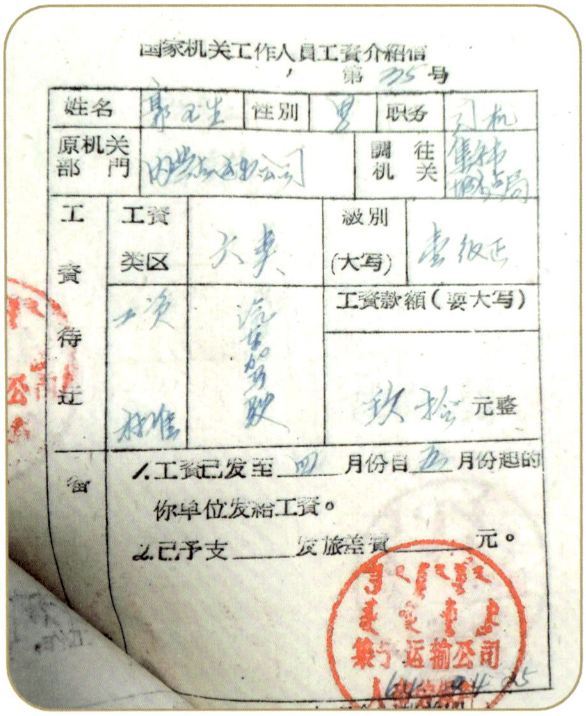
国家机关工作人員工資介紹信
第 25 号

姓名	郭玉生	性别	男	职务	司机
原机关部門	内蒙汽车运输公司			調往机关	集宁城建局
工資待遇	工資类区	六类		級别（大写）	壹級正
	工资标准	汽车驾驶		工資款額（要大写）	玖拾 元整

备：
1.工資已发至 四 月份自 五 月份起的你单位发給工資。
2.已予支＿＿＿发旅差費＿＿＿元。

1964 年 4 月 25 日，郭玉生的工资介绍信
（乌兰察布市自然资源局档案馆 供图）

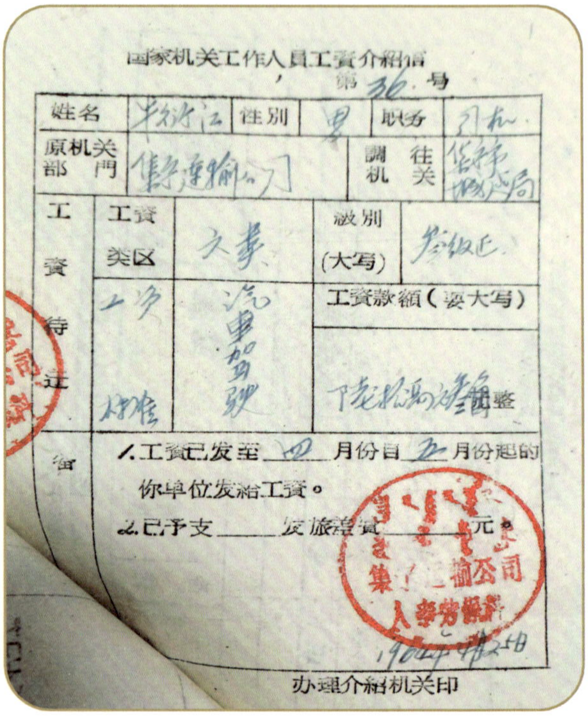
国家机关工作人員工資介紹信
第 36 号

姓名	牛衍江	性别	男	职务	司机
原机关部門	集宁运输公司			調往机关	集宁城建局
工資待遇	工資类区	六类		級别（大写）	叁級正
	工资标准	汽车驾驶		工資款額（要大写）	[illegible] 元整

备：
1.工資已发至 四 月份自 五 月份起的你单位发給工資。
2.已予支＿＿＿发旅差費＿＿＿元。

办理介紹机关印

1964 年 4 月 25 日，牛衍江的工资介绍信
（乌兰察布市自然资源局档案馆 供图）

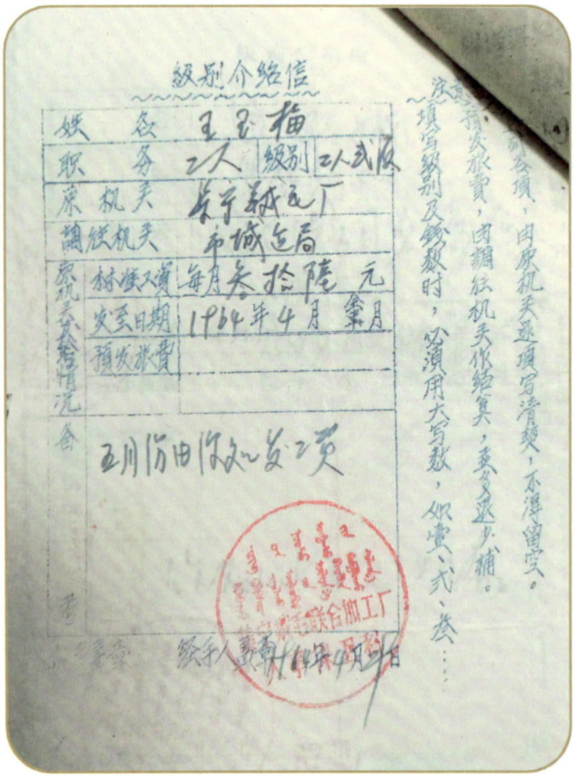
級别介绍信

姓名	王玉梅		
职务	工人	级别	工人贰级
原机关	集宁被服厂		
调往机关	市城建局		
原机关发給情况	标准工资	每月叁拾陆元	
	发至日期	1964年4月	全月
	预发旅费		

备：五月份由你处发工资

经手人

1964 年 4 月 29 日，王玉梅的级别介绍信
（乌兰察布市自然资源局档案馆 供图）

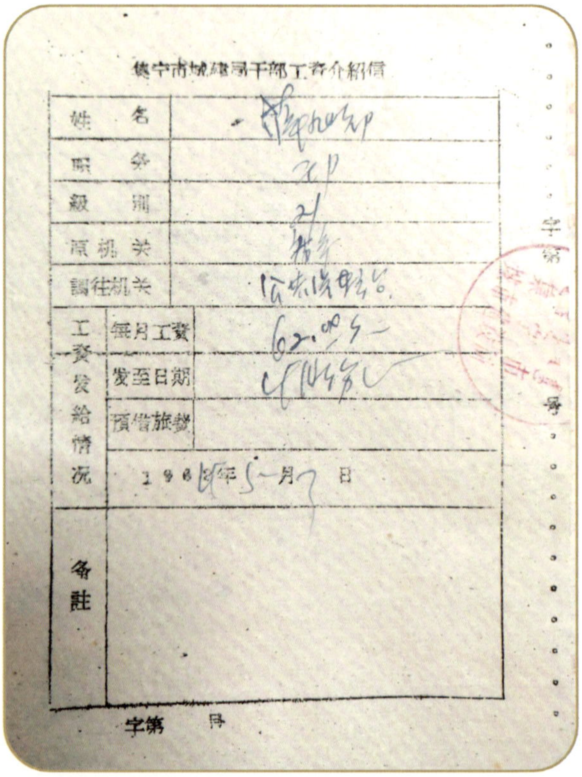
集宁市城建局干部工资介紹信

姓名	薛旭初
职务	工人
級别	[illegible]
原机关	[illegible]
調往机关	公共汽车站
工資发給情况：每月工資	62.00元
发至日期	[illegible]
預借旅費	
	1964年5月3日
备註	

字第　号

1964 年 5 月 3 日，薛旭初的工资介绍信
（乌兰察布市自然资源局档案馆 供图）

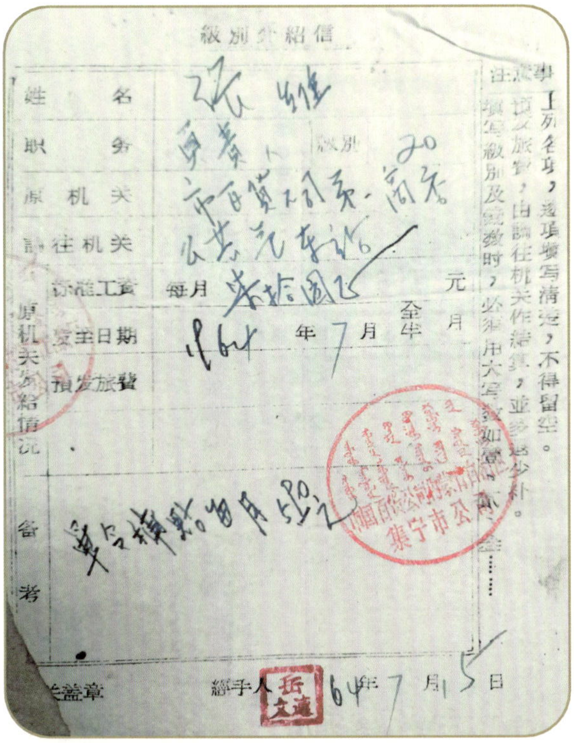
級別介紹信

姓　名	张维
职　务	負责人　級別 20
原机关	市百货公司第一商店
調往机关	公共汽车站
原机关介紹情况 — 标准工資	每月 柒拾圆 元
发至日期	1964 年 7 月
預发旅費	
备考	

经手人　64 年 7 月 15 日

1964 年 7 月 15 日，张维的级别介绍信
（乌兰察布市自然资源局档案馆 供图）

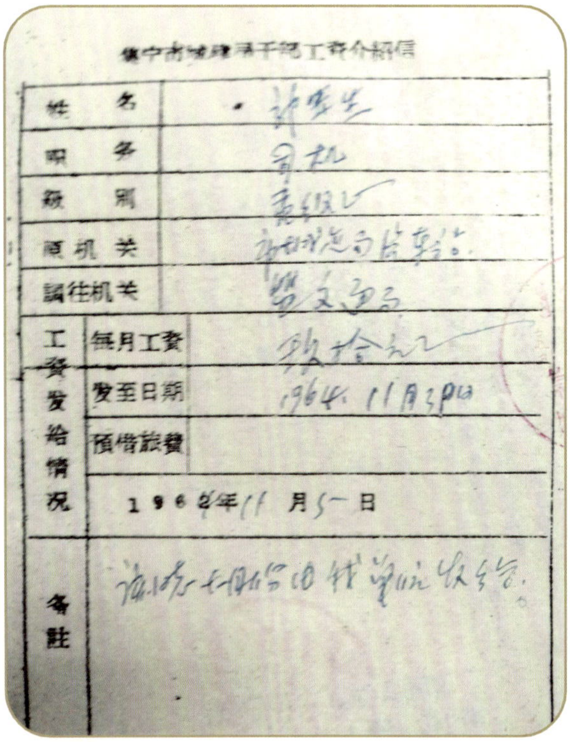
集宁市城建局干部工資介紹信

姓　名		郭玉生
职　务		司机
級　别		
原机关		
調往机关		
工資发給情况	每月工資	
	发至日期	1964. 11月3日
	預借旅費	
	196 4年 11 月 5 日	
备註		

1964 年 11 月 5 日，郭玉生的工资介绍信
（乌兰察布市自然资源局档案馆 供图）

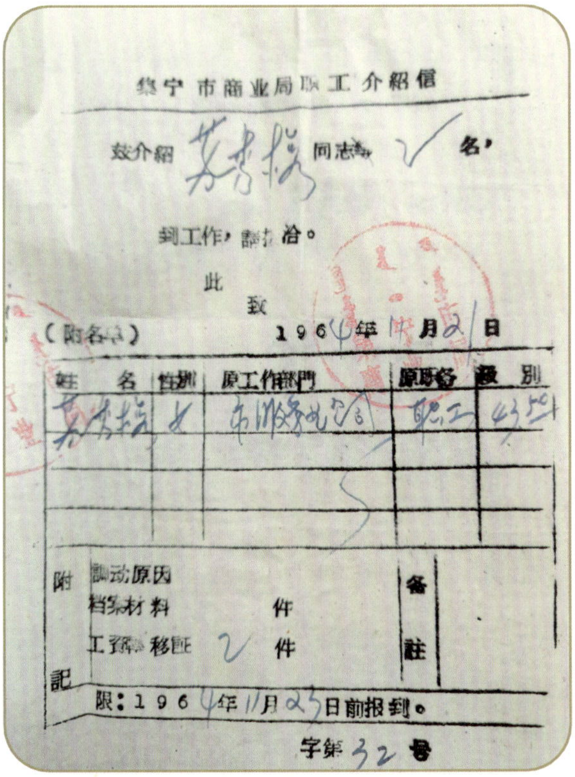
集宁市商业局职工介紹信

茲介紹 苏秀梅 同志等 1 名，到工作，請接洽。

此
致

（附名单）　196 4 年 11 月 21 日

姓名	性别	原工作部門	原职务	級別
苏秀梅	女		职工	

附記：調动原因；档案材料　件；工资移匯 2 件　备註

限：196 4 年 11 月 23 日前报到。

字第 32 号

1964 年 11 月 23 日，苏秀梅的工资介绍信
（乌兰察布市自然资源局档案馆 供图）

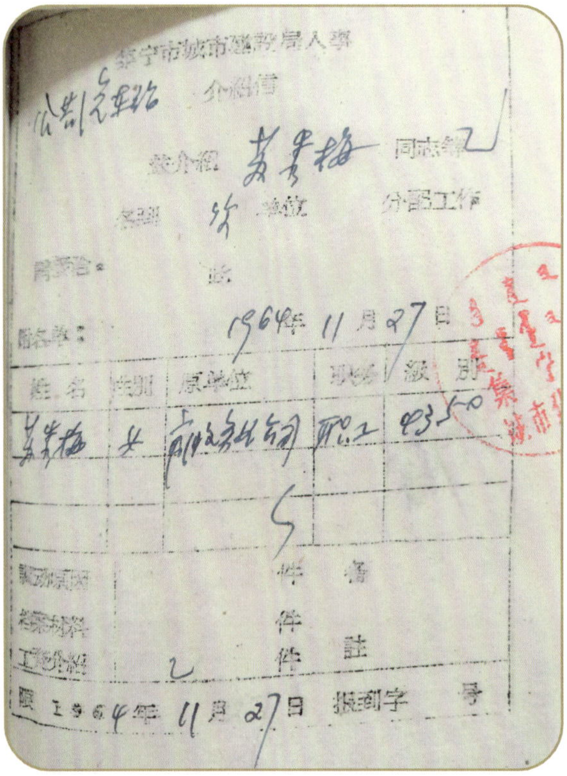
集宁市城市建設局人事 介紹信

公共汽车站：

茲介紹 苏秀梅 同志等 1 名

此致

1964 年 11 月 27 日

姓名	性别	原单位	职务	級別
苏秀梅	女		职工	

限 1964 年 11 月 27 日　报到字　号

1964 年 11 月 27 日，苏秀梅的人事介绍信
（乌兰察布市自然资源局档案馆 供图）

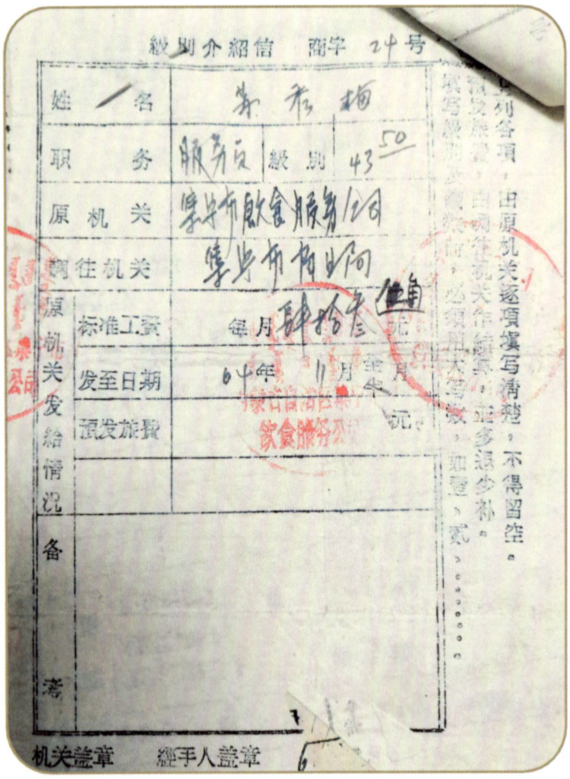
级别介绍信 商字24号

姓名 苏秀梅
职务 服务员 级别 43
原机关 集宁市饮食服务公司
调往机关 集宁市商业局
原机关发给情况 标准工资 每月 肆拾叁元
发至日期 64年 11月
预发旅费
备考
机关盖章 经手人盖章

1964 年，苏秀梅的级别介绍信 （乌兰察布市自然资源局档案馆 供图）

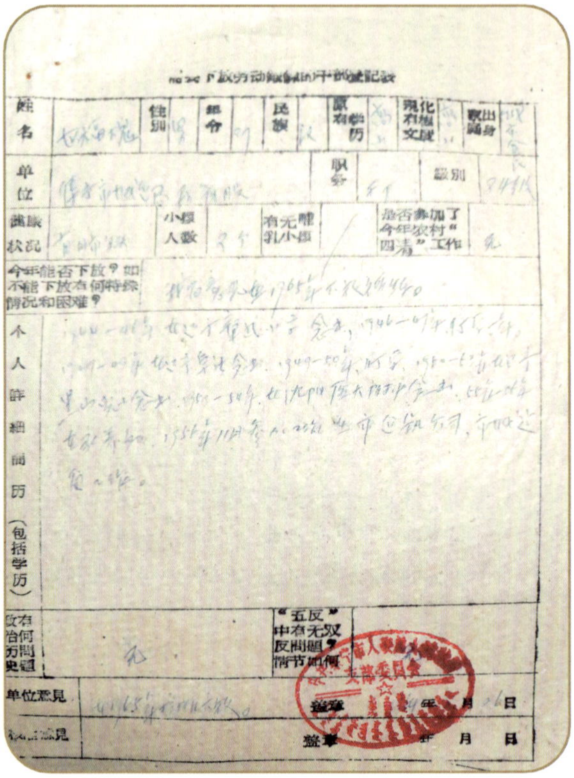
姓名 性别 民族 原有学历 现在文化程度 家庭出身
单位 职务 级别
家庭状况 小孩人数 有无哺乳小孩 是否参加了今年农村“四清”工作
今年能否下放？如不能下放有何特殊情况和困难？
个人详细简历（包括学历）
政治历史问题 “五反”中有无双反问题？情节如何
单位意见 盖章 年 月 日

1964 年，赵福槐的干部档案登记表 （乌兰察布市自然资源局档案馆 供图）

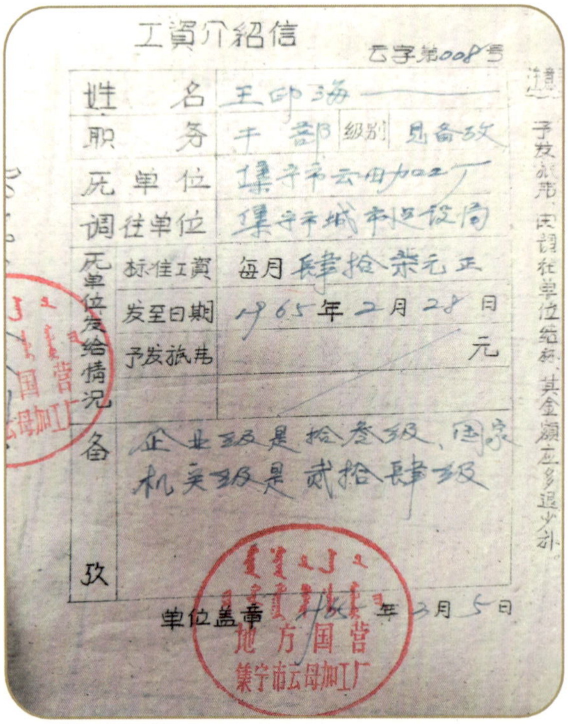
工资介绍信 工字第008号

姓名 王印海
职务 干部 级别 见备考
原单位 集宁市云母加工厂
调往单位 集宁市城市建设局
原单位发给情况 标准工资 每月 肆拾柒元正
发至日期 1965年2月28日
预发旅费 元
备考 企业级是拾叁级，国家机关级是贰拾肆级
致
单位盖章 1965年3月5日

1965 年 3 月 5 日，王印海的工资介绍信 （乌兰察布市自然资源局档案馆 供图）

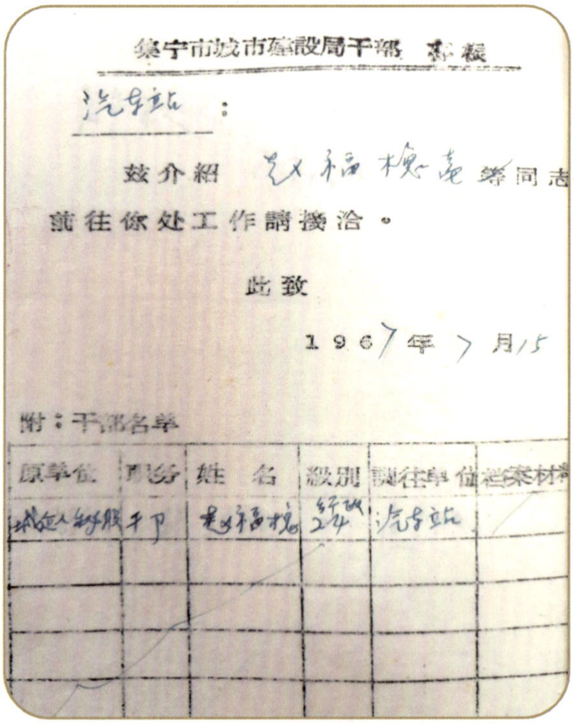
集宁市城市建设局干部

汽车站：

兹介绍 赵福槐 等同志 前往你处工作请接洽。

此致

1967年7月15

附：干部名单

原单位	职务	姓名	级别	调往单位	档案材料
城建人行服务	干部	赵福槐	22级	汽车站	

1967 年 7 月 15 日，赵福槐的干部介绍信 （乌兰察布市自然资源局档案馆 供图）

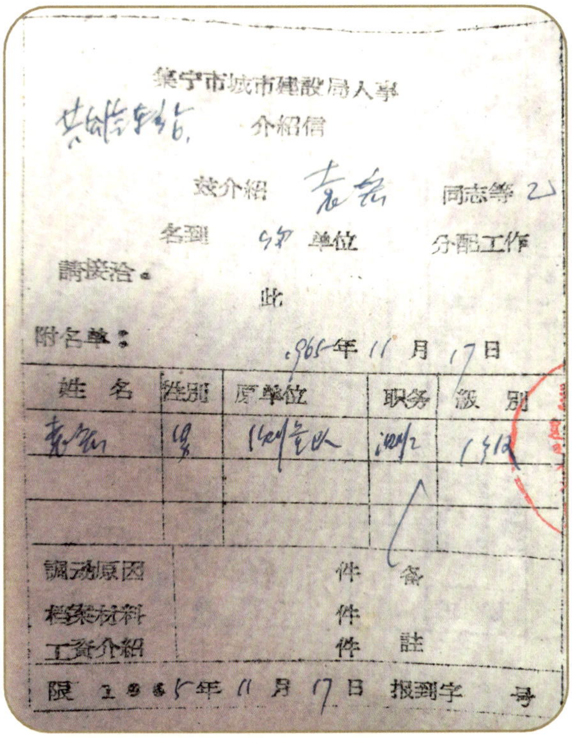
集宁市城市建設局人事
介紹信
茲介紹 袁宏 同志等 2
名到 [illegible] 单位 分配工作
請接洽。
此
附名单：
1965年11月17日

姓名	性别	原单位	职务	級別
袁宏	男	[illegible]	[illegible]	[illegible]

調动原因 件
档案材料 件 备
工資介紹 件 註
限 1965年11月17日报到字 号

1965 年 11 月 17 日，袁宏的人事介绍信
（乌兰察布市自然资源局档案馆 供图）

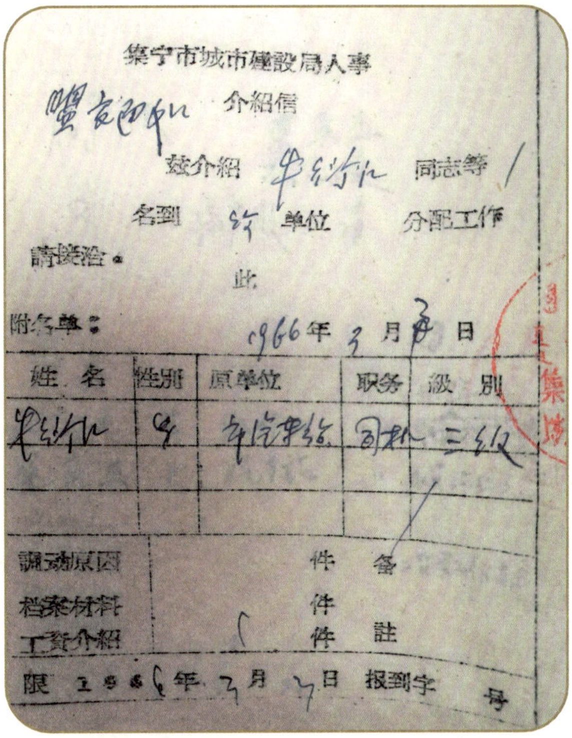
集宁市城市建設局人事
介紹信
茲介紹 牛衍江 同志等 1
名到 [illegible] 单位 分配工作
請接洽。
此
附名单：
1966年3月3日

姓名	性别	原单位	职务	級別
牛衍江	[illegible]	[illegible]	司机	三级

調动原因 件
档案材料 件 备
工資介紹 件 註
限 1966年3月7日报到字 号

1966 年 3 月 3 日，牛衍江的人事介绍信
（乌兰察布市自然资源局档案馆 供图）

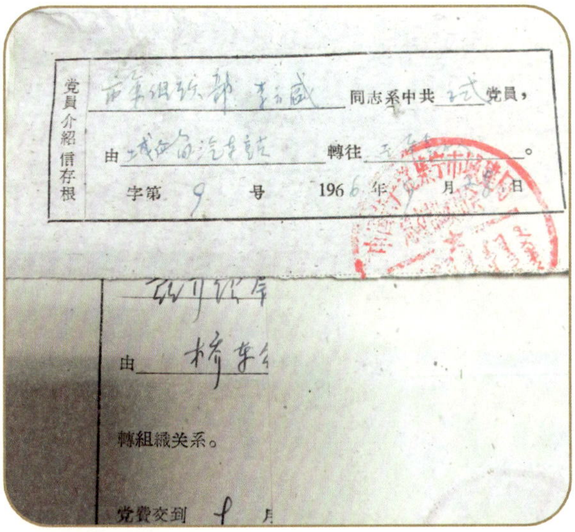
党员介紹信存根
[illegible] 李云盛 同志系中共 正式 党员，
由 [illegible] 轉往 [illegible]
字第 9 号 1966 年 月 日
由 [illegible]
轉組織关系。
党費交到 [illegible] 月

1966 年 9 月 28 日，李云盛的党员介绍信
（乌兰察布市自然资源局档案馆 供图）

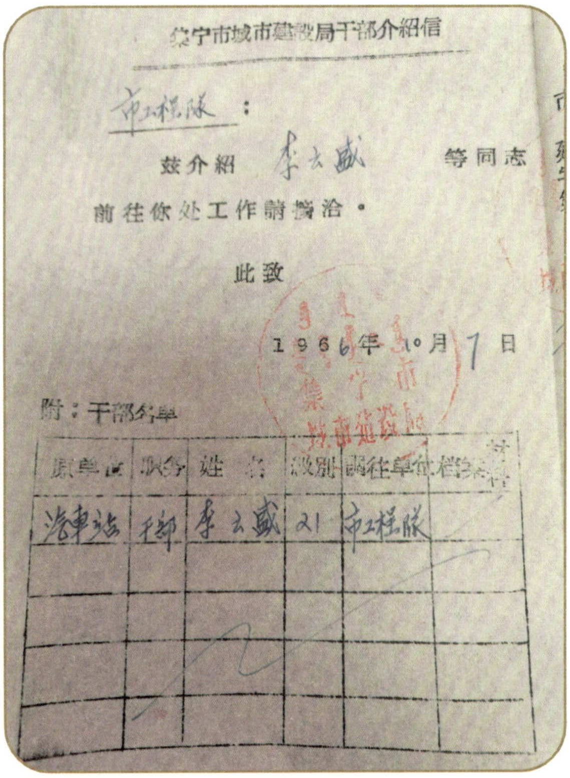
集宁市城市建設局干部介紹信
[illegible]：
茲介紹 李云盛 等同志
前往你处工作請接洽。
此致
1966年10月7日
附：干部名单

原单位	职务	姓名	級別	調往单位	档案
汽车站	[illegible]	李云盛	[illegible]	[illegible]	

1966 年 10 月 7 日，李云盛的干部介绍信
（乌兰察布市自然资源局档案馆 供图）

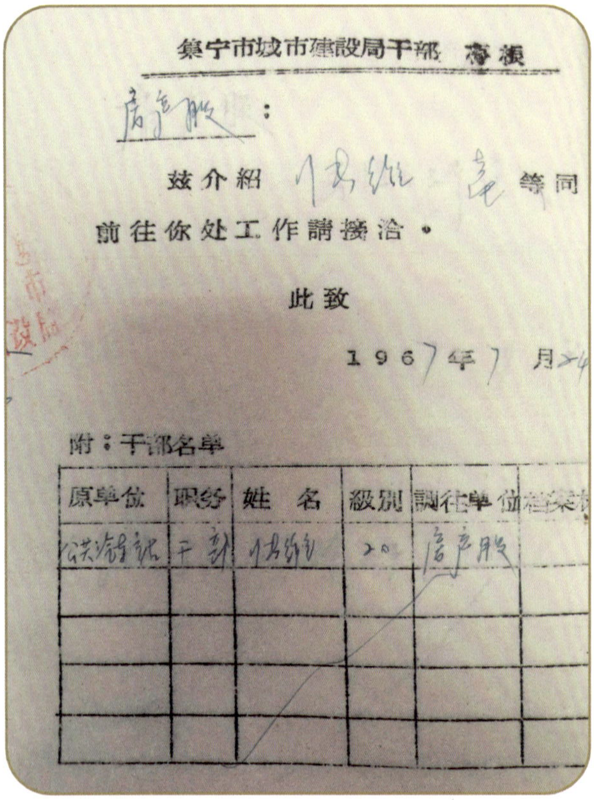

集宁市城市建設局干部 調令

房产股：

兹介紹 张维 等同

前往你处工作請接洽。

此致

1967年7月24

附：干部名单

原单位	职务	姓名	級别	調往单位	档案
公共汽车站	干部	张维	20	房产股	

1967 年 7 月 24 日,张维的干部调令 （乌兰察布市自然资源局档案馆 供图）

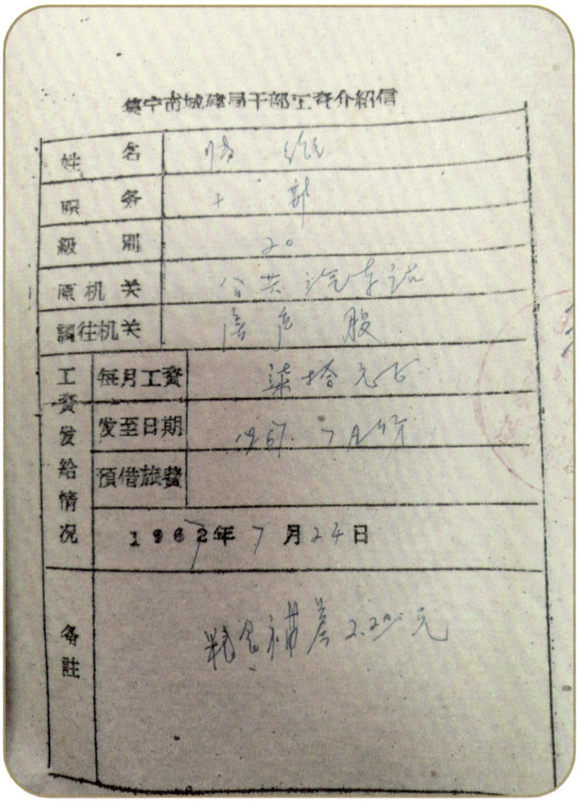

集宁市城建局干部工资介紹信

姓名		张维
职务		干部
級别		20
原机关		公共汽车站
調往机关		房产股
工资发給情况	每月工資	柒拾元
	发至日期	1967.7月份
	預借旅費	
	1967年7月24日	
备註		粮食補差2.20元

1967 年 7 月 24 日，张维的工资介绍信（乌兰察布市自然资源局档案馆 供图）

第二章 福利慰问

乌兰察布市公交公司为全体男职工免费体检

2019年10月9日，乌兰察布市公交公司自1964年成立以来，首次为全体男职工免费体检，调动了职工的工作积极性。

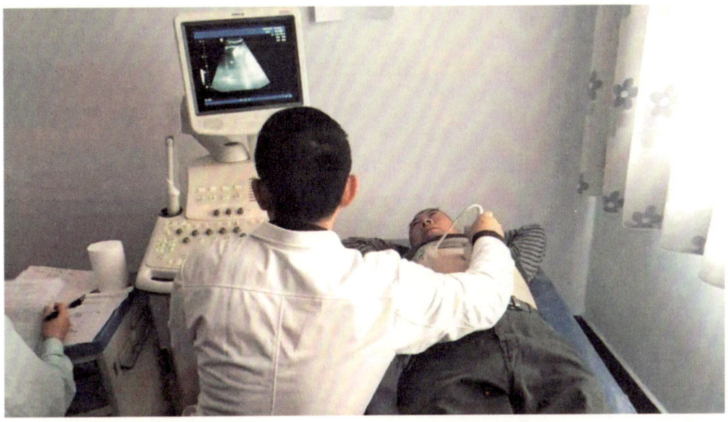

2019年10月9日，医生正在为男职工进行体检 （乌兰察布市公交公司 供图）

乌兰察布市公交公司对一线工作人员进行慰问

2020年1月23日，公司领导在36路调度室慰问一线职工 （乌兰察布市公交公司 供图）

2020年1月23日，乌兰察布市公交公司领导班子对春节期间依旧奋斗在一线的公交驾驶员和线路调度员进行慰问，送去水果、糖果、干果等节日慰问品。此次慰问共深入32条线路，19个调度室及相关科室，为一线工作人员送去新春的祝福。

乌兰察布市公交公司慰问退休职工党员

2020 年 7 月 6 日，乌兰察布市公交公司副总经理陈沫和党总支副书记刘春雷带队，看望慰问公司退休职工党员王桂梅和杨世兰同志，为她们送去了大米、白面、食用油等生活用品，还有党员学习资料和笔记本等，并送去了公司党组织的问候和关怀。

2020 年 7 月 6 日，公司领导为退休党员王桂梅送去党员学习资料 （乌兰察布市公交公司 供图）

乌兰察布市公交公司开展“夏送清凉 关爱职工”活动

2020 年 8 月 5 日，公司领导在 12 路调度室慰问一线职工 （乌兰察布市公交公司 供图）

2020 年 8 月 5 日，乌兰察布市公交公司总经理、党总支书记崔德携领导班子成员深入各基层调度室、维修车间，为高温酷暑中坚守岗位的一线职工送去西瓜、绿豆、冰糖，让广大职工感受到夏日里的丝丝清凉和公司党总支的深切关怀。

乌兰察布市公交公司开展走访慰问离退休老党员活动

2021 年 2 月 8 日，乌兰察布市公交公司党总支书记、总经理崔德携领导班子成员，走访慰问公司离退休老党员，给他们送去组织的关怀问候和新春的美好祝福。

2021 年 2 月 8 日，公司领导在马世兰家中进行慰问 （乌兰察布市公交公司 供图）

情系人间情　冬日送温暖

2021 年 2 月 9 日，公司领导在史利文家中进行慰问　（乌兰察布市公交公司 供图）

2021 年 2 月 9 日，春节即将来临之际，乌兰察布市公交公司总经理崔德带领工会主席卢丽娟和班子成员开展走访慰问活动，为困难党员、职工送上慰问金和慰问品，向他们致以新春的问候和节日的祝福。

春节慰问送关怀　浓浓关爱暖人心

2021 年 2 月 10 日，公司领导看望 22 路公交车驾驶员　（乌兰察布市公交公司 供图）

2021 年 2 月 10 日，乌兰察布市公交公司总经理崔德带领班子成员对春节期间依旧奋斗在一线的公交驾驶员和线路调度员进行慰问。送去水果、糖果等节日慰问品，亲切看望节日期间坚守在运营一线的公交职工，并向大家致以节日的问候和新春的祝福。领导班子一行分别走访慰问了各分公司、各线路驾驶员、各线路调度员。

后　记

《乌兰察布市公交公司志》是乌兰察布市公交公司向中国共产党百年华诞献礼的作品。该作品从 2020 年 5 月开始组织编撰，到 2021 年 12 月出版，历时近 19 个月。其间，多次对退休老职工和先进模范人物进行走访，向他们详细了解公司从 1964 年建站至今的发展脉络。同时，搜寻的老旧物件和老旧照片等，让广大读者能更加直观地看到公交公司老职工在异常艰苦的年代，用辛勤的劳动和经验智慧，给公司发展留下的深刻印记。

2019 年 7 月，新的领导班子上任以来，经过多次调研，了解到乌兰察布市公交公司是一个历经半个多世纪的国有企业，但是却从未有一部完整详尽的记载并反映发展历程的资料或志书。20 世纪 90 年代，乌兰察布市大部分国有企业的倒闭、转制、重组，使得乌兰察布市公交公司成为全市仍在运营的成立最早的国有企业。近年来，随着集宁区棚户区的不断改造，大多数的平房已拆迁殆尽，并且，建站初期的老领导、老职工也渐渐地离去，能够见证乌兰察布市公交事业发展的老旧物件也在逐渐减少，因此必须尽快抢救性地收集现存的公交史料，并将其更好地传承下去，成为新一代公交人不可推卸的责任。

不忘历史才能开辟未来，善于继承才能善于创新。正值建党百年之际，以此让大家能够充分了解乌兰察布市公交公司是怎样发展壮大、不断继承和弘扬老一辈公交人的拼搏进取精神。

盛世修志，志载盛世。为乌兰察布市公交公司立志，旨在存史资政、启迪后人、发扬传统、跨越发展。《乌兰察布市公交公司志》的出版填补了乌兰察布市公交史上的空白，前有所稽、后有所鉴，为公交事业未来的发展提供了可以借鉴的宝典。

“两句三年得，一吟双泪流”。编志工作，要从杂乱无章、尘封弥久的历史瀚海里寻找线索、理清思路、书写文章，工作艰巨浩繁。《乌兰察布市公交公司志》的编纂出版，受到了各级领导的高度重视，得到了公交公司历届领导、老职工，以及市、区建设局、规划局的领导、职工的大力支持和指导斧正，同时全体编纂人员一丝不苟、客观取证、梳理甄别、忘我笔耕，付出了很多的心血。值此《乌兰察布市公交公司志》出版之际，谨向长期以来关心和支持乌兰察布市公交公司事业发展的各级领导、各界朋友们表示衷心的感谢和崇高的敬意！向为《乌兰察布市公交公司志》编纂出版作出努力和贡献的同志们表示衷心的谢意！

限于公交公司历史资料、珍贵老物件收集困难，《乌兰察布市公交公司志》个别史料内容尚欠饱满丰富，实属白璧有瑕。加之编纂水平有限，虽已竭尽全力，终难免存在疏漏之处，恳请批评指正，不吝赐教，以备续志时修正完善。

编 者

2022 年 5 月